Wanderungen in den Pyrenäen

Eugen E. Hüsler

Wanderungen in den Pyrenäen

46 Touren zwischen Perpignan und Pamplona, in den atlantischen, den Hoch- und den Mittelmeer-Pyrenäen.

Mit dem spanischen und dem französischen Pyrenäen-Nationalpark.

Mit 100 Farbfotos, 46 Kartenskizzen und zwei Übersichtskarten

Bruckmann

Einband/Vorderseite:
*Das berühmteste Gipfelprofil der Pyrenäen:
der Pic du Midi d'Ossau (2884 m), hier vom Anstieg
zum Soum d'Aas (Tour 40).*

Innenklappe:
*Dolomitenbild in den Pyrenäen. Die Faja de las
Flores hoch über dem Valle Ordesa erinnert an die
legendären Felsbänder der Brenta (Tour 34).*

Einband/Rückseite oben:
*Der Pic de Sauvegarde (2738 m) ist ein dankbarer
Wandergipfel in den Hochpyrenäen.
Blick nach Westen, auf den Hauptkamm des Massivs
mit dem Pic Perdiguère (Tour 23).*

Einband/Rückseite unten:
*In den Pyrenäen stößt man immer wieder auf Bauwerke aus romanischer Zeit. Hier die Galerie des
ehemaligen Klosters von Serrabona (Tour 3).*

Seite 2/3:
*Aus den horizontal geschichteten Sedimentgesteinen
hat der Rio Arazas die gewaltige Schlucht des Ordesatals
herausgearbeitet.*

Die Zusammenstellung und Beschreibung der Touren
erfolgte mit größtmöglicher Sorgfalt und nach
bestem Wissen und Gewissen des Autors.
Eine Gewähr für die touristischen und bergsteigerischen
Informationen wird nicht gegeben.
Die Begehung der Touren nach den Vorschlägen
in diesem Band erfolgt auf eigene Gefahr.

Gedruckt auf chlorarm gebleichtem Papier

Die Deutsche Bibliothek – CIP-Einheitsaufnahme

Hüsler, Eugen E.:
Wanderungen in den Pyrenäen : 46 Touren
zwischen Perpignan und Pamplona, in den atlantischen, den Hoch- und den Mittelmeer-Pyrenäen ;
mit dem spanischen und dem französischen
Pyrenäen-Nationalpark / Eugen E. Hüsler. –
München : Bruckmann, 1992
(Erlebnis Wandern)
ISBN 3-7654-2457-9

© 1992 F. Bruckmann KG, München
Alle Rechte vorbehalten
Herstellung: Bruckmann, München
Printed in Germany
ISBN 3-7654-2457-9

Inhaltsverzeichnis

Vorwort 7

Die Pyrenäen 8
Flora 10
Bären und anderes Getier 12
Fast eine halbe Million Jahre 13

Wandern in den Pyrenäen 15
Ein Anliegen: Umweltschutz, Naturschutz 20

1 Tour de la Massane, 793 m 21
  Zwischen Meer und Bergen

2 Die »Orgeln« von Ille-sur-Têt 24
  Auf Sand gebaut

3 Chapelle Ste-Anne, 1347 m 25
  Kunst und Landschaft der Aspres

4 Fort Liberia und Chapelle St-Etienne 28
  Alte Mauern im Tal der Têt

5 St-Martin-du-Canigou und Gorges de Cady 31
  Am Fuß des Canigou

6 Pic du Canigou und Pic del Roc Nègre 35
  Auf den »Feuerberg«

7 Die Katharerburgen von Peyrepertuse und Quéribus 37
  Zwei Burgen, eine Schlucht und drei Pässe: Radtour zwischen Corbières und Fenouillèdes

8 Pech de Bugarach, 1230 m 40
  Nicht nur der Aussicht wegen

9 Madres, 2469 m 44
  Blumenberg zwischen Conflent und Capcir

10 Roc Blanc, 2542 m 46
  Aussichtskanzel über der Aude

11 Pic Carlit, 2921 m 49
  Die schönste Gipfelwanderung in den Ostpyrenäen

12 Ermitage de Belloc, 1685 m 54
  Spaziergang über der Cerdagne

13 Puigmal d'Err, 2910 m 56
  Auf den zweithöchsten Gipfel der Cerdagne

14 Pedraforca, 2497 m 58
  Katalanischer Kletterzacken

15 Estanys de Juclar und Crestes de Fontargent 60
  Andorra: Berg- oder Konsumparadies?

16 Foix und die Höhlen des Ariège 64
  Die faszinierende »Unterwelt« der Pyrenäen

17 Mont Roig, 2848 m 67
  Der große Einsame: Grenzberg im »Niemandsland«

18 Tuc de Mauberme, 2880 m 71
  Nur für »Langläufer«

19 Rund um die Agulles d'Amitges 75
  Zwei Tage in den Aigües Tortes

20 Montardo d'Aran, 2830 m 82
  Seen, Grate und Gipfel: die Aigües Tortes

21 Refugi Ventosa y Calvell, 2220 m 85
  Seen unter dem Besiberri

22 Pic de Céciré, 2403 m 90
  Panoramaberg über der Vallée du Lys

23	Port de Vénasque und Pic de Sauvegarde *Im Banne des höchsten Pyrenäenberges*	93
24	Pic de Néouvielle, 3091 m *Seen oder Gipfel?*	98
25	Pic de Campbieil, 3173 m *Hoch und einsam…*	101
26	Rund um die Peña de la Una *Jenseits der »Frontière sauvage« – ganz wild!*	103
27	Balcón de Pineta, 2540 m *Die schönste Terrasse der Pyrenäen*	109
28	Piméné, 2801 m *Das »Belvédère« von Gavarnie*	114
29	Cirque de Gavarnie, 1570 m *Das schönste Stück der Pyrenäen*	117
30	Brèche de Roland und Taillon *Die Natur als Künstlerin*	119
31	Monte Perdido, 3355 m *Höhenrausch am »Verlorenen Berg«*	124
32	Pic de la Bernatoire, 2516 m *Im Schatten der »Großen«*	129
33	Faja de Pelay, 1950 m *Naturwunder Ordesatal*	132
34	Faja de las Flores, 2350 m *Ein »Bocchetteweg« in den Pyrenäen*	138
35	Die Canyons von Añisclo und Escuaín *Wie im »Wilden Westen«*	141
36	Refuge des Oulettes de Gaube, 2151 m *Ein Talschluß wie aus dem »Pyrenäen-Bilderbuch«*	144
37	Lacs de Batcrabère, 2180 m *Zwischen Palas und Balaïtous*	148
38	Pau, une ville sympathique *Die Stadt vor den Bergen*	151
39	Rund um den Pic du Midi d'Ossau *Wandern am »Matterhorn der Pyrenäen«*	154
40	Soum d'Aas, 2427 m *Im Banne des Pic du Midi*	157
41	Ibones Azules, 2405 m *Seenwanderung unter den »Teufelsspitzen«*	161
42	Circo de Olibon, 2135 m *Am End' der Welt*	166
43	Pic d'Ansabère, 2360 m *Die »Dolomiten« von Lescun*	171
44	Die Schluchten der Haute Soule *In die »grünen Pyrenäen«*	174
45	Pic d'Orhy und Pic Lakhoura *Grenzgänge*	178
46	Hautza und Butzanzelhay *Wandern im Baskenland*	181

Anhang		185
Nützliche Hinweise für den Pyrenäen-Wanderer von A bis Z		185
Register		189
Bildnachweis		190

Vorwort

Zu behaupten, die Pyrenäen wären ein Vierteljahrhundert nach den fernen Gipfeln Nepals entdeckt worden, ist gewiß vermessen. Nimmt man das deutsche Reisepublikum als Maßstab, läßt sich immerhin ein Körnchen Wahrheit ausmachen. Beim Aufbruch in die weite Welt, zu den ganz großen Zielen, wird halt manchmal das Näherliegende übersehen, Gebirgslandschaften, die nicht ganz so hoch, so monumental und so berühmt sind. Wie die Pyrenäen.

Millionen pilgern alljährlich an die sonnigen Küsten Frankreichs und Spaniens, aber nur ganz wenige haben bis heute diesen Gebirgswall an der Grenze zwischen den beiden Ländern entdeckt, der den Alpen so ähnlich – und doch wieder ganz anders ist, von Frankfurt gerade so weit entfernt wie Rom oder Budapest.

Es ist eine Landschaft der Kontraste, grün und braun, mit zahllosen Seenaugen, aber auch wüstenähnlichen Regionen, mit Kalkmauern und Granitmassiven; an den höchsten Gipfeln finden sich sogar ein paar Gletscherreste. Das Edelweiß ist ebenso heimisch wie in den Alpen. Die Bergwelt – auch wenn's große Oasen der Einsamkeit gibt – ist auch hier nicht mehr überall »heil«: Landflucht und Massentourismus, »le Waldsterben« (dafür gibt es kein französisches Wort) heißen die aus unseren Alpen sattsam bekannten Stichworte.

Eine »Pyrenäenreise« ist mehr als nur ein Abstecher in die Natur, sie ist auch eine Kulturreise, bringt Kontakt mit anderen Völkern, mit der Geschichte. Katalanen, Basken, Spanier und Franzosen, Nachkommen der Goten und der Mauren leben hier, man ißt Paella und Foie gras, trinkt Jurançon und Banyuls, liest den »Midi« und »El Paes« – und hat ähnliche Sorgen wie die Menschen an Rhein und Isar. Wer mit offenen Augen unterwegs ist, kann an der Schwelle zur iberischen Halbinsel einiges lernen über Europa, seine Vergangenheit und die Gegenwart: Begegnungen mit Natur und Menschen.

Daß sich das Wandern besonders dafür eignet, von einem Land mehr als nur die Oberfläche kennenzulernen, ist eine alte Wahrheit. Sie in Wirklichkeit umzusetzen, dabei soll dieser Führer helfen, bei der Planung, unterwegs. Er soll anregen, verführen, die Sinne öffnen auch für neue Ziele, über die vorgegebenen Touren hinausweisen.

»L'appétit vient en mangeant«, das haben Hildegard und ich auf unseren gemeinsamen Wegen erfahren; nach den vielen Touren und Gipfeln, Auf- und Abstiegen sind nicht nur schöne Erinnerungen geblieben, sondern auch ein Wunsch: zurück in die Pyrenäen!

Dietramszell, im Frühjahr 1992
Eugen E. Hüsler

Die Pyrenäen

Die Pyrenäen erstrecken sich vom Atlantik bis zum Mittelmeer, sie bilden so eine natürliche Grenze zwischen Frankreich und der iberischen Halbinsel: rund 450 Kilometer lang, bis 130 Kilometer breit und maximal 3400 Meter hoch. Ihr Aufbau ist vergleichsweise einfach, kaum von Längsfurchen gestört; er zeigt eine Hauptkette, von der nach Norden kurze Quertäler abgehen. Im Süden stellen sich dem abfließenden Wasser Sedimentketten entgegen, was zur Bildung tiefer Canyons führte.

Wasser: Es demonstriert beispielhaft, daß auch Berge nicht für die Ewigkeit geschaffen sind, daß auch sie werden und vergehen – allerdings in Jahrmillionen. »Angefangen« hatte es mit den Pyrenäen im Erdaltertum, vor mehr als 300 Millionen Jahren. Zu jener Zeit wurden die Grundzüge des Massivs gelegt; die eigentliche Gebirgsbildung erfolgte allerdings erst viel später, nachdem das »Urgebirge« über viele Jahrmillionen (im Erdmittelalter) unter den Wassern des Tethysmeers lag. Ursache war der »Zusammenstoß« zwischen dem iberischen und dem europäischen Kontinentalblock: das Gebirge faltete und hob sich. So standen die Pyrenäen im Eozän, vor etwa 40 Millionen Jahren, schließlich in ihrer »Rohform«. Was für Kräfte bei der Gebirgsbildung am Werk waren, kann man noch heute beobachten, etwa an den bizarr verformten Sedimentschichten des Cirque de Gavarnie. Die Cirques und Canyons der Zentralpyrenäen sind auch eindrucksvolle Beispiele für die Erosionsarbeit des Wassers; dabei wurden die Schichten der erdmittelalterlichen Sedimente (Meeresablagerungen) bloßgelegt (Valle de Ordesa). Auch das Eis arbeitete an dem Gebirge, hinterließ seine Spuren: Moränen, U-förmig ausgehobelte Täler. Heute, 10 000 Jahre nach der letzten Eiszeit, sind die Gletscher fast ganz aus den Pyrenäen verschwunden. Nennenswerte Eisfelder finden sich nur mehr am Vignemale, am Monte Perdido und am Aneto.

Sie stehen in den *Zentralpyrenäen*, einem der drei großen Landschaftsräume des Gebirges. Westlich schließen sich die *Atlantischen Pyrenäen* an, zum Mittelmeer hin die *Ostpyrenäen*. Doch diese Einteilung sagt nichts aus über die erstaunliche Vielfalt der Landschaftsformen. Ursache sind einerseits die unterschiedlichen Gesteine, die das Gebirge aufbauen, aber auch die verschiedenen klimatischen Bedingungen. Nicht umsonst spricht man von den »grünen« Pyrenäen und meint damit die französische Nordabdachung, die erheblich mehr Niederschläge erhält als die spanische »Leeseite«, wo es wüstenähnliche, von tiefen Schluchten durchfurchte Landstriche gibt.

Feucht oder trocken – das gilt auch in der Westost-Richtung. Während die Wetterküche der Biscaya im atlantischen Westen, vor allem im Baskenland und im Béarn, für reichlich Regen sorgt, hat der Osten Anteil am Mittelmeerklima: viel Sonne, aber oft Dunst (und damit kaum Fernsicht) im Roussillon.

Mehr noch als das Klima prägt natürlich die steinerne »Unterlage« das Bild der Landschaft: kristallin der Kern, da und dort auch Schieferberge, im Norden wie im Süden parallel zum Hauptkamm verlaufende Ketten aus kalkigen Sedimenten. Im Bereich von Gavarnie-Ordesa bilden sie sogar Grenzkamm und Wasserscheide zwischen Atlantik und Mittelmeer; hier ragt mit dem *Monte Perdido* (3355 m) einer der höchsten Gipfel der Pyrenäen auf. Übertroffen wird er nur noch vom Posets (3375 m) und vom Aneto (3404 m), dem »Dach« des Gebirges. Beide sind sie aus Granit aufgebaut, wie auch die benachbarten Aigües Tortes, die im Besiberri (3030 m) ihren Kulminationspunkt haben. Aigües heißt Wasser, und typisch für diese Gebirgsgruppe sind ihre unzähligen Karseen, ein Erbe der eiszeitlichen Vergletscherung. Weit über 200 zählt man, Lacken und Tümpel nicht einmal eingerechnet! Wie viele Bergseen es in den Pyrenäen insgesamt gibt – keine Ahnung. Auf jeden Fall widerlegen sie eindrucksvoll das Vorurteil eines mediterrantrockenen Gebirges. Immer wieder stößt man – auch im Hochsommer – auf Bäche, Rinnsale und stehende Wasser; der Reiz etwa einer

Eine der schönsten Überraschungen in den Pyrenäen sind die zahllosen Bergseen, hier der untere der beiden »Blauseen«, der Ibones Azules (Tour 41).

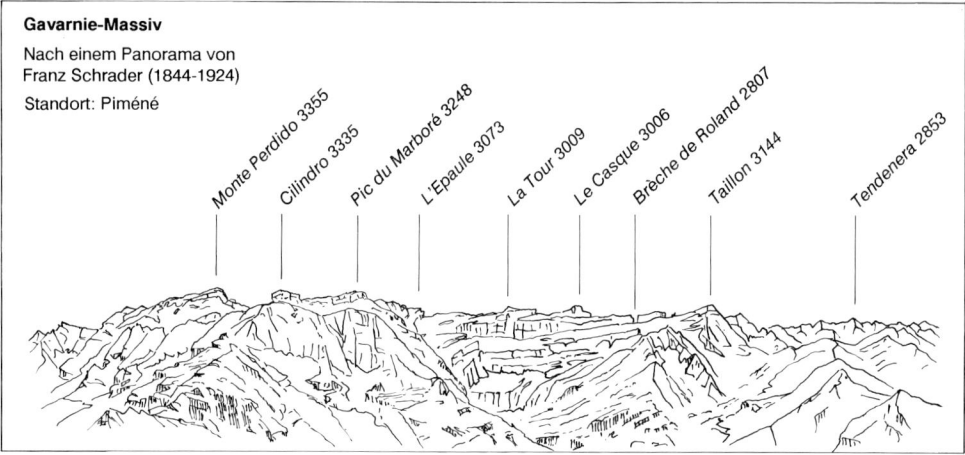

Besteigung des Pic Carlit liegt weniger in seinem (zugegebenermaßen weiten) Gipfelpanorama als vielmehr in den herrlichen Bergseen, an denen der Weg vorbeiführt.
Ganz anders die Kalkmassive, die dafür mit faszinierenden Karstphänomenen aufwarten: Dolinen, Klüfte, Höhlen. Das Wasser versickert im Gestein, löst aber durch chemische Prozesse dieses gleichzeitig auf und schafft so ein bizarr-faszinierendes Innenleben: die *Pyrenäenhöhlen*. Manche waren den Menschen schon vor Jahrtausenden bekannt, bewahren steinzeitliche Kunst, andere beeindrucken durch ihre phantastischen Tropfsteinbildungen, die alljährlich um ein paar Millimeter wachsen: Stalaktiten an der Höhlendecke, Stalagmiten am Boden. Berühmt sind die Höhlen des *Ariège* (Niaux, Lombrives, Labouiche), doch gibt es auch in der Umgebung von Lourdes (Bétharram, Médous) und im Baskenland (Isturits, Oxocelhaya) besuchenswerte Grotten. Nicht öffentlich zugänglich ist das riesige Höhlensystem von Pierre St-Martin westlich des Pic d'Anie; fast 50 Kilometer wurden bis heute erforscht. An einem besonders originellen Naturphänomen sind kristalline Gesteine und Kalk beteiligt: am unterirdischen Lauf eines Quellbachs der Garonne, die ja bekanntlich bei Bordeaux in den Atlantik mündet. Schräggestellte Kalkschichten, die dem Granit aufliegen, lenken das Gletscherwasser des Aneto, der südlich des Pyrenäen-Hauptkamms steht, ins Vall d'Aran und zur Garonne um.
Die Zentralpyrenäen sind das Reich der Dreitausender, ostalpinen Regionen – bei allen Unterschieden – durchaus ähnlich. Im Westen steht der bekannteste Gipfel des Massivs, isolierter Überrest eines geborstenen Vulkans: der *Pic du Midi d'Ossau* (2884 m), das »Matterhorn« der Pyrenäen und als solches ein beliebter Kletterzacken. Letzter »richtiger« Hochgipfel zum Atlantik hin ist der Pic d'Anie (2504 m), dann sinkt der Hauptkamm rasch ab, wandelt sich das Gebirge zum Hügelland, die klare Gliederung löst sich auf. Ganz anders im Osten, wo der Haupt- und Grenzkamm über die Albères sich bis zur Côte Vermeille hinzieht, ehe er abrupt ins Meer fällt.

Flora

Ein Vergleich der alpinen Vegetation mit jener der Pyrenäen zeigt Parallelen, aber auch große Unterschiede. Viele Pflanzen gedeihen hier wie dort; andere Vegetationsgruppen fehlen dagegen vollständig. So fällt dem Wanderer bald die Abwesenheit eines Krummholzgürtels im Bereich der subalpinen Stufe (1700–2500 m) auf; dafür macht er im Ostteil der Pyrenäen rasch Bekanntschaft mit einer fast undurchdringlichen, kratzigen Macchia: der Garrigue. Überhaupt ist das Roussillon stark mediterran geprägt, Ähnlichkeiten mit der Südabdachung der Alpen sind nicht zu übersehen. So ist auf der montanen

Schmaler Pfad über tiefem Abgrund: der Aufstieg aus dem Ordesatal durch den Circo de Carriata (Tour 34).

Stufe die Buche *(Fagus sylvatica)* vorherrschend, dazu kommen Tannen und verschiedene Kiefern, von denen nur eine Art, die Hakenkiefer *(Pinus uncinata)*, bis in subalpine Regionen vordringt. Auf kalkfreien Böden weit verbreitet ist die Rostrote Alpenrose *(Rhododendron ferrugineum)*, ein Heidekrautgewächs, oft zusammen mit der Rauschbeere *(Vaccinium uliginosum)* anzutreffen. Und bis an die nivale Stufe (ab 2800–3000 m), auf der nur mehr ein paar Flechten ihr genügsames Leben fristen, steigen manche Vertreter der artenreichen Pyrenäenflora hinauf. Bei einigen handelt es sich um *Endemiten*, also Pflanzen, deren Verbreitung sich auf ein bestimmtes Gebiet beschränkt. Ein ibero-pyrenäischer Endemit ist beispielsweise die Pyrenäen-Schwertlilie *(Iris latifolia)*, die man bei uns – weil sie zuerst in England kultiviert wurde – als Englische Iris kennt. Sie kommt an trockenen Sonnenhängen mitunter massenhaft vor, wie auch die Blaue Pyrenäen-Distel *(Eryngium bourgatii Gouan)*.

Im Gegensatz zu den Alpen ist in den Pyrenäen nicht nur die Silberdistel, sondern auch ihr »goldenes« Gegenstück heimisch *(Carlina acanthifolia)*. Auf den Wiesen der montanen Stufe begegnet man den zarten, glockenförmigen Blüten der »Fritillaire des Pyrénées« *(Fritillaria pyrenaica)*, oft in Gesellschaft der »Narcisse bicolore«, der zweifarbigen Narzisse *(Narcissus bicolor)*, manchmal auch zusammen mit dem stengellosen »Kochschen Enzian« *(Gentiana acaulis)*. Üppigste Vorkommen von Edelweiß trifft man vor allem in den Kalkmassiven der spanischen Pyrenäen, etwa an der Cotiella oder auf den Höhen über dem Ordesatal. Auf dem Kalkfels gedeihen auch die Blütenkissen der »Sabline à quarte rangs« *(Arenaria tetraquetra)* und die »Ramonde des Pyrénées« *(Ramonda myconi)*. Letztere ist übrigens nach dem Baron *Louis-François Ramond de Carbonnières* (1755–1827), dem »Urvater« der Pyrenäenpioniere, benannt.

Bären und anderes Getier

Berühmt, aber fast schon ausgerottet: der *Pyrenäen-Bär (Ursus arctos)*, einst in ganz Europa heimisch, doch seit dem Mittelalter auf dem Rückzug. Anfang unseres Jahrhunderts war es in den Alpen endgültig um ihn geschehen, und mit Beginn des dritten Jahrtausends dürfte auch für die letzten Braunbären in den Pyrenäen das Aus kommen. Zur Zeit schätzt man die Gesamtpopulation noch auf gut ein Dutzend Tiere; zu Gesicht bekommt

***Stellvertretend für die reiche Pyrenäen-Flora: die »Golddistel«, lateinisch* Carlina acanthifolia.**

sie der Tourist natürlich nie. Mehr Glück hat man in der Regel mit den großen Greifvögeln. Selten, aber im Bestand kaum gefährdet, ist der *Steinadler (Aquila chrysaëtos)*. An Größe noch übertroffen wird er vom *Gänsegeier (Gyps fulvus)*, der es auf eine Spannweite von 2,5 Meter bringt (gegenüber etwa 2 Meter des Adlers); zu erkennen ist der im Flug ungemein elegant wirkende Vogel an seinem weißen Kopf und Hals sowie der ebenfalls weißen Halskrause. Die fehlt dem *Bartgeier (Gypaëtus barbatus),* den der Volksmund »Knochenbrecher« nennt, weil er oft große Knochen über Felsen fallen läßt, damit sie zersplittern und er so an das Mark herankommt. Im Frühjahr, wenn die Schafherden auf die Almen getrieben werden, melden sich pünktlich auch die *Schmutzgeier (Neophron percnopterus)* wieder von ihrem Winterquartier in Afrika zurück. Sie sind etwas kleiner als ihre Artverwandten (Spannweite bis 1,5 m); vor allem auf der spanischen Seite der Pyrenäen, in Hocharagon und Navarra, begegnet man ihnen recht häufig.

Auch Begegnungen mit *Gemsrudeln* gehören fast schon zum Alltag bei Pyrenäenwanderungen; ihr Bestand wird auf rund 5000 Tiere geschätzt und außerhalb der Nationalparks dürfen die »Isards« auch gejagt werden. Stark gefährdet ist dagegen der *Pyrenäen-Steinbock (Capra ibex pyrenaica)*, von denen es nur noch einige wenige Exemplare im Ordesa-Nationalpark geben soll. Dafür vermehrt sich das *Murmeltier*, in den Pyrenäen schon zu Beginn der Eiszeiten ausgestorben und erst Anfang unseres Jahrhunderts wieder angesiedelt, sehr stark. So kann man den possierlichen Tieren heute in vielen Hochtälern begegnen.

Natürlich gibt es auch Schlangen in den Pyrenäen; die bis 1,5 m lange, Gelbgrüne Zornnatter *(Coluber viridiflavus)* und die Vipernatter *(Natrix maura)* sind ungiftig, ein Biß der *Aspisviper (Vipera aspis)* kann im Extremfall tödlich sein. Ganz und gar harmlos sind dagegen die hier vorkommenden Echsen, etwa die Iberische Gebirgseidechse *(Lacerta monticola)*.

Eine zoologische Kuriosität ist der Pyrenäen-Desman *(Desmana pyrenaica)*, eine Rüsselmaus, entfernt dem Maulwurf ähnlich, aber im Wasser lebend.

Fast eine halbe Million Jahre

Basken und Katalanen sind die beiden Urvölker der Pyrenäen, und es ist wohl kein Zufall, daß ihre Geschichte vor allem ein – vergeblicher – Kampf um Souveränität war. Mit der Bildung großer, mächtiger Nationalstaaten beiderseits des Gebirgszuges blieb für kleinere, nach Selbständigkeit strebende Völker auf der politischen Landkarte Europas kein Platz mehr. Der Pyrenäenfrieden von 1659 teilte Katalonien endgültig; das mittelalterliche Baskenreich war schon früher in der Erbmasse französischer und spanischer Herrscher aufgegangen. Heute erleben viele europäische Regionen eine kulturelle Renaissance; was in einem zentralistisch organisierten Frankreich kaum, im Spanien Francos schon gar nicht möglich war, ist mittlerweile fast eine Selbstverständlichkeit: Pflege der alten Bräuche und Traditionen, kulturelle Autonomie. Katalanen und Basken beweisen im übrigen, daß die Pyrenäen keineswegs nur Grenzwall waren; beide Völker siedeln dies- und jenseits der Bergketten. Parallelen finden sich interessanterweise auch in den Alpen. Man denke nur an Tirol, die Schweiz oder das ehemalige Herzogtum Savoyen – Zufall?

Ein Zufall war es wohl, daß die Spuren des ältesten Europäers gerade in den Pyrenäen entdeckt wurden: der *Tautavel-Mensch*, benannt nach dem Fundort, einem kleinen Ort am Ostrand des Gebirges. Vor (geschätzten) 450 000 Jahren siedelte er im Südwesten Europas. Erst sehr viel später trat der Neandertaler auf den Plan, und die frühesten Felsmalereien, die man heute (noch) in mehreren Höhlen der Pyrenäen besichtigen kann, sind gerade 10 000 bis 12 000 Jahre alt.

Mit der Landung der Griechen an der französisch-spanischen Mittelmeerküste traten die Pyrenäen aus dem Dunkel der Vorgeschichte. Ein paar Jahrhunderte später (218 v. Chr.) überschritten Hannibal und sein Heer (samt den berühmten Elefanten) die Pyrenäen am Col du Perthus auf dem Weg nach Italien. Ab 121 v. Chr. begann die Einverleibung Südfrankreichs ins Römische Reich. Pompejus gründete am Nordrand der Pyrenäen Lugdunum Convenarum (St-Bertrand-de-Comminges), das rasch an Bedeutung gewann und bald 50 000 Einwohner zählte.

5. Jahrhundert: Die Westgoten erobern den Südwesten des heutigen Frankreich und machen Tolosa (Toulouse) zu ihrer Hauptstadt.

507: Der Frankenkönig Chlodwig besiegt die von Alarich II. geführten Goten.
Sie werden auf die iberische Halbinsel verdrängt, gründen ihr Toledanisches Reich (nach der Hauptstadt Toledo).

Ende 6. Jahrhundert: Die Basken – in den westlichen Pyrenäen der Romanisierung weitgehend entgangen – dringen nach Aquitanien vor und erobern die Gascogne.

711: Ein arabisches Heer überschreitet die Meerenge von Gibraltar; damit beginnt die Unterwerfung Spaniens unter die Mauren. Das Westgotenheer unter Roderich wird bei Jerez de la Frontera vernichtend geschlagen.

732: Ein Frankenheer unter der Führung von Karl Martell besiegt bei Poitiers die Mauren und beendet damit den islamischen Vorstoß nördlich der Pyrenäen.

778: Karl der Große unternimmt einen erfolglosen Vorstoß nach Spanien.
Beim Rückzug wird seine Nachhut aufgerieben – eine schmähliche Niederlage, im berühmten Rolandlied später zum Heldenepos hochstilisiert.

801 gelingt Karls Sohn, Ludwig dem Frommen, die Eroberung von Barcelona. Damit fällt Katalonien an das Frankenreich.

11. Jahrhundert: In Nordspanien beginnt die Reconquista, die Rückeroberung des Landes.

1096 erobert Aragón mit Hilfe französischer Kreuzfahrer Huesca von den Mauren zurück.

1137 fallen auch Katalonien und Roussillon an das Königreich Aragón.

12. Jahrhundert: In Südfrankreich gewinnt die Sekte der Albigenser (Katharer) immer mehr Anhänger; schließlich ruft die Kirche in Rom zum Kreuzzug auf.

1244 fällt die Burg Montségur, Zufluchtsort der Katharer, nach monatelanger Belagerung.

1479: Mit dem Frieden von Alcacovas wird die Vereinigung der Königreiche Aragón und Kastilien besiegelt.

1589 besteigt der in Pau geborene Henri IV. den französischen Thron; er vereinigt seine Erblande (Grafschaft Foix, Béarn und Teile von Navarra) mit Frankreich.

1640: Das spanische Katalonien erklärt seine Unabhängigkeit und ersucht Frankreich um Hilfe.

Im »Pyrenäenfrieden« von
1659 erhält Frankreich Roussillon und die Cerdagne.
Der Pyrenäenkamm bildet nun im wesentlichen die Grenze zwischen Frankreich und Spanien.

1702–1714: Als Folge des Spanischen Erbfolgekrieges büßen Aragón, Navarra und Katalonien ihre Teilautonomie ein. Ein ähnliches Schicksal erleidet der Midi nach der Französischen Revolution.

19. Jahrhundert: Die Pyrenäen werden »entdeckt«; in Pau und Biarritz beginnt der Tourismus.

1838: Erstbesteigung des Vignemale (3298 m).

1842: Am 20. Juli stehen erstmals Menschen auf dem Aneto (3404 m), dem »Dach« der Pyrenäen: A. Francqueville und P. Tchihatcheff mit Führern.

1936–1939: Der Spanische Bürgerkrieg endet mit dem Sieg der Faschisten; General Franco übernimmt die Macht im Land.

1977: Zwei Jahre nach dem Tod Francos – Spanien wandelt sich zur Demokratie – erhält Katalonien einen Autonomiestatus, 1979 auch das Baskenland. Der ETA-Terror klingt allmählich ab.

1986 tritt Spanien der EG bei.

Wandern in den Pyrenäen

Die Pyrenäen – immerhin fast so groß wie die Schweiz – bilden ein nahezu unerschöpfliches Wander- und Tourenrevier. Man ist also gut beraten, vor Antritt einer Reise etwas Zeit in die Planung zu investieren. Es macht wenig Sinn, im Mai (tiefverschneite) Dreitausender anzugehen oder sich im Hochsommer durch die sonnenverbrannte Macchia des Roussillon zu quälen. Man darf auch nicht übersehen, daß ein häufiger Domizilwechsel (Wander-)Zeit kostet; da kann es vorteilhaft sein, sich gleich auf eine bestimmte Region zu konzentrieren.

Die Täler im Osten des Gebirges, **Conflent** und Vallespir etwa, eignen sich besonders für einen Besuch im Frühling oder Herbst. Zwischen der Côte Vermeille und dem Canigou (2784 m), dem ersten »richtigen« Pyrenäenberg (Tour 6), erstreckt sich eine abwechslungsreiche Hügelregion: Weinberge, Aussichtspunkte, alte Kirchen, malerische Dörfer und kleine Städte. Hier findet sich alles, was das Roussillon so reizvoll macht, das Meer ist nicht weit, und von den weißen Gipfeln herab weht im Frühling ein angenehm kühler Wind. Wer Kunst und lukullische Freuden zu schätzen weiß, wird auf jeden Fall einen angenehmen Urlaub verbringen: Serrabona (Tour 2), St-Michel-de-Cuxa und St-Martin-du-Canigou (Tour 5) sind Hochburgen der katalanischen Romanik, weiter im Norden erinnern die selbst im Verfall noch eindrucksvollen Burgruinen von Quéribus und Peyrepertuse (Tour 7) an ein düster-blutiges Kapitel der südfranzösischen Geschichte. Und bis *Carcassonne* ist es auch nicht weit; vom Gipfel des Pech de Bugarach (Tour 8) aus soll bei klarem Wetter die unvergleichliche Silhouette der alten Cité im Pyrenäenvorland bereits zu sehen sein.

Die **Cerdagne**, seit dem Pyrenäenfrieden von 1659 geteilt, ist die »Sonnenstube« der Pyrenäen und entsprechend vielbesucht, auch im Winter. Wer im Conflent Station macht und nur einen Abstecher in diese französisch-spanische Grenzregion plant, nimmt am besten den gemütlichen »Train jaune«, der im Sommer sogar mit offenen Wagen (der Aussicht wegen) geführt wird: ein Erlebnis so richtig nach dem Geschmack der Eisenbahn-Nostalgiker...

Sehr viel moderner geben sich die Skistationen der Cerdagne, nur Font-Romeu macht da eine Ausnahme: unbestrittenes Zentrum der Region und schon ein wenig in die Jahre gekommen, während der Sommerferienzeit hoffnungslos überlaufen, aber nicht ohne Charme. Ihren unverwechselbaren Reiz hat auch die Landschaft in ihrer Weite, umrahmt von hohen Bergen: im Süden steht der Puigmal (Tour 13), im Norden der Pic Carlit (Tour 11), höchster und berühmtester Gipfel der Region. Die spanische Nachbarschaft bietet ebenfalls gute Wandermöglichkeiten, vor allem im Bereich des Naturparks von Cadí-Moixero (Tour 14).

Nördlich an die Cerdagne schließt das **Capcir** an: noch ein Hochplateau, kleiner, mit zwei (Stau-)Seen, im Winter ein schönes Langlaufrevier, im Sommer locken vor allem die Wandergipfel über dem Quellgebiet der Aude: der Madres (Tour 9) und der Roc Blanc (Tour 10). Beide bieten sie natürlich ein tolles Panorama, jenes vom Madres soll bis zum Mittelmeer gehen, während sich vom Roc Blanc aus bereits die Bergketten **Andorras** zeigen: fast 3000 Meter hoch, in einem Halbrund das Haupttal umschließend. Wie nirgendwo sonst in den Pyrenäen liegen hier Idylle und Kommerz ganz nahe beieinander – zu nahe (aber das ist meine persönliche Meinung). In einigen Seitentälern herrscht (noch) paradiesische Ruhe, und die meisten Gipfel sind verhältnismäßig leicht zu besteigen. Ein Landschaftsjuwel ist beispielsweise das Vall d'Incles mit seinen Bergseen (Tour 15).

Eine Region der Kontraste ist das **Ariège**: drei Kilometer hoch (bis zum Gipfel des Pic d'Estats, 3145 m), aber vor allem auch viele Kilometer tief! Mit seinen berühmten Höhlen (Tour 16), die nicht nur faszinierende Abstecher ins Bergesinnere ermöglichen, sondern auch Zeitreisen zurück in das Dunkel der Urgeschichte.

Die Palette der Wandermöglichkeiten ist extrem weit gespannt, von den Hügelketten der Montagnes du Plantaurel im Norden bis zum Pyrenäen-Hauptkamm; als günstige Standorte gelten Foix, die Hauptstadt der Region, und Ax-les-Thermes.

Im Herzen der Pyrenäen: Blick vom Anstieg zum Taillon (Tour 30) in den Cirque de Gavarnie, darüber Pic du Marboré (3248 m), Cilindro (3335 m) und Monte Perdido (3355 m).

Erdgeschichtliche Relikte aus der Eiszeit sind die unzähligen Karseen der **Aigües Tortes**: eine Traumlandschaft aus Granit und Wasser, Wanderparadies par excellence (Touren 19, 20, 21). Im Sommer bewirtschaftete Hütten ermöglichen auch mehrtägige Paßwanderungen. Im Hochsommer tut man allerdings gut daran, sich nicht gerade Espot als Basis für seine Unternehmungen im Parque Nacional de Aigüestortes auszuwählen...

Sehr viel ruhiger ist es nördlich des **Vall d'Aran**, auf den Gipfeln des Pyrenäen-Hauptkamms (Touren 17, 18). Er trennt das (spanische) Quelltal der Garonne vom (französischen) **Couserans**, einer vom modernen Tourismus noch recht wenig tangierten Region mit dem Hauptort St-Girons.

Superbagnères heißt das Wintergeschäft, und im Sommer bietet es wenigstens einen ersten Blick auf den »Kristallisationspunkt« der gesamten Pyrenäen, den **Aneto** (3404 m). Nicht der schönste, aber halt der höchste Berg zwischen Atlantik und Mittelmeer und so veritabler Anziehungspunkt für Alpinisten und Gipfelstürmer jeder Couleur. *Benasque* ist ein günstiger Standort für Unternehmungen in den Granitmassiven der Maladeta (Aneto) und des Posets.

Zwischen zwei berühmten Pyrenäenpässen, dem Col de Peyresourde und dem Col d'Aspin, liegt die **Vallée d'Aure**. St-Lary-Soulan heißt hier der Hauptort. Die schönsten Wanderrouten bietet das *Néouvielle-Massiv* (Touren 24, 25). Pla-d'Adet und Piau-Engaly darf man dafür getrost in die Kategorie besonders unansehnlicher Skistationen einordnen. Die gibt es natürlich auch jenseits des Pyrenäen-Hauptkamms, aber nicht im **Valle de Bielsa**, das durch einen Straßentunnel mit dem französischen Vallée d'Aure verbunden ist und eine Fülle schönster Tourenmöglichkeiten bietet. Den Circo de Pineta (Tour 27) muß man allerdings durchsteigen und nicht nur von unten bestaunen, um seine Wunder zu erleben; das Kalkmassiv der Cotiella (Tour 26) bietet ganz andere Landschaftseindrücke als der Granitstock des Posets (3375 m), der zweithöchsten Erhebung in den Pyrenäen. Insgesamt ein sehr interessantes Tourenrevier, durchaus für einen längeren Aufenthalt geeignet. Und mit dem (nicht zu unterschätzenden) Vorteil, daß man bei Schlechtwetter an der Nordabdachung des Gebirges problemlos auf die (meist sonnigere) Südseite wechseln kann…

Gavarnie: Berühmt, gescholten – und einmalig. Damit meine ich weniger den – gewiß eindrucksvollen – Talschluß als vielmehr das Überangebot an Tourenmöglichkeiten, das auf vergleichsweise kleinem Raum versammelt ist, die landschaftliche Vielfalt. Hier gibt es für jeden Geschmack etwas, selbst für ganz Bequeme: »wandern« auf einem Pferde- oder Eselrücken (Tour 29). Man kann sich das Naturwunder Gavarnie aber auch von oben anschauen, vom Piméné (Tour 28) aus oder vom Weg zur *Brèche de Roland* bzw. zum Taillon (Tour 31). Dazu braucht man weder Heldenmut (wie er dem armen Roland

Unterhalb von Viella, dem Hauptort des Vall d'Aran, wird die Garona französisch: Man betritt das **Comminges**. Historischer Hauptort (und ein »Muß« für jeden Bildungsreisenden!) ist *St-Bertrand-de-Comminges*, touristisches Zentrum trotz einiger »Alterserscheinungen« Bagnères-de-Luchon. Die vornehmbetuchte Klientel hat den traditionsreichen Badeort zwar längst verlassen, geblieben ist aber die prächtige Bergkulisse (Touren 22, 23), dazugekommen sind ein paar Skipisten.

angedichtet wurde) noch Seil und Pickel – manche Franzosen schaffen den Aufstieg sogar in Joggingschuhen (was nun wieder nicht zu empfehlen, mancherorts in den Pyrenäen aber ganz normal ist). Und wer sich nach so viel Gesellschaft beim Wandern einmal nach einem stillen Bergwinkel sehnt, kommt hier auch kaum in Verlegenheit. Es muß nicht unbedingt der Pic de la Bernatoire (Tour 32) sein, aber der ist garantiert ruhig. Unsere einzige (auf Distanz bedachte) Gesellschaft bestand an einem Augusttag jedenfalls in ein paar Murmeltieren...

Ganz so verlassen fühlt man sich am Gletscherweg zum Gipfel des Vignemale (3298 m) selten, und nördlich des stolzen Dreitausenders, in der *Vallée de Gaube*, sind Weg und Steg dann wieder ordentlich bevölkert (Tour 36). Und wer einmal ein richtiges Großstadterlebnis sucht, religiös verklärt und kommerziell überwuchert dazu, hat nicht weit bis nach **Lourdes**. Passendes zum Thema findet man in zahlreichen erbauenden Schriften, die vor Ort angeboten werden, oder auch bei Tucholsky...

Insgesamt ist das **Bigorre** ein sehr vielseitiges Reise- und Wandergebiet; weder der Naturfreund noch der Kunstliebhaber kommt hier zu kurz. Und der »Mittelpunkt« der Region, der *Pic du Midi de Bigorre* (2872 m), hat sogar eine Straße. Von ihrem Endpunkt spaziert man in weniger als einer Stunde zum Gipfel, den das Observatorium der Universität Toulouse krönt. Die meisten Besucher werden allerdings weniger in die Sterne als auf das grandiose Pyrenäenpanorama gucken...

Spanisches Gegenstück zu Gavarnie ist **Ordesa**: ähnliche Besucherzahlen, grandiose Kulisse. Doch hier konzentriert sich der Rummel noch stärker; also besteht kaum Gefahr, sich abseits des Talweges noch im Massenbergsteigen üben zu müssen. Und auf den »Brentabändern« hoch über dem Rio Arazas ist man dann dem Bergsteigerhimmel schon sehr nahe... (Touren 33, 34).

Wandern im Ordesa-Nationalpark führt nicht zwangsläufig bergauf, gelegentlich weist der Weg auch abwärts: etwa in die wildromantischen *Gargantas de Escuaín* (Tour 35). Und der *Cañon de Añisclo* ist fast schon ein »Grand Canyon«...

Noch mehr Schluchten findet man übrigens weiter südlich, in der *Sierra de Guara*.

Mit dem *Balaïtous* (3144 m) beginnen die Atlantischen Pyrenäen; hier gibt es mehr »verlorene« Winkel als berühmte Gipfel. Die Ausnahme macht der *Pic du Midi d'Ossau* (2884 m), dessen Profil man bei gutem Wet-

Nicht immer ist die Ausstattung der Cabanes so komfortabel, oft fehlt es an fast allem. Küchenbrett in der Cabane d'Aule (Tour 40).

Unverzichtbar auf Pyrenäen-Wegen: Steinmännchen als Orientierungshilfe.

ter bereits von Pau (Tour 38) aus am südlichen Horizont erkennen kann. Die Wanderung rund um den isolierten Vulkanberg ist ein »Pyrenäen-Klassiker« (Tour 39), aber nur eine von vielen Ausflugsmöglichkeiten und Tourenzielen im **Vallée d'Ossau**. Sieht man einmal von der Skistation Gourette an der Paßstraße zum Col d'Aubisque ab, erscheint der Tourismus hier noch gezähmt; Laruns und Eaux-Bonnes sind eher familiär denn weltläufig wirkende Ferienorte, und rund um den *Col du Pourtalet* (1794 m) zählt man garantiert viel mehr Schafe als abgestellte Autos…

Jenseits der Wasserscheide wird man dann allerdings gleich mit dem Erschließungswahn spanischer Wintersportpromotoren konfrontiert; daneben wirken die leicht angestaubten *Baños de Panticosa* schon wieder richtig gemütlich. Hier ist man mitten in den »granitenen« Pyrenäen, und fast jeder Ausflug wird zu einer Seenwanderung (Ibones Azules; Tour 41).

Dolomitenzauber gibt es dafür in der **Vallée d'Aspe**; im Talschluß von Lescun stehen mit den Aiguilles d'Ansabère (2377 m) einige der schönsten Kletterzacken des Gebirges zur Verfügung. Dem Pic d'Ansabère (Tour 42) kann man sogar ohne jede Kraxelei aufs Haupt steigen; wer den »hintersten Winkel« der Pyrenäen sucht, muß noch ein Stück weiter talaufwärts vorstoßen, weg von der Straße in den großartigen Circo de Olibon (Tour 43).

Die Vallée d'Aspe hat sich einem sanften Tourismus verschrieben, man sucht hier einen Ausgleich zwischen Ökologie und Ökonomie, hat sich vehement (und mit Erfolg) gegen den Ausbau der Col-du-Somport-Route gewehrt. Ganz anders jenseits der Grenze, wo man auf die Ski fahrenden Massen setzt. Folgt man dem Rio Aragón talabwärts, ändert sich das Bild aber bald, und das Kleinstädtchen *Jaca* mit seiner mächtigen Zitadelle, dem malerisch-verwinkelten Ortskern und der uralten Kathedrale versöhnt fast schon wieder mit den Betonwüsten von Candanchú und Astun.

Bleibt noch das **Baskenland**.
Der Atlantik ist nun nicht mehr fern, das Gebirge wandelt sich zur Hügellandschaft. Rund um die *Haute Soule* gibt es zwar noch ein paar Zweitausender (Tour 45), doch fast mehr Interesse verdienen hier die großartigen Canyons, vom Wasser tief aus dem Kalkfels gegraben, allen voran die Gorges de Kakouéta (Tour 44). Insgesamt ist *Euskadi*, wie die Basken ihre Heimat nennen, wohl mehr ein Reise-, denn ein Wanderland. Pamplona, Bayonne und Biarritz sind besuchenswerte Städte, St-Jean-Pied-de-Port und *Roncesvalles* Stationen am berühmten Pilgerweg nach Santiago de Compostela. Und von der *Rhune* (900 m), die man sogar mit einem Bähnchen »erklettern« kann, schaut man dann hinaus in den Golf von Biskaya.
Zum Schluß?
Ich lass' die Füße baumeln, ins salzige Wasser (das tut ihnen bestimmt gut), entspanne mich, atme Meer- statt Bergluft und weiß: das war noch nicht alles! Zauber der Berge, Sirenenklang der Pyrenäen. Auf bald!

Ein Anliegen: Umweltschutz, Naturschutz

Der Hinweis ist wichtig, gerade in den Pyrenäen, angesichts großer, noch »unerschlossener« Regionen, aber auch mit Blick auf ständig anwachsende Besucherzahlen. Vieles erinnert an die Alpen, den klassischen »Playground of Europe«, gelegentlich fühlt man sich fast in die Pionierzeit zurückversetzt, dann wieder schon im 21. Jahrhundert. Erst seit kurzem ist Umweltschutz in Frankreich ein Thema. Spanien – das muß hier leider gesagt werden – ist immer noch eine »Wegwerfgesellschaft«. Natur wird schlicht konsumiert, und das wird sich wohl – schaut man auf die Massen – nicht so schnell ändern. Diese (frustrierende) Erkenntnis entbindet aber gerade den natur- und umweltbewußten Bergsteiger keineswegs von der Mitverantwortung gegenüber *seinen* Bergen. Also auf jeden Fall dafür Sorge tragen, daß der Müllhaufen wenigstens nicht weiter anwächst! Was bereits herumliegt, braucht auch nicht ansteckend zu wirken, im Gegenteil: Ich habe es mir zur Gewohnheit gemacht, nicht nur die eigenen Abfälle, sondern auf jeder Tour etwas von der dreckigen »Hinterlassenschaft« weniger naturfreundlicher Zeitgenossen wieder hinab ins Tal mitzunehmen. Diese kleine »Mühe«, von all jenen praktiziert, die sich als Bergfreunde fühlen, müßte eigentlich eine erfreulich reinigende Wirkung auf Gipfel und Wegränder zeitigen...

Ein toller Ausguck im Hinterland der Côte Vermeille ist die Tour de la Massane.

1 Tour de la Massane, 793 m

Zwischen Meer und Bergen

> **Tourencharakter:** Recht lange Wanderung über der Côte Vermeille. – Tagestour.
> **Reine Gehzeit:** 5 Std.
> **Beste Jahreszeit:** Herbst bis Frühling.
> **Markierung:** Aufstieg zur Tour de la Massane größtenteils Fahrwege; Kammweg teilweise mit Farbmarkierung, ebenso das Teilstück der GR 10, Abstieg teilweise ohne Bezeichnungen, zuletzt wieder Straßen.

An der Côte Vermeille fallen die östlichen Ausläufer der Pyrenäen ins Mittelmeer, buchstäblich, über steile Felsen, die im Abendlicht (weil eisenhaltig) rötlich aufleuchten. Ihnen verdankt der Küstenstrich seinen Namen. Malerische alte Fischerdörfer schmiegen sich in tiefblaue Buchten, die einzige Straße vollführt zwischen Argelès-sur-Mer und der Grenze zu Spanien und darüber hinaus ihren Kurventanz. Was für ein Kontrast zur Monotonie in den Bettenburgen der nahen Côte Radieuse!

Doch im Sommer wird die Idylle regelmäßig zum Alptraum: hoffnungslos verstopfte Straßen, überfüllt die schmalen Strände, viel Volk in allen Gassen. Außerhalb der Reisezeit zeigt sich der lässige Charme der kleinen Orte, besonders schön in *Collioure*, und im Licht des Frühlings oder Herbstes kann man verstehen, was Henri Matisse und seine »Wilden« (Fauves) zu Beginn unseres Jahrhunderts besonders anzog: »alle Farben des Mittelmeers«. Picasso, Braque, Chagall und viele andere waren hier; man traf sich in der »Hostellerie des Templiers«, und oft wurde fürs Essen und Trinken mit Kunst bezahlt. In der Bar des Hotels sitzt man unter den Werken berühmter und längst vergessener Meister, während draußen auf der Strandpromenade immer und immer wieder Hafen und Wehrkirche auf die Leinwand gebracht werden: wenig Kunst, viel Routine – und ein dankbares Publikum.

Auch wandern kann man an der Côte Vermeille, die großen Gipfel sind natürlich noch weit, das Meer – türkis bis tintenblau – dafür nahe. Doch im Sommer taucht man lieber ins kühle Naß: zu heiß zum Bergsteigen, die Hitze fängt sich im Strauchwerk, liegt bleiern über den schattenlosen Gräben. Ganz anders im Frühling unter dem erfrischenden Wind, der von den weißen Flanken des Canigou herabkommt, oder spät im Jahr, wenn die Traubenernte vorbei ist, der »Banyuls« bereits in großen Eichenfässern reift. Dann macht es so richtig Spaß hinaufzusteigen zu den Höhen über der Côte Vermeille. Einer ihrer schönsten Aussichtspunkte ist die *Tour de la Massane* (793 m), einst zur Grenzüberwachung erbaut.

Daß der Platz bestens gewählt war, beweist der weite Blick über die Ausläufer der Albères hinaus in die Ebene, nach Perpignan und zum weißen Strand der Côte Radieuse. Unmittelbar an den Fuß der Berge schmiegt sich der Flecken Sorède; sein Name geht auf das katalanische Wort für Korkeiche (*sureda*) zurück, die man in den Albères ebenso findet wie Olivenbäume. Die meisten Korkeichenwälder sind heute verwildert; früher war das Korkendrehen ein einträgliches Handwerk. Wer sich geschickt anstellte, konnte es auf gut 2000 Flaschenkorken pro Tag bringen! Auch am Weg zum verlassenen Kloster von Valbona stehen zahlreiche Korkeichen. Sie müssen mindestens 15 Jahre alt werden, ehe man sie zum ersten Mal schälen kann. Diese Schicht ist aber noch nicht zu gebrauchen; erst aus der um einen bis drei Millimeter pro Jahr nachwachsenden Rinde lassen sich dann Korken schneiden.

Der Wegverlauf

Erstes Zwischenziel am Weg zur Tour de la Massane ist die ehemalige *Abbaye de Valbonne*: von dem winzigen Winzerort *Rimbaut* (138 m) gut 30 Minuten auf breitem Güterweg, erst über den Bach, dann in das gegen Südwesten ansteigende Tälchen. Valbona, heute halb Ruine, halb Bauernhof, war für die Augustinermönche wohl nie ein »gutes Tal«; bereits im frühen 16. Jahrhundert gaben sie den Platz auf. Man läßt den hübsch auf einer kleinen Anhöhe gelegenen Gebäudekomplex links liegen und folgt dem Sträßchen, das gegen den Höhenrücken der Aire d'en Gabis ansteigt und sich bald in eine breite, teilweise steile Schotterpiste verwandelt. Sie mündet unter der Tour de la Massane in einen von Argelès heraufkommenden

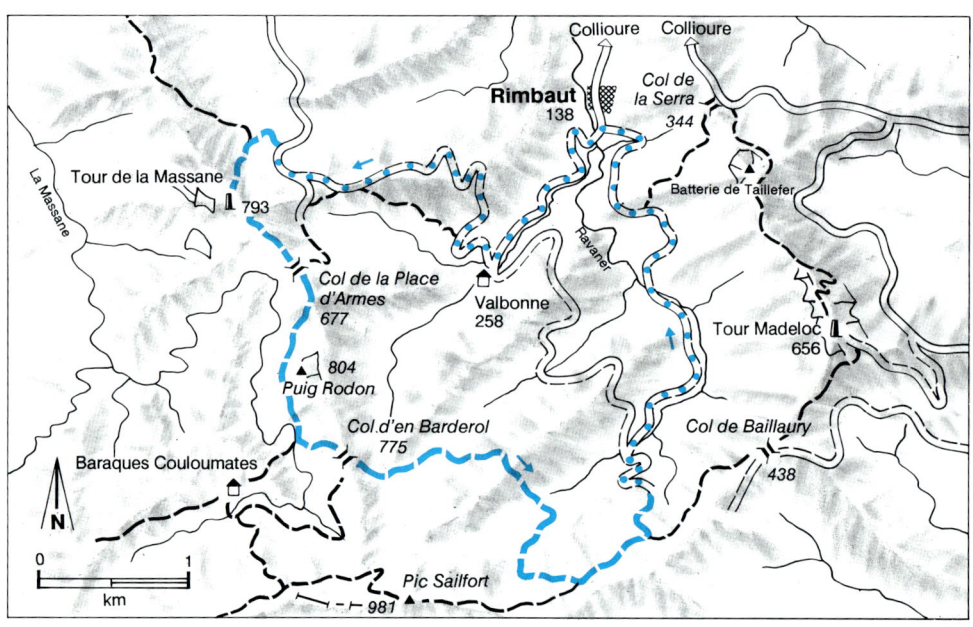

Fahrweg. Auf ihm ein paar Meter leicht abwärts, bis in einer kleinen Hangmulde links Spuren steil aufwärts weisen. Nun mehr oder weniger beliebig im Wald bergan zum »*Balcon de la Côte Vermeille*«: kein Aussichtspunkt, sondern ein Höhenweg im Hinterland der Küste, der Argelès mit Banyuls verbindet. Aussicht gibt's trotzdem, am vielbegangenen Weg und vor allem oben, an der *Tour de la Massane* (793 m): zur Küste, in die Ebene des Roussillon und mit etwas Glück westlich bis zum Canigou (2794 m).

Am Grat südlich unterhalb des Turms betritt man dann die *Réserve de la Massane*, ein Naturschutzgebiet. Der Weiterweg führt leicht ansteigend durch den uralten Buchenwald mit einigen besonders knorrig-riesigen Exemplaren. Südlich vom Puig Rodon (804 m) muß man dann links zum Grat hinaufsteigen: man sieht weder Pfad noch Markierung, am Kamm aber ein schmales Weglein, das südlich rasch in den *Col d'en Barderol* (ca. 775 m) führt. Zum Aufladen (= *barder*) gibt's hier nichts, aber eine große Tafel, die Grenze des Naturschutzgebietes anzeigend, und überdeutliche rot-weiße Markierungen der GR 10. Ihr folgt man nun – allmählich an Höhe verlierend – durch die Nord-, dann Osthänge des *Pic Sailfort* (981 m). Im Blickfeld hat man fast ständig die *Tour Madeloc* (656 m), das Pendant zum mittelalterlichen Massane-Turm, und gleichfalls ein toller Ausguck. Der Ravanerbach wird wenig unterhalb seiner Quelle traversiert; an dem langgestreckten Rücken des Serrat de Castell Serradillou heißt es dann aufpassen, damit man den (unmarkierten) Abstieg ins Tal des Ravaner nicht verpaßt: keine Sicht, dafür dichte Macchia, hier »Garrigue« genannt, Dornen und Mücken inklusive. Schließlich mündet der Buschweg in einen komfortablen Güterweg, dem man durch das Tal des Ravaner hinaus zum Ausgangspunkt der Runde folgt, mit einer leichten, aber recht anhänglichen Gegensteigung zum Schluß.

Nützliche Informationen

Ausgangspunkt: *Rimbaut* (138 m), einen winzigen Flecken, erreicht man von Collioure über die D 86. Am Col d'en Calbo (163 m) rechts ab und in das Tälchen des Ravaner, von der N 114 etwa 7 km bis zur Brücke hinter dem Ort. Parkmöglichkeit.
Anstiegsleistung: Rimbaut – Tour de la Massane: 660 m, beim Abstieg Gegensteigungen (insgesamt etwa 150 m).
Gehzeiten: Insgesamt: 5 Std. Rimbaut – Valbonne: ½ Std., Valbonne – Tour de la Massane: 1½ Std., Tour de la Massane – Col d'en Barderol: 1 Std., Abstieg: 2 Std.
Verkehrsverbindungen: Taxis in Collioure.
Unterkunft: Keine.
Verpflegung: Unterwegs aus dem Rucksack; ausreichend Getränke mitnehmen!
Weitere Tourenvorschläge: Man kann die Runde um eine Schleife über die *Tour Madeloc* (656 m) erweitern. In diesem Fall folgt man der GR 10 bis in den kleinen Paß am Fuß der Madeloc-Kuppe (Col de Baillaury, 438 m), dann steil aufwärts zum Turm. Abstieg nördlich in den Col de la Serra (344 m) und links nach Rimbaut; zusätzliche Gehzeit etwa 1½ Std. Lohnend.
Auch der *Pic Sailfort* (981 m) läßt sich in die Massane-Runde einbauen. Statt zum Col d'en Barderol aufzusteigen, überquert man den am Nordhang des Berges entspringenden Bach und folgt dem markierten Weglein bis zu den Couloumates-Hütten (ca. 800 m). Nun südlich weglos hinan zum Kamm, wo man auf den »Pyrenäen-Höhenweg« stößt, und links zum aussichtsreichen Gipfel. Die Gesamtgehzeit erhöht sich auf gut 6 Std.
Sehenswürdigkeiten: An der Côte Vermeille gibt es nicht nur Meer und Felsen, sondern auch mehrere hübsche Ortschaften. An erster Stelle ist *Collioure* zu nennen, mit seinem Château Royal (täglich Besichtigung). Ein beliebter Spaziergang führt landeinwärts zur Einsiedelei *Notre-Dame-de-Consolation* (Wallfahrten am 18. August und 8. September). – *Port-Vendres* ist ein lebhaftes Hafenstädtchen, *Banyuls*, berühmt für seinen Wein, hat eine fast schon mondäne Ambiance. – Pflicht für Kunstfreunde ist natürlich ein Besuch der Bischofsstadt *Elne*, auf halber Strecke zwischen Collioure und Perpignan.
Informationen: Syndicat d'Initiative, 66190 Collioure.
Karten: IGN-Karte Pyrénées, carte de randonnées 11, »Albères/Roussillon«. – IGN-Karte »Top 25«, 2549 OT »Banyuls«, 1:25 000.

2 Die »Orgeln« von Ille-sur-Têt

Auf Sand gebaut

Tourencharakter: Spaziergang.
Reine Gehzeit: 1 Std.
Beste Jahreszeit: Das ganze Jahr über möglich.
Markierung: Rundweg durch das Gelände östlich der D 2.

Wer in Ille-sur-Têt nach den *Orgues* fragt, wird nicht etwa zur Kirche verwiesen; man schickt ihn über den Fluß. Dort stehen sie, am linken Ufer der Têt, die »Orgeln«, ein phantastischer Wald bizarrer Türme, buchstäblich auf Sand gebaut, ähnlich den Erdpyramiden, wie man sie von Südtirol kennt. Ihr Baustoff sind Ablagerungen aus der Übergangszeit vom Tertiär zum Quartär (ca. 2 Millionen Jahre): Sand, Geröll, Steine. Das Wasser hat sich hier als Künstler betätigt und die skurrilsten Formen aus dem hartgepreßten Untergrund herauserodiert. Und diese Arbeit ist noch keineswegs abgeschlossen; die schlanken »Schornsteine« haben eine Lebensdauer von gerade etwa 60 Jahren!

Den schönsten Blick auf die *Orgues d'Ille-sur-Têt* hat man von der D 2. Unmittelbar an der Abzweigung der Straße nach Bélesta wurde eine Terrasse (Informationstafel) angelegt. Mit dem Canigoumassiv als Hintergrund liefern die »Orgeln« ein tolles Fotosujet; die

Die »Orgeln« von Ille-sur-Têt, buchstäblich auf Sand gebaut.

Sandpyramiden östlich der Zufahrt können besichtigt werden (Zugang von der D 2, Rundweg). Gewarnt werden muß vor »Expeditionen« in den westlichen Teil; Kraxeleien in dem abschüssigen, wenig stabilen Gelände sind nicht ungefährlich.

Nützliche Informationen

Ausgangspunkt: Von *Ille-sur-Têt* (147 m) auf der D 2 Richtung Sournia, über den Fluß und 500 m weiter rechts in eine Sandstraße, von der Ortsmitte 2 km. Parkplatz. – Zur Aussichtsterrasse folgt man der »route départementale« noch knapp 2 km, bis zur Abzweigung nach Bélesta.
Gehzeit: 1 Std. Am Eingang (Kasse) erhält man ein Informationsblatt in deutsch.
Sehenswürdigkeiten: Ille-sur-Têt ist ein lebhaftes Kleinstädtchen mit großem Früchtemarkt. Sehenswert ist die wuchtige Pfarrkirche; im *Hospice St-Jacques* wird eine schöne Sammlung sakraler Kunst gezeigt, vor allem aus der Barockzeit (geöffnet täglich, außer Dienstag, 10–12, 14.30–17.30 Uhr).
Ein paar Kilometer flußaufwärts steht links der Têt in malerischer Umgebung die Ruine des romanischen Kirchleins von Cazenoves (Zufahrt).
Informationen: Office du Tourisme, 66200 Ille-sur-Têt.
Karte: IGN-Karte Pyrénées, carte de randonnées 10, »Canigou«, 1:50 000.

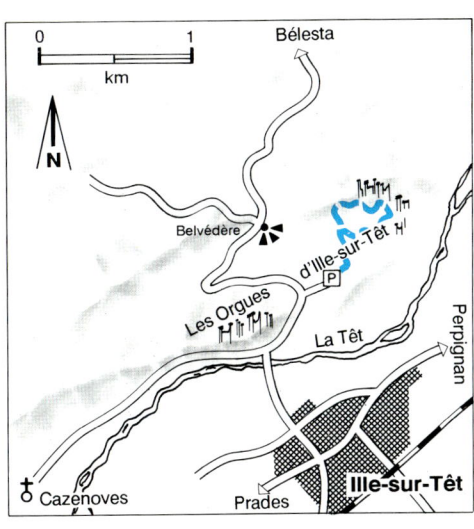

3 Chapelle Ste-Anne, 1347 m

Kunst und Landschaft der Aspres

> *Tourencharakter:* Leichte Rundwanderung, bequemes Tagespensum.
> *Reine Gehzeit:* 5 Std.
> *Beste Jahreszeit:* Frühling und Herbst; im Sommer oft zu heiß.
> *Markierung:* Von Serrabona über den Col de les Arques bis zur Chapelle Ste-Anne gelb-rote Markierung; Rest ohne Bezeichnung, doch leicht zu finden.

Kunstkennern ist Serrabona natürlich ein Begriff. »Katalanische Romanik« heißt das Stichwort, und da gilt die ehemalige Abtei in den Hügeln der *Aspres*, ganz im Osten der Pyrenäen, als besonders schönes Beispiel. Ihre Gründung geht auf die Zeit um 1080 zurück; Ende des 16. Jahrhunderts wurde das Kloster von den Augustinermönchen aufgegeben. Berühmt ist die *Tribüne* aus rosa Marmor, im Kirchenschiff aufgestellt, mit phantastischem Skulpturenschmuck aus der Werkstatt von St-Michel-de-Cuxa. An den Kapitellen entdeckt man Löwen, Affen, Geier und allerlei Fabelwesen, dazwischen auch Menschen; die Motive wiederholen sich teilweise in der Galerie, die dem Gotteshaus angebaut ist und einen hübschen Blick über das Tal des Boulès bietet. Rund um die ehemalige Abtei erstreckt sich der *Jardin d'écologie méditerranéenne* mit Arboretum, einem schön angelegten Garten und sogar einem kleinen Rebberg.
Mensch und Natur – das Stichwort für die Aspres, eine uralte Kulturlandschaft von eigenwilliger Schönheit. Ganz anders schon als das Hinterland der Côte Vermeille, aber auch nicht mit den Corbières zu vergleichen. In der Umgebung des Col de les Arques sind Spuren steinzeitlicher Menschen und Maurengräber entdeckt worden.
Die Rundwanderung über den *Col de les Arques* vermittelt einen guten Eindruck von der Gegend; der umfassenderen Aussicht wegen sollte man aber auf jeden Fall den Aufstieg zur *Chapelle Ste-Anne* unternehmen – eine

In den Hügeln der Aspres steht die ehemalige Abtei von Serrabona: ein schönes Beispiel für katalanische Romanik.

knappe Stunde vom Paß mit Prachtblick zum ersten »richtigen« Pyrenäenberg, dem Canigou (2784 m). Im Osten zeigt sich – was für ein Kontrast! – die Küste des Roussillon mit ihrem weißen Sandstreifen. Dazwischen liegen die Vorberge, *Les Aspres*, im Frühsommer eine Symphonie in Gelb (Ginster) und Rot (Mohn) – den Nationalfarben Kataloniens notabene. Doch allenthalben zeigt sich unter der dünnen Humusschicht der Fels, Wasser ist kostbar, verheerende Feuer sind nicht selten. Früher gab es hier überall Rebberge. Doch mit der Weinmonokultur, wie sie in der Ebene des Roussillon dann entstand, konnten die Bauern der Aspres nicht konkurrieren. Ironie des Schicksals: Heute gehen die Winzer des Roussillon auf die Straße, weil sie die Billigkonkurrenz aus Italien und Spanien fürchten…

Der Wegverlauf

Von Serrabona (601 m) führt ein uralter Pfad, teilweise gepflastert, nach Süden. Er quert, jeweils etwas an Höhe verlierend, zwei tiefe Gräben und steigt dann leicht an zu einer Kuppe am *Planal de la Roquette* (634 m). Hier mündet ein vom Weiler Boule-d'Amont heraufkommendes Weglein, das sich bergwärts fortsetzt. Ihm folgt man über den abgerundeten Rücken bis in den *Col de les Arques* (1023 m): gut eine Stunde Aufstieg, die Vormittagssonne im Rücken. Da kann man schon ins Schwitzen kommen, denn viel Schatten bietet die Macchia nicht. Am Paß, der nicht mehr ist als eine kaum erkennbare Senke in dem abgeflachten Kamm, gibt's zur Belohnung einen hübschen Blick ins Tal der Têt. Wem das nicht reicht, hat weitere 300

Steigungsmeter vor sich, hinauf zur Ruine der Kapelle *Ste-Anne* (1347 m), nochmals gut eine Stunde am »Sentier de Piémont«. Die gelb-roten Markierungen leiten zunächst bergan zum Roc d'Aurène (1201 m), der rechts umgangen wird. Dahinter geht's leicht abwärts, dann steilt sich der Kamm nochmals auf. Am Puig Soubiranne (1307 m) ist die Gipfelkapelle schon ganz nah; dann ist man oben und genießt die Rundschau – mit etwas Glück. Denn in den östlichen Pyrenäen ist das Wetter zwar meist beständig, Niederschläge sind recht selten, klare Tage mit guter Fernsicht aber leider auch...

Der Abstieg folgt vom Col de les Arques zunächst dem breiten Grat in nördlicher Richtung bis in die Senke vor dem *Roque Rouge* (1015 m). Hier weisen die Markierungen nach rechts, hinab nach Serrabona, zurück zum Ausgangspunkt der Runde.

Nützliche Informationen

Ausgangspunkt: Serrabona (601 m) erreicht man vom Têttal aus über die D 618. Ausgangspunkt ist Bouleternère, nach gut 7 km zweigt rechts das Serpentinensträßchen hinauf zum ehemaligen Kloster ab, insgesamt 12 km von der N 116. Parkplatz 200 m vor dem Kloster. Leider scheint Autobruch auch hier zum Alltag zu gehören; einen entsprechenden Hinweis (in französisch und englisch) mit der Bitte, keine Wertsachen im Fahrzeug zu lassen, entdeckt man an der Kirchenpforte...

Anstiegsleistung: Insgesamt: 810 m. Serrabona – Col de les Arques: 480 m (inklusive Gegensteigungen), Col de les Arques – Chapelle Ste-Anne: 330 m.

Gehzeiten: Insgesamt: 5 Std.
Serrabona – Col de les Arques: 2¼ Std.,
Col de les Arques – Chapelle Ste-Anne: 1¼ Std.,
Abstieg: 1½ Std.

Verkehrsverbindungen: Keine Buslinie.
Unterkunft: Keine.
Verpflegung: Unterwegs aus dem Rucksack.
Hinweis: Die Klosterkirche kann täglich, außer Dienstag, von 10–12 und 14–18 Uhr besichtigt werden.

Weitere Tourenvorschläge: Man kann auch von Baillestavy (586 m) und von Glorianes (792 m) zur Kapelle *Ste-Anne* (1347 m) aufsteigen; Gehzeit für die beiden Rundwanderungen je etwa 5 Std., teilweise markierte Wege, leicht. Allerdings kommt man nicht bei Serrabona vorbei!

Sehenswürdigkeiten: Die Wanderung zur Kapelle Ste-Anne läßt sich leicht mit einer Rundfahrt durch die *Aspres* verbinden, z. B. Vinça – Bouleternère – Serrabona – Col Xatard (752 m) – Col Palomère (1036 m) – Baillestavy – Vinça, ca. 70 km. Vom Col Palomère aus genießt man einen Prachtblick auf das Canigoumassiv; gute Aussicht über die Hügel der Aspres bietet die Burgruine von *Belpuig* (768 m) wenig oberhalb des Col Xatard (Fußweg, 15 Min.). Unmittelbar an der Straße steht die romanische *Chapelle de la Trinité*. Aus romanischer Zeit (12. Jahrhundert) stammt auch die Kirchenruine außerhalb von Baillestavy.

Informationen: Syndicat d'Initiative, 66500 Prades.

Karte: IGN-Karte Pyrénées, carte de randonnées 10, »Canigou«, 1:50000.

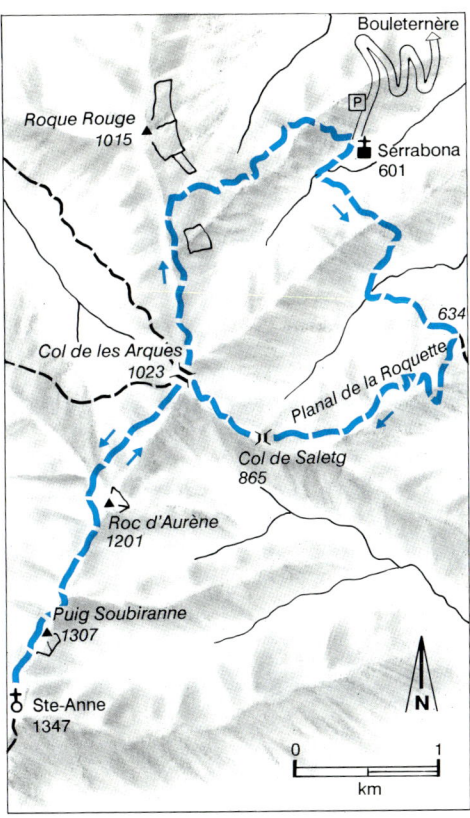

4 Fort Liberia und Chapelle St-Etienne

Alte Mauern im Tal der Têt

> *Tourencharakter:* Rundwanderung auf ordentlichen Wegen. Für Kinder ist vor allem die Besichtigung von Fort Liberia ein toller Spaß! Gutes Schuhwerk empfehlenswert, kurze Hosen nicht unbedingt (recht »kratzige« Wege). – Halbtagestour; mit Besichtigung von Villefranche-de-Conflent und Fort Liberia ein Tagespensum.
> *Reine Gehzeit:* 3½ Std.
> *Beste Jahreszeit:* Herbst, Frühling; im Hochsommer zu heiß; Städtchen und Festung total überlaufen.
> *Markierung:* Zum Fort hinauf Serpentinenstraße, bis Belloc gebahnter Weg, aber keine Bezeichnungen, Belloc – Chapelle St-Etienne gelb-rote Markierung, Abstieg auf Serpentinenweg ohne Bezeichnung.

Die Festungsanlagen von *Villefranche-de-Conflent* sind, so paradox das klingen mag, das Ergebnis eines Friedensvertrags! Mit dem Pyrenäenfrieden von 1659 kamen das Conflent und die Cerdagne an Frankreich: Sicherung des neugewonnenen Besitzes hieß danach die Devise. Und da war Sébastien le Prestre de Vauban (1633–1707), berühmter Festungsbaumeister Ludwigs XIV., gerade der richtige Mann; er ließ die bestehende Ummauerung von Villefranche großzügig ausbauen und über dem Städtchen – wohl um es vor einem Angriff von den Höhen herab zu schützen – das *Fort Liberia* anlegen. Beides, Ort und Feste, sind faszinierende Blickpunkte in der Runde über Belloc und die Kapelle St-Etienne. Nicht sichtbar ist dagegen der unterirdische Geheimgang, der über 742 (gezählte) Stufen das Fort mit Villefranche verbindet: eine interessante Abstiegsvariante – und das nicht nur für Kinder!
Natürlich gibt es auf der Runde weit mehr zu sehen als nur alte Mauern. Das dominierende Gegenüber ist der *Canigou* (2784 m), kein Berg, sondern ein mächtiges Massiv, dessen Flanken von tiefen Gräben durchzogen sind. Da fällt es nicht schwer, sich die Verheerungen vorzustellen, die Vernet-les-Bains vor einem halben Jahrhundert nach sintflutartigen Regenfällen erlitt... Vernet ist wiedererstanden, wenn auch nicht mehr im alten Glanz (vgl. Tour 5); *Belloc* (883 m), ein kleiner Flecken hoch über dem Tal der Têt, dagegen wurde längst aufgegeben. Neben der Kirchenruine entdeckt man hier nur mehr ein paar Mauerfragmente. So liegt über dem Ort eine seltsame Melancholie, die auch der Blick hinaus ins Pyrenäenvorland, auf riesige, im Frühsommer gelb leuchtende Ginsterfelder nicht ganz vertreiben kann.
Frühling und Herbst sind die schönsten Zeiten für diese Rundwanderung; während der Sommerferien ist es viel zu heiß, Villefranche-de-Conflent zudem völlig überlaufen. Im großen Trubel büßt das Mini-Städtchen einiges von seinem Charme ein. Schade, denn hinter den riesigen Mauern verbirgt sich so manch malerischer Winkel; ein paar Häuser stammen im Kern aus dem 13. oder 14. Jahrhundert, das Portal der Pfarrkirche wird der berühmten Werkstatt von St-Michel-de-Cuxa zugeschrieben.
Interessant ist natürlich auch die Visite von *Fort Liberia*. Wer sich nicht einer Führung anschließen mag (französisch), kann mit einem Informationsblatt (deutsch) die mehrgeschossige Anlage, ihre Mauern, Kasematten und Gänge auf eigene Faust erkunden. In ei-

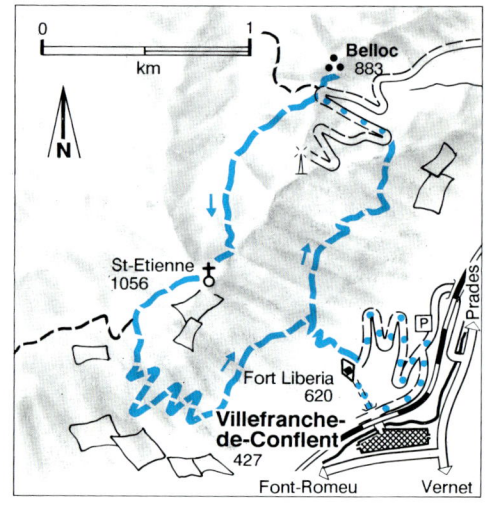

nem kleinen Museum wird über die zahlreichen Höhlen des Conflent informiert; es sind auch einige prähistorische Funde der Gegend ausgestellt. An einen Skandal am Hof Ludwigs XIV. erinnert das »Prison des Dames«. Hinter den dicken Festungsmauern verbüßte damals eine Dame der Gesellschaft, die offensichtlich zuviel wußte, fernab von Paris eine lebenslange Haftstrafe...

Der Wegverlauf

Vom Bahnhof Villefranche (427 m), der am linken Ufer der Têt liegt, zieht ein Serpentinensträßchen hinauf zum Fort Liberia (620 m): gemütliche 40 Minuten zu Fuß; wer's eilig hat, kann die weiten Schleifen auch abkürzen. Über eine Brücke und durch das einzige Tor gelangt man in den geräumigen Hof der Festung (Gaststätte).

Der Weiterweg nach *Belloc* führt vom bergseitigen »Bug« der Vaubanburg aufwärts, durch längst aufgegebene, von Strauchwerk überwucherte Weinberge, vorbei an einer Weggabelung (ca. 710 m) zu einem Eck, wo sich unvermittelt ein schöner Blick hinaus ins unterste Têttal auftut. Wenig später stößt man auf ein Sträßchen, das eben in eine kleine Senke leitet. Dahinter liegen auf einer Anhöhe die Ruinen des Dorfes *Belloc* (883 m) – ein paar Mauerreste und die Ruine einer Kirche. Die Sicht geht über Prades (356 m) und den Stausee von Vinça weit hinaus bis in die Gegend von Perpignan und zur Mittelmeerküste; im Westen, über dem Tal von Nohèdes, steht der Madres (2469 m).

Winziges Städtchen hinter riesigen Mauern: Villefranche-de-Conflent.

Ein Musterbeispiel Vaubanscher Festungsbaukunst ist das Fort Liberia (17. Jahrhundert) oberhalb von Villefranche-de-Conflent.

Im Belloc-Sattel entdeckt man rot-gelbe Markierungen; sie weisen den Weiterweg südwestlich im Wald hinauf zur Kapelle *St-Etienne* (1056 m), einem besonders reizvollen Aussichtspunkt: in der Tiefe Fort Liberia und Villefranche-de-Conflent; über Vernet-les-Bains baut sich mächtig der Canigou (2784 m) auf.

Um in den Abstiegsweg »einzufädeln«, muß man noch kurz dem breiten Pfad folgen, der oberhalb des Roc Rouge am Hang leicht ansteigt. Bei der Gabelung (ca. 1090 m) links und in bequemen Serpentinen bergab, mit Sicht auf die Festung und das mauerumgürtete Städtchen an der Têt. Wenig oberhalb vom Fort stößt man schließlich auf den Anstiegsweg.

Nützliche Informationen

Ausgangspunkt: Parkplatz hinter dem Bahnhof von Villefranche-de-Conflent (427 m); Zufahrt von der N 116, über die Têt, dann unter der Bahntrasse hindurch. – Man kann sein Fahrzeug natürlich auch auf einem der Parkplätze vor Villefranche abstellen.
Anstiegsleistung: Villefranche-de-Conflent – Belloc – St-Etienne: 640 m.
Gehzeiten: Insgesamt: 3½ Std. Villefranche-de-Conflent – Fort Liberia: ¾ Std., Fort Liberia – Belloc: 1 Std., Belloc – St-Etienne: ½ Std., Abstieg zum Fort: 1 Std., über den unterirdischen Treppengang nach Villefranche-de-Conflent: ¼ Std.
Verkehrsverbindungen: Villefranche-de-Conflent hat Bahnverbindung mit Prades und Perpignan. Der »Train jaune« führt durch das Tal der Têt in die Cerdagne – eine echte Touristenattraktion! Siehe auch Tour 12.

Unterkunft: Die Sakristei der Kapelle St-Etienne ist zur Notunterkunft ausgebaut, mit Feuerstelle.
Verpflegung: In Fort Liberia gibt es ein kleines Restaurant. Ausreichend Getränke für unterwegs mitnehmen!
Sehenswürdigkeiten: *Grottes des Canalettes* bei Villefranche-de-Conflent, an der Straße nach Vernet-les-Bains. Sehenswerte Tropfsteinhöhle; von Mai bis Oktober täglich von 10–18 Uhr geöffnet.
Prades (356 m), ein Kleinstädtchen mit gerade 6500 Einwohnern, ist durch den Cellisten Pablo Casals über die Grenzen Frankreichs hinaus bekanntgeworden. Er ließ sich vor dem Zweiten Weltkrieg hier nieder und begründete 1950 die Musikfestspiele, die seither alljährlich im Sommer stattfinden (u. a. Konzerte in St-Michel-de-Cuxa).
Informationen: Office du Tourisme, 66500 Villeneuve-de-Conflent.
Karten: IGN-Karte Pyrénées, carte de randonnées 10, »Canigou«, 1:50000. – IGN-Karte »Top 25« 2349 ET, »Canigou«, 1:25000.

5 St-Martin-du-Canigou und Gorges de Cady

Am Fuß des Canigou

Tourencharakter: St-Martin-du-Canigou: Spaziergang; Gorges de Cady: recht lange Klammwanderung. Trittsicherheit erforderlich. –
Gorges de Cady: leichtes Tagespensum.
Reine Gehzeiten: St-Martin-du-Canigou gut 1 Std., Gorges de Cady 5 Std.
Beste Jahreszeit: Frühling, Herbst.
Markierung: Nach St-Martin-du-Canigou Fahrsträßchen, in der Cady-Schlucht guter Weg, keine Markierungen, aber nicht zu verfehlen, einige Passagen gesichert.

»Das Kloster, von einem der Grafen von Cerdagne gegründet und zur Grablege für seine Familie bestimmt, entstand in den Jahren 997 bis 1026. Die weitgehend restaurierte Kirche besteht aus jeweils dreischiffiger, mit je drei Apsiden abgeschlossener Ober- und Unterkirche und wird von dem im Nordosten angebauten massiven Turm überragt. Geschickt wird das gebirgige Terrain genutzt. Die bei einer Teilweihe im Jahre 1009 bereits vollendete Unterkirche, eine Pfeilerbasilika mit einem Säulenpaar vor den Apsiden, trägt die Oberkirche, eine durch einen Schwibbogen in der Mitte unterteilte gestaffelte Tonnenhalle mit kurzen, dünnen Säulen.«

Soweit die Propyläen-Kunstgeschichte. Und natürlich ist ein Besuch der Abtei Touristenpflicht, was im Juli/August zu einem Massenandrang führt, der die unvergleichliche Ambiance erheblich stört. Wir sind an einem frühsommerlichen Spätnachmittag hinaufgestiegen bis zum »point de vue« am Hang über dem Kloster – allein. Und hier läßt es sich gut sitzen, man schaut hinab und hinein in den klösterlichen Raum. Die Abtei scheint mit dem Fels verwachsen, das gesamte Bauensemble wirkt harmonisch, wie für die Ewigkeit gemacht. Dabei war St-Martin dem Verfall nahe, als es zu Beginn unseres Jahrhunderts von Monsignore Carsalade, seines Zeichens Bischof von Perpignan und Elne, entdeckt und restauriert wurde. Heute finden alljährlich Seminare statt; man kann sich auf St-Martin auch zu individueller Besinnung zurückziehen.

In einem Atemzug mit St-Martin ist *St-Michel-de-Cuxa* zu nennen, das drunten im Tal liegt, nur ein paar Kilometer von Prades. Im späten 9. Jahrhundert gegründet, entwickelte es sich rasch zu einem Brennpunkt des mittelalterlichen Geisteslebens, war neben Arles-sur-Tech wohl das bedeutendste Kloster des Roussillon, nicht zuletzt dank dem politischen Einfluß seiner Äbte. Cuxa (»*kuscha*« gesprochen) bildet den Ausgangspunkt der katalanischen Romanik (Steinmetzschule).

An der Nordflanke des Canigou gibt es aber nicht nur kulturelle Sehenswürdigkeiten; auch die Natur hat hier ein paar Denkmale geschaffen: Schluchten, tief in Schiefer und Gneis gegraben. Auf bezeichneten Wegen kann man von Vernet-les-Bains (650 m) aus die Cascade des Anglais und die Cascade Dietrich besuchen; daß erstere ihren Namen den vielen Engländern verdankt, die im letzten Jahrhundert den Stamm der Kurgäste in

Vernet stellten, steht außer Zweifel. Ob der Dietrich-Wasserfall auf Richard Wagner zurückgeht, der auch hier gewesen sein soll, von dem man in Vernet sogar sagt, St-Martin-du-Canigou hätte ihn zum Parsifal angeregt, weiß ich nicht.

Bestens zu seinen Heldensagen würden jedenfalls die wilden *Gorges de Cady* passen, die tiefste Klamm am Canigou, etwa 6 Kilometer lang und durch einen guten Steig erschlossen. Also warum nicht einmal den »Unterbau« des Canigou erkunden? In etwa 3 Stunden steigt man von Casteil (797 m) durch die gewundene Schlucht auf bis zum oberen Wasserfall (1356 m), vor allem im Frühsommer, wenn oben am Canigou der letzte Schnee unter der Sonne wegschmilzt, ein tolles (oft auch recht feuchtes) Erlebnis. Im Herbst ist dafür die Sicht von dem großen Berg, dem die Pyrenäen ihren Namen verdanken (vgl. Tour 6), meist besser...

Vernet-les-Bains (650 m), vom Turm der alten Burg überragt, ist die ideale Basis für Wanderungen und Ausflüge im Tal der Têt und am Canigou; seine Glanzzeit hatte der Ort allerdings zur Belle Epoque, die hier wirklich »schön« gewesen sein muß: stilvoll der Rahmen mit gepflegten Parks, vornehmen Hotels, Bädern und einem Casino, adäquat das Publikum, vorwiegend Lords und Ladies aus Britannien. Heute ist das Publikum »gewöhnlicher«, Reisen dafür nicht mehr das Privileg weniger...

Der Wegverlauf

St-Martin-du-Canigou
Von Casteil (797 m) zieht ein für den öffentlichen Verkehr gesperrtes Serpentinensträßchen hinauf zum Kloster.

Gorges de Cady
Den Eingang zur Klamm erreicht man von *Casteil* (797 m) über die zum Col de Jou führende D 116 in wenigen Minuten. Bis zur *Cascade de Cady* geht man in der Waldschlucht etwa 1½ Std., dabei wird der Bach wiederholt überquert, ein paar ausgesetzte

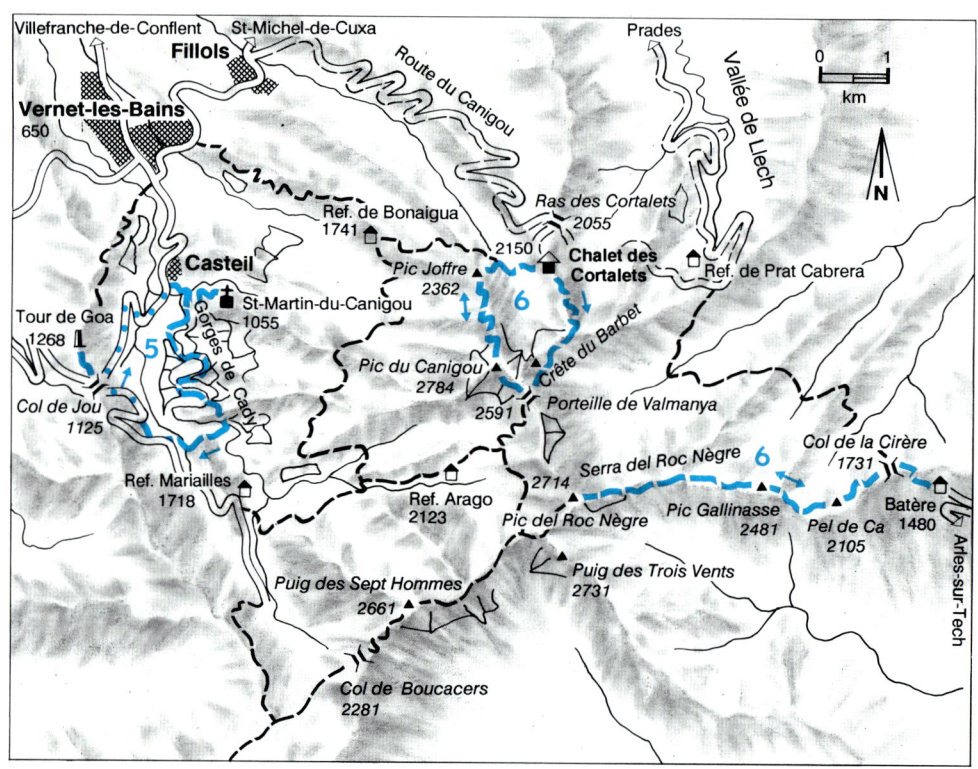

Das Bergkloster von St-Martin-du-Canigou.

Passagen sind gesichert. Im Frühsommer, während der Schneeschmelze am Canigou, ist der Aufstieg am schönsten, auch am lautesten, begleitet einen doch fast ständig das Rauschen des Wassers, das über viele kleinere Kaskaden stürzt. Durch den windungsvollen Verlauf der Schlucht ergeben sich immer wieder neue, überraschende Blickpunkte. Die letzte große Schleife (Bec de Canard) wird von dem Weglein dann abgeschnitten; man überschreitet einen schmalen und steilen Rücken, steigt dann kurz ab zur Mündung des Moura-Bachs (in der Nähe ein weiterer Wasserfall), 3 Std. Nun westlich in leichter Steigung aufwärts zum *Col du Cheval Mort* (1454 m), wo man auf ein Sträßchen und die GR 10 stößt. Sie führt, eine weite Straßenschleife abkürzend, hinab in den *Col de Jou* (1125 m). Wer noch Lust (und genügend Schnauf) hat, kann von dem Paß aus den kleinen Abstecher zur *Tour de Goa* (1268 m) unternehmen: 25 Min. auf bequemem Weg und eine prächtige Rundschau über das Conflent und zum Canigou. Im Nordosten ist das Kloster St-Martin-du-Canigou auszumachen; am Fuß der Felsen liegt der Flecken Casteil, zu dem man, die Kehren der Straße abkürzend, hinabwandert.

Nützliche Informationen

Ausgangsort: *Casteil* (797 m), Weiler oberhalb von Vernet-les-Bains (650 m), auf guter Straße rasch erreichbar, 2,5 km. Parkplatz vor dem Ort (im Sommer meist hoffnungslos überfüllt).

Anstiegsleistungen: Casteil – St-Martin-du-Canigou: knapp 300 m, Casteil – Gorges de Cady – Col du Cheval Mort: 700 m, Col de Jou – Tour de Goa: 140 m.
Gehzeiten: Insgesamt: 1 Std. (St-Martin-du-Canigou) bzw. 5 Std. Casteil – St-Martin du Canigou: 40 Min., Abstieg auf dem gleichen Weg: etwa 25 Min. Casteil – Gorges de Cady – Col du Cheval Mort: 3¼ Std., Abstieg via Col de Jou nach Casteil: 1¾ Std. – Abstecher zur Tour de Goa: 40 Min. hin und zurück.
Verkehrsverbindungen: Gute Busverbindungen nach Vernet-les-Bains von Perpignan/Prades. Im Ort kann man auch Taxis mieten.
Unterkunft: Campings und mehrere Hotels in Vernet und Casteil.
Verpflegung: Unterwegs aus dem Rucksack.
Sehenswürdigkeiten: St-Martin-du-Canigou kann besichtigt werden, täglich 9–12, 14–18 Uhr (im Winter 17 Uhr) finden Führungen statt. – Kleines *Musée de la Montagne* in Casteil. – *Corneilla-de-Conflent* (548 m) an der Straße hinauf nach Vernet besitzt eine sehenswerte romanische Kirche mit schönem Portal. – Auch in *St-Michel-de-Cuxa* finden das ganze Jahr über Führungen statt.
Informationen: Office du Tourisme, 66820 Vernet-les-Bains.
Karten: IGN-Karte Pyrénées, carte de randonnées 10, »Canigou«, 1:50000. – IGN-Karte «Top 25« 2349 ET, »Canigou«, 1:25000.

Am Canigoumassiv gibt es nicht nur tiefe Schluchten und hohe Gipfel, sondern auch Weiden, Almen und große Wälder.

6 Pic du Canigou und Pic del Roc Nègre

Auf den »Feuerberg«

> **Tourencharakter:** Normalweg von Norden leicht, Anstieg über den Barbetgrat etwas anspruchsvoller. Anstieg von Batère zum Pic del Roc Nègre sehr weit, mit mehreren Zwischenabstiegen.
> **Reine Gehzeit:** 3 bis 3¾ Std. (Pic du Canigou); 7½ Std. (Roc Nègre).
> **Beste Jahreszeit:** Mitte/Ende Juni bis Anfang Oktober, Roc Nègre schon etwas früher schneefrei.
> **Markierung:** Anstiege zum Pic du Canigou vielbegangen, gut markiert, Roc Nègre ab Col de la Cirère kaum bezeichnet, bei guter Sicht aber keine Orientierungsprobleme.

Er ist weder der höchste noch der schönste Gipfel der Pyrenäen, und dennoch ist er mehr als nur ein Berg: der Canigou. Als »Olymp Kataloniens« hat man ihn bezeichnet, und wer bei schönem Wetter von Norden anreist, muß ganz einfach beeindruckt sein von dem mächtigen Bergstock, der mit ausladenden Graten über dem Tal der Têt steht. Lange Zeit galt er als höchster Gipfel der östlichen Pyrenäen; mißt man ihn an seiner relativen Höhe, so ist er sogar einer der größten Berge der gesamten Pyrenäen: um nicht weniger als 2400 Meter überragt er Prades, das unmittelbar an seinem Nordfuß liegt!

Vor allem aber ist der Canigou ein Berg mit langer Geschichte; bereits in prähistorischer Zeit wurde an seinen Flanken Erz abgebaut und vor Ort verarbeitet. Deshalb nannten ihn die Griechen, die um 550 v. Chr. an der nahen Costa Brava eine Kolonie gründeten, wohl »Feuerberg« (*pyrene*), ein Name, der dann auf das ganze Gebirge überging.

Daß die heute übliche Bezeichnung lateinische Wurzeln hat und von »canis« abgeleitet wird, heißt nun keineswegs, der Canigou sei »auf den Hund gekommen«, ganz im Gegenteil. Seine Besteigung gilt seit den Anfängen des Pyrenäen-Tourismus als »Klassiker«, und an den Sonnenaufgängen, die der Berg bietet, delektierten sich schon im letzten Jahrhundert englische Lords und Ladies. Wir hatten da weniger Glück: Sonne zwar im Tal, doch der Gipfel steckte in Wolken – keine Seltenheit bei einem so hohen, zudem isoliert stehenden Berg. Auch Tucholsky ging es vor mehr als sechs Jahrzehnten nicht besser, wie er berichtet, obwohl es »ein Gebirgsmarsch wie aus dem Bilderbuch war«. Nach »kaum acht Stunden« stand er oben, doch von dem Meer, das man ihm versprochen hatte, war nichts zu sehen, »dick verhängt das Land«. Aber darauf kam es ihm nicht an, denn »unterwegs ist es ohnehin schöner«.

Tucholsky ging damals – 1925 – von Vernet-les-Bains aus, er hatte also rund 2000 Steigungsmeter vor sich – ein ganz ordentliches Pensum. Heute lassen sich die meisten bis hinauf zum *Chalet des Cortalets* chauffieren, im Jeep auf der berüchtigten Canigou-Route, eine 16 km lange Schüttelfahrt. Sportliche nehmen das Kurvenkarussell unter die Reifen ihres Mountainbikes. Wer die Sonne dann auch wirklich aus dem Mittelmeer emporsteigen sehen will, muß zeitig aus den Federn; zum Gipfel geht man immerhin noch fast 2 Stunden.

Ein Kletterberg ist der Canigou nicht, dafür aber ein herrliches, weites Wanderrevier mit zahlreichen, teilweise markierten Anstiegen. Und abseits der »Hauptrouten« ist man meist allein. Das Gros der Besucher kommt im Juli/August und aus dem Conflent herauf, seltener von Süden, aus dem *Vallespir*. Schwierig sind die Anstiege nicht, teilweise aber lang, im Hochsommer auch ziemlich schweißtreibend. Bis Ende Juni liegt in den nordseitigen Karwinkeln meist noch Schnee; die Südhänge, etwa am Roc Nègre (2714 m), apern schon früher aus. Und kaum ist der Schnee weggeschmolzen, fängt ein Grünen und Blühen an: der Canigou, nicht nur ein Aussichts-, auch ein Blumenberg!

Der Wegverlauf

Pic du Canigou, 2784 m
Der meistfrequentierte Anstieg verläuft über den Nordgrat des Canigou, jenen steilen Rücken, der bereits vom unteren Têttal aus gut zu erkennen ist. Man betritt ihn am Pic

Joffre (2362 m): vom *Chalet des Cortalets* (2150 m) auf rot-weiß markiertem Weg quer über einen kleinen, licht bewaldeten Boden, vorbei an einem winzigen See, zu einer Wegteilung (ca. 2260 m). Hier links aufwärts zur »Rebhuhnquelle« (Fontaine de la Perdrix) und zum Grat. Nun an seiner Westseite bergan, mit freier Aussicht nach Westen und Norden, vor einem sich mehr und mehr weitenden Horizont. Nach Osten fällt der Grat jäh in einen felsumschlossenen Karwinkel ab, in dem sich die letzten Schneereste meist bis in den Hochsommer hinein halten. Oben am Gipfel erläutert eine »table d'orientation« das immense Panorama – kleiner Trost für jene, die nach dem Aufstieg ins Nebelgrau starren...

Markiert ist auch der Weg über die *Crête du Barbet* (2733 m): etwas länger, mit gut 100 Metern »verlorener Höhe« zur Porteille de Valmanya (2591 m) und der »cheminée du Canigou« als Schlüsselstelle. Den Zwischenabstieg kann man leicht verschmerzen, und die größte Schwierigkeit an dem Kamin besteht darin, nicht von unbedarften Touristen mit Steinen bombardiert zu werden...

Der Aufstieg beginnt unmittelbar hinter dem Chalet des Cortalets (2150 m); nach gut einer halben Stunde kommt man aus dem Wald, 100 Meter höher ist die Crête du Barbet erreicht. Das Weglein folgt ihr ansteigend bis zu einer winzigen Scharte (ca. 2700 m), dann geht's quer über die kahle Südflanke hinab in die *Porteille de Valmanya* (2591 m), wo man auf die aus dem Cady-Kar heraufkommende »Haute Randonnée Pyrénéenne« stößt. Hier rechts über steile Hänge zur Brèche Durier (2696 m) und durch den »Canigou-Kamin« zum Gipfel.

Pic del Roc Nègre, 2714 m

Der Gratweg über den *Roc Nègre* ist früher im Jahr schneefrei als die Nordanstiege auf den Hauptgipfel des Massivs; im Sommer hat er den (nicht zu unterschätzenden) Vorteil relativer Einsamkeit. Ganz allein ist man hier während der Ferienzeit natürlich auch nicht, doch solche Menschentrauben wie drüben am Pic du Canigou drängen sich um den »Schwarzen Felsen« bestimmt nicht – dafür sorgt schon der lange, mit einigen Zwischenabstiegen gespickte Zugang.

Ausgangspunkt der Tour ist das alte Bergwerksgelände von *Batère* (ca. 1480 m). Bis fast hinauf in den *Col de la Cirère* (1731 m) sieht man sich noch mit den Spuren des einstigen Erzabbaus konfrontiert. An dem Sattel beginnt die abwechslungsreiche Kamm- und Gipfelwanderung: Pel de Ca (2105 m), Pic Gallinasse (2481 m), Pla des Eugues (2371 m) sind die Stationen am Weg zum *Pic del Roc Nègre* (2714 m). Das Panorama steht jenem vom Pic du Canigou nur wenig nach; der Talblick geht nicht nach Norden, sondern südlich in das Vallespir. Der Roc Nègre ist allerdings auch ein »Roc sec«; also vorsorgen, genug zum Trinken mitnehmen!

Nützliche Informationen

Ausgangspunkte: *Refuge des Cortalets* (2150 m), abenteuerlich schmale, steile und steinige Zufahrt, knapp 16 km von Fillols. In den Orten unter dem Canigou werden überall Jeepfahrten zur Cortalets-Hütte angeboten. Es gibt eine zweite Zufahrt, von Prades über Villerach und durch die Vallée de Llech, 27,5 km. Auch eine Abenteuerstrecke, bis zum *Ras des Cortalets* (2055 m) mit einem robusten Kleinwagen gerade noch zu schaffen... (aber nicht zu empfehlen).
Batère (1480 m), altes Eisenbergwerk, Zufahrt von Arles-sur-Tech über Corsavy, 20 km.

Anstiegsleistungen: Chalet des Cortalets – Pic du Canigou: 640 m, via Crête du Barbet: 750 m. Batère – Pic del Roc Nègre: 1400 m (inklusive Gegensteigungen); beim Rückweg nochmals knapp 200 m Anstiege.

Gehzeiten: Ab Chalet des Cortalets: insgesamt 3 bis 3¾ Std., Aufstieg über den Normalweg: 1¼ Std., Abstieg: 1¼ Std.
Aufstieg über die Crête du Barbet: 2¼ Std., Abstieg: 1½ Std.
Pic del Roc Nègre insgesamt: 7½ Std. Batère – Col de la Cirère: ¾ Std., Col de la Cirère – Pic del Roc Nègre: 3¾ Std., Abstieg auf dem gleichen Weg: 3 Std.

Verkehrsverbindungen: Jeepfahrten zum Chalet des Cortalets (2150 m).

Unterkunft: *Chalet des Cortalets* (2150 m), von Juni bis Oktober bewirtschaftet. Wer am Berg übernachten will, sollte vorher anrufen und reservieren; Tel. 68 96 36 19.

Verpflegung: Unterwegs aus dem Rucksack.
Weitere Tourenmöglichkeiten: Als lohnende Alternative zum (überlaufenen) Normalweg bietet sich der Anstieg von Westen an, aus dem Cady-Kar, markiert, etwa 4 Std. vom *Mariailles-Forsthaus* (1718 m; schmale Zufahrt von Vernet-les-Bains über den Col de Jou, 12 km).
Informationen: Office du Tourisme, 66820 Vernet-les-Bains.
Karten: IGN-Karte Pyrénées, carte de randonnées 10, »Canigou«, 1:50 000. – IGN-Karte »Top 25« 2349 ET, »Canigou«, 1:25 000.
Kartenskizze zu Tour 6: siehe S. 32.

7 Die Katharerburgen von Peyrepertuse und Quéribus

Zwei Burgen, eine Schlucht und drei Pässe:
Radtour zwischen Corbières und Fenouillèdes

Wie mit dem Fels verwachsen erscheint Schloß Quéribus, die letzte Zuflucht der Katharer.

Tourencharakter: Radlfahrt, Streckenlänge fast 60 km, mehrere, teilweise recht anhängliche Steigungen.
Reine Fahrzeit: 4 Std., für die Besichtigungen nochmals mindestens 3 Std.
Beste Jahreszeit: Frühling und Herbst; im Hochsommer oft sehr heiß, im Umkreis der Burgen auch viel Autoverkehr.
Markierung: Die Departementsstraßen sind durchweg gut ausgeschildert.

Daß in Frankreich die »bicyclette«, der Drahtesel, ein überaus populäres Fortbewegungsmittel ist, braucht man zwischen Brest und Marseille niemandem zu erklären. Die *Grande Boucle*, die Tour de France, ist alljährlich mitten im Sommer das Sportereignis schlechthin, und in die Ferien nehmen viele – auch ältere Semester – ihr Rennrad mit. Da sieht man sie dann an den großen Pässen, am Tourmalet, am Aubisque oder am Pourtalet. So hoch hinaus geht's bei dieser Runde im nordöstlichen Vorland der Pyrenäen nicht, das ständige Auf und Ab fährt aber schon in die Knochen, summiert sich zu der stattlichen Anstiegsleistung von 1250 Meter!
Auf Zeit fahren wird hier niemand, dazu gibt es auch zu viel Sehenswertes an der Strecke; natürlich die beiden Katharerburgen, dann die *Gorges de Galamus*, der Durchbruch des Agly. Mit diesem Bach hat es seine besondere Bewandtnis; statt sich – wie von der Topographie eigentlich vorgegeben – direkt dem Meer zuzuwenden, grub er sich seinen Lauf gleich durch zwei Bergketten, an der *Clue de la Fou* (ein paar Kilometer weiter südlich, bei Ansignan, führt ein gut erhaltener römischer Aquädukt über den Fluß) und in den großartigen Gorges de Galamus. Hier treten die Felsen bis auf ein paar Meter zusammen, und unter einem riesigen Überhang am Ausgang der Klamm »klebt« eine Einsiedelei, ein Miniklösterchen (mit Gaststätte). Von der Straße aus genießt man (vor allem als Radler) packende Blicke in die Tiefe.
Fast schwindeln macht auch *Château Quéribus*, das einen Felszacken hoch über Maury krönt. Vom Tal aus entsteht der Eindruck, die Burg wäre aus dem gewachsenen Fels gemeißelt. Alles strebt in die Höhe; ein steiler Treppenweg führt durch drei Mauerringe ins In-

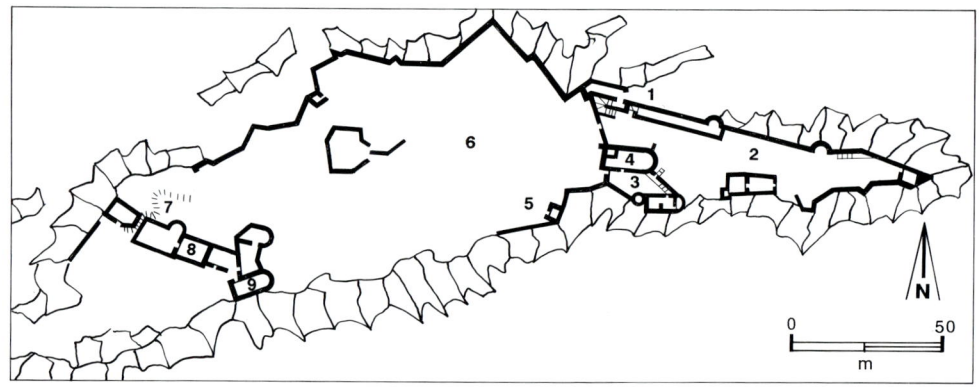

*Château de Peyrepertuse: 1 Eingang 2 Untere Burg 3 Bergfried 4 Kirche Ste-Marie
5 Wachturm 6 Mittlere Burg 7 Treppe zur Oberburg 8 Bergfried San-Jordi 9 Kapelle San-Jordi*

nere der Festung, deren Herz der wuchtige Bergfried mit dem »Säulensaal« ist. Eine einzige Säule, von der vier unsymmetrische Bögen ausgehen, trägt das Gewölbe.

Weitreichend ist natürlich die Rundschau von dieser (fast) uneinnehmbaren Position aus; der Blick geht hinab nach Maury, das inmitten seiner Rebberge liegt, hinaus zur Küste und über die Hügelketten des Fenouillèdes bis zum Canigou, dessen verschneites Haupt am südlichen Horizont steht. Sehr viel näher ist *Château Peyrepertuse*. Einem riesigen steinernen Schiff gleich krönt es – 300 Meter lang – einen schmalen Felsrücken, auch im Verfall noch großartig.

Burgen haben natürlich ihre Geschichte, oft blutige, und jene von Quéribus und Peyrepertuse ist die des mittelalterlichen Okzitanien, die der *Katharer*. Sie waren es, die durch ihre religiösen Vorstellungen, ihre Absage an weltlichen Besitz die mächtige römische Kirche und ihren im Reichtum schwel-

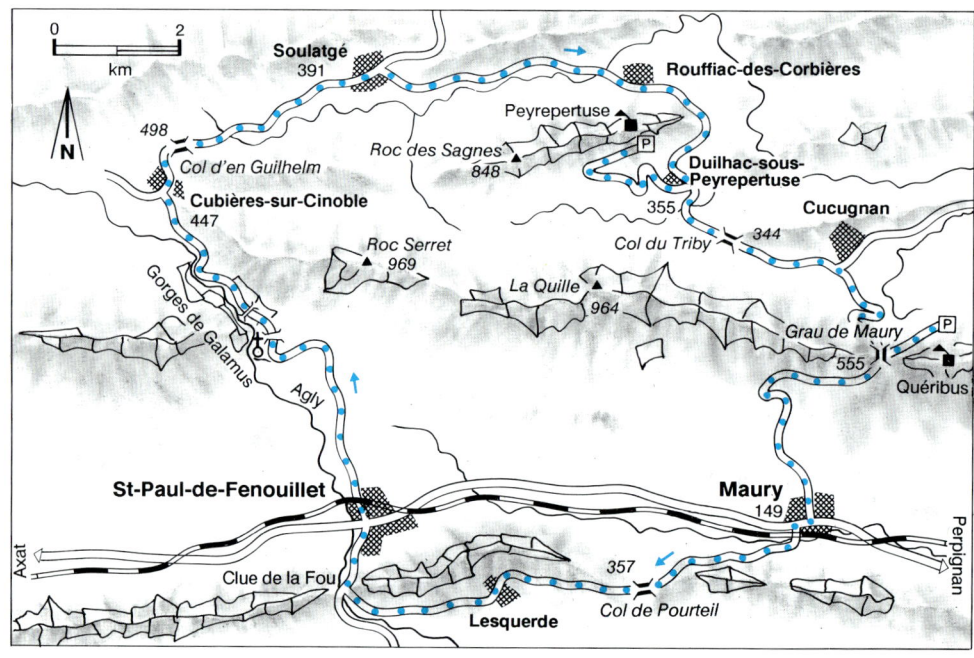

Rund 300 Meter lang ist Château Peyrepertuse, das einen schmalen Felsrücken krönt und einst als Katharerburg diente.

genden Klerus herausforderten. Mit dem wachsenden Zulauf gerieten sie auch in Gegensatz zum französischen Thron, und als zu Beginn des 13. Jahrhunderts der päpstliche Legat in Südfrankreich umgebracht wurde, hatte Innozenz III. den gewünschten Vorwand: Der Kreuzzug gegen die Katharer konnte beginnen. Und er wurde mit unvorstellbarer Grausamkeit geführt; den blutigen Auftakt machte das Massaker von Béziers, das niemand verschonte, weder Frauen noch Kinder. Im Jahr 1240 fiel Peyrepertuse, vier Jahre später erhielt die Bewegung mit dem Verlust von *Montségur* (vgl. Tour 16) den entscheidenden Schlag: Auf dem Scheiterhaufen verbrannten nicht nur 205 Katharer, in den Flammen starb auch eine Idee.

Der Wegverlauf

Ein günstiger Startpunkt für die Runde ist *St-Paul-de-Fenouillet* (2600 Einw.), der Hauptort des Fenouillèdes. Die D 10 führt in nördlicher Richtung, mäßig steigend, zur Mündung der *Gorges de Galamus*. Von dem großen Parkplatz, 5 km, kann man auf einem schmalen Weglein zur ehemaligen Einsiedelei absteigen; ein zweiter, kürzerer Zugang führt aus der Schlucht (kleiner Parkplatz an der Straße) direkt hinab zu dem »Tibetkloster«. Dahinter folgt der abenteuerlichste Streckenabschnitt; die 1880 angelegte Straße ist hier buchstäblich aus dem senkrechten Fels gehauen. Für Autos gilt Halteverbot; vom Rad aus lassen sich die faszinierenden

Vogelschaublicke ohne Parkprobleme genießen. Die anschließende leichte Steigung nach *Cubières-sur-Cinoble* (447 m) und zum Col d'en Guilhelm (498 m), 10,5 km, macht dann kaum Mühe. In *Soulatgé* (391 m), 15 km, hält man sich rechts und folgt dem Sträßchen, das in leichtem Auf und Ab um den langgestreckten Felsrücken von Peyrepertuse herum nach *Duilhac-sous-Peyrepertuse* (355 m), 23 km, führt. Daß das »sous« durchaus wörtlich gemeint ist, spürt man auf der Bergfahrt zum Parkplatz (ca. 690 m) bei der Burg, 27 km. Da heißt es dann zurückschalten in einen kleinen Gang!

Ein schmales Weglein führt zur Burgruine; für die Besichtigung der ausgedehnten Anlage, deren älteste Teile wohl aus dem 11. Jahrhundert stammen, sollte man sich Zeit lassen. Im Südosten, über dem Paßeinschnitt des *Grau de Maury* (555 m), zeigt sich *Château Quéribus*, von Duilhac nochmals etwa 350 Steigungsmeter bis zum Parkplatz (ca. 650 m) unterhalb des schroffen Burgfelsens, 38 km.

Nach der Besichtigung gibt es zur Abwechslung eine Schußfahrt, hinunter nach *Maury* (149 m), 44,5 km. Hier kann man abkürzen und auf der stark frequentierten, schnurgeraden D 117 direkt nach St-Paul-de-Fenouillet zurückfahren, 52,5 km. Weniger Verkehr, aber nebst hübschen Ausblicken nochmals einen Anstieg, bietet dagegen die D 19, die an der südlichen Talflanke hinaufzieht zum *Col de Pourteil* (357 m), 48,5 km. Über Lesquerde geht's dann westlich hinab zum Agly und durch die Clue de la Fou zurück nach St-Paul-de-Fenouillet, 57 km.

Nützliche Informationen

Ausgangspunkt: Die Rundtour liegt ganz im Nordosten der Pyrenäen; sie ist aus der Gegend von Perpignan rasch erreichbar, ebenso vom Têtal aus.
Anstiegsleistung: Insgesamt 1250 m.
Fahrzeiten: Insgesamt: 4 Std.
St-Paul-de-Fenouillet – Duilhac: 1¼ Std.,
Duilhac – Peyrepertuse: ½ Std.,
Peyrepertuse – Quéribus: 1¼ Std.,
Quéribus – Maury: ¼ Std.,
Maury – Col de Pourteil – St-Paul-de-Fenouillet: ¾ Std.

Verkehrsverbindungen: Maury und St-Paul-de-Fenouillet haben Busverbindung mit Perpignan.
Unterkunft: In der Region gibt es zahlreiche kleinere Hotels und mehrere Campingplätze.
Verpflegung: In allen Orten möglich. Romantisch ist die Einsiedelei in der Galamus-Schlucht (im Sommer überlaufen); eine sehr gute regionale Küche bekommt man im »Vieux Moulin« in Duilhac vorgesetzt!
Weitere Tourenmöglichkeiten: Daß gerade das Pyrenäen-Vorland ein Radlerparadies ist, sieht man beim Kartenstudium sofort. Wer nur mal »schnuppern« will, kann sich ein Mountainbike mieten (in den meisten größeren Orten möglich).
Karte: Michelin-Straßenkarte, Blatt 86 »Luchon/Andorre/Perpignan«, 1:200 000.

8 Pech de Bugarach, 1230 m

Nicht nur der Aussicht wegen

> *Tourencharakter:* Halbtagestour zu einem prächtigen »Guck-ins-Land« am Nordrand der Pyrenäen.
> *Reine Gehzeit:* 3¾ Std.
> *Beste Jahreszeit:* Frühling, Herbst.
> *Markierung:* Farbmarkierungen, im unteren Teil ziemlich sparsam gesetzt.

Bei Geologen und Botanikern ist der isoliert aufragende Kalkstock gleichermaßen bekannt. Nur die Bergsteiger zeigen dem Pech de Bugarach beharrlich die kalte Schulter – eigentlich unverständlich. Daß hier älterer Jurakalk auf Schichten der Kreidezeit aufliegt, mag nicht jeden interessieren, und seinen Blumenreichtum muß der Pech (= Pic) mit vielen andern Pyrenäengipfeln teilen. Bleiben noch der abwechslungsreiche Anstieg und das Panorama, das durch die Lage

An einen steilen Felsen über dem Eingang in die Gorges de Galamus schmiegt sich eine ehemalige Einsiedelei. Durch die wildromantische Klamm führt der landschaftlich reizvollste Zugang zum Col du Linas, dem Ausgangspunkt für eine Besteigung des Pech de Bugarach.

am Rand des Gebirges einen besonderen Akzent erhält: nach Osten hin geht es zum Meer, über die Hügellandschaft der weinberühmten Corbières bis zu den Montagnes Noires. Ob man vom Gipfel des Pech de Bugarach gar die alte, mauerumgürtete Cité von Carcassonne sehen kann, weiß ich nicht. Bei unserem Besuch war es ziemlich diesig, eine für die östlichen Pyrenäen typische Wetterlage – nicht schlecht, aber halt auch kaum Fernsicht.

Mehr zu ahnen als wirklich zu sehen waren auch die Bergketten im Süden und Westen: Canigou (2784 m), Madres (2469 m), Carlit (2921 m), Roc Blanc (2542 m), Pic de St-Barthélemy (2348 m). So hielten wir uns an die botanischen »Sehenswürdigkeiten«: Auf den Wiesen oberhalb des Col du Linas entdeckt man im Frühsommer verschiedene Orchideen, höher am Berg dann unter vielen anderen Blumen die endemische »Fritillaire des Pyrénées« (*fritillaria pyrenaica*), deren Form stark an eine Glockenblume erinnert, und die »Gelbe Narzisse« (*narcissus bicolor*).

Die Halbtagestour auf den Pech läßt sich gut mit einer Rundfahrt »übers Land« verbinden: nach dem Blick von oben die Gelegenheit, diese Ecke am Rand der Pyrenäen etwas kennenzulernen. Zwischen dem »Fenchelland« (Fenouillèdes) im Osten und dem Plateau de Sault im Westen gibt's zwar keine Drei-Sterne-Sehenswürdigkeiten, aber viel zu entdecken: malerische kleine Flecken wie etwa *Alet-les-Bains* (200 m), auf halber Strecke zwischen Quillan und Carcassonne, immerhin einst Bischofssitz, oder *Limoux* (172 m), bekannt für die »Blanquette«, einen Schaumwein, der nach Champagnerart hergestellt wird. Eine alte Königsstadt soll *Rennes-le-Château* (510 m) sein, im 5. Jahrhundert von den Westgoten gegründet, mit entsprechend langer, wechselvoller Geschichte. Seine Glanzzeit erlebte es im 11. Jahrhundert; damals wurde Rennes gar mit Carcassonne verglichen! In *Puivert* (15 km westlich von Quillan) verdient die alte Katharerburg einen Besuch; das benachbarte *Chalabre* (372 m) zeigt den unverfälschten Charme eines südfranzösischen Provinzstädtchens. Am Südrand des Plateau de Sault gibt es Schluchtenromantik (Gorges du Rebenty), östlich von Axat thront über dem engen Felsdurchbruch der Boulzane auf einer schmalen Kuppe die Ruine von *Château de Puilaurens*, einst Besitz von Guillaume de Peyrepertuse, der mit den Katharern sympathisierte.

Der Wegverlauf

Der Anstieg vom *Col du Linas* (667 m) ist zwar markiert, doch wer nicht aufpaßt, kann schon zu Beginn leicht vom »richtigen Pfad« abkommen, erweist sich der Wegverlauf doch als verwirrend unlogisch: Zunächst geht's – noch ganz einleuchtend – auf einer Trasse im offenen Gelände aufwärts, bald nach rechts. Der Weg verläuft nun über eine längere Strecke fast eben am Bergfuß entlang. Erste Zweifel melden sich – »doch falsch?« –, da stößt man auf einen Zaun und ein Schildchen, das einem unmißverständlich die Richtung klarmacht: »à gauche«, erst aufwärts, dann am Waldrand entlang, schließlich wieder bergab. Immer noch richtig, und schon ein paar Minuten später beginnt der Anstieg. Wirklich! Und den kann man nun, trotz spärlicher werdender Markierungen, kaum mehr verfehlen. Im Wald aufwärts bis unter die Nordabstürze der *Pique Grosse* (1081 m), dann links und im Zickzack in einen Mini-Sattel (1078 m; kurz zuvor leitet eine deutliche Spur rechts hinüber zur Gipfelwiese der Pique Grosse). Weiterweg und Ziel sind nun sichtbar, letzteres mit ei-

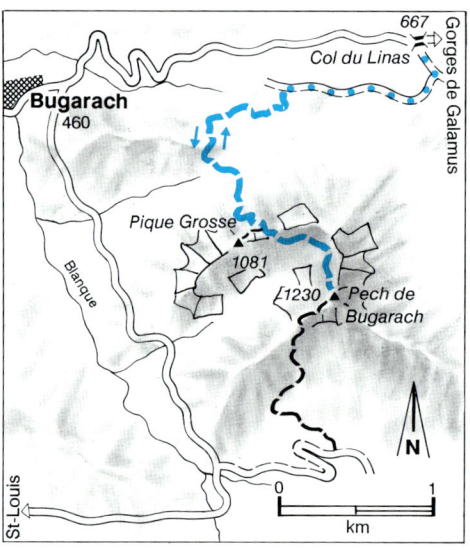

nem großen Vermessungszeichen; gut eine halbe Stunde noch. Über Schrofen kommt man auf den Grat, ein Wiesenhang leitet schließlich hin zum letzten Aufschwung.

Nützliche Informationen

Ausgangspunkt: *Col du Linas* (667 m). Den kleinen Wiesensattel erreicht man von Couiza an der Aude über Rennes-les-Bains und Bugarach (21 km), von St-Paul-de-Fenouillet durch die Gorges de Galamus (vgl. Tour 7) und über Cubières-sur-Cinoble, 17 km.
Anstiegsleistung: Col du Linas – Pech de Bugarach: ca. 650 m (inklusive Gegensteigungen).
Gehzeiten: Insgesamt: 3½ Std.
Col du Linas – Pech de Bugarach: 2¼ Std., Abstieg auf dem gleichen Weg: 1½ Std.
Verkehrsverbindungen: Gute Bahn- und Busverbindungen nur im Tal der Aude und im Fenouillèdes.
Unterkunft: Keine.
Verpflegung: Unterwegs aus dem Rucksack.
Weitere Tourenvorschläge: Man kann die Gipfeltour zur Runde erweitern: Abstieg südwestlich zur D 45 und abseits des Sträßchens nach Bugarach, das am Fuß des Col du Linas liegt; insgesamt etwa 5 Std.
Karten: IGN-Karte Pyrénées, carte de randonnées 9, »Montségur«, 1:50 000. – IGN-Karte 1:25 000, 2347 est, »Arques«.

Der Ostanstieg zum Madres führt am stimmungsvollen Gorg Nègre vorbei (Tour 9).

9 Madres, 2469 m

Blumenberg zwischen Conflent und Capcir

> *Tourencharakter:* Wenig schwierige Gipfelwanderungen, am Grat zwischen Roc Nègre und Madres kurze, ganz leichte Kraxelei. – Angenehmes Tagespensum.
> *Reine Gehzeit:* Ca. 5 Std.
> *Beste Jahreszeit:* Juni bis Spätherbst.
> *Markierung:* Aufstieg vom Col de Sansa mit gelb-roten Markierungen und Steinmännchen bezeichnet, am Ostanstieg kaum Markierungen.

Der Madres ist nicht nur ein Gipfel, er ist schon fast ein richtiges Massiv, mit ausladenden Graten und stillen Karmulden, in denen versteckt einige malerische Bergseen liegen. Kein Kletterberg, aber ein abwechslungsreiches Wanderrevier, mit Anstiegen aus dem Capcir und aus dem Conflent; von Norden, vom Col de Jau (1506 m), kommen gelegentlich sogar Besucher hoch zu Pferd. Abwechslungsreicher sind allerdings die am Col de Portus bzw. am Col de Sansa abgehenden Wege; ersterer führt am schönsten See des Madres vorbei, am *Gorg Nègre*. Und ein Erlebnis für sich ist schon die »Anreise« zum Paß, auf schwindelnd schmaler Straße über dem klammartig eingeschnittenen Tal des Evolbachs: 15 km von Olette (627 m) über Evol (815 m), das nur aus wenigen Häusern besteht und von der Ruine einer Burg überragt wird. Am gegenüberliegenden, westlichen Hang sind längst aufgegebene terrassierte Felder – einst wohl künstlich bewässert – zu erkennen.
Ein ähnliches Bild bietet auch die benachbarte Vallée des Garrotxes, durch die man zum Col de Sansa kommt: malerisch die Kulisse, winzige Dörfchen, fast mit dem Berg verwachsen, doch kaum mehr Menschen – Scheinidylle ohne Zukunft?
Natürlich steigt man auf den Madres (auch) der Aussicht wegen, und die soll – sagte man uns im Tal – an ganz klaren Tagen bis zum Meer gehen. So viel Glück hatten wir nicht: Über dem Pyrenäen-Vorland lag Dunst, dafür zeigten sich die Grenzberge zu Spanien schön aufgereiht, vom Puigmal (2910 m) bis zum Pic de Costabona (2465 m), links flankiert vom Canigou (2784 m). Über dem Capcir mit seinen Stauseen stehen Pic Carlit (2921 m), Pic Péric (2810 m) und – genau westlich – der Roc Blanc (2542 m) mit seiner steilen Felsstirn.
Doch wer am Madres wandert, tut gut daran, nicht nur in die Ferne zu schauen; das Massiv bietet dem Naturfreund viel Sehenswertes: In den Pinien-, Buchen- und Tannenwäldern sind Hirsch und Reh heimisch, leben Rebhühner, Hasen und Kaninchen; über der Garrigue liegt der Duft von Lavendel, Thymian und Rosmarin; an den Berghängen und auf den (trockenen) Höhen blüht im Sommer eine artenreiche Flora.

Der Wegverlauf

Ausgangspunkt Col de Sansa (1775 m)
Aus dem Waldsattel führt ein Sträßchen leicht ansteigend in das zwischen Pic de la Pelada (2370 m) und Madres eingebettete Tal. Nach etwa 20 Minuten weisen die gelb-roten Markierungen der »Tour du Capcir« links aufwärts; auf dem alten Almweg erreicht man bald die Schäferhütte (ca. 1880 m) am *Pla de Gril*. Hier links aufwärts, an einem bewaldeten Rücken entlang, dann quer über sumpfige Wiesen und schließlich ins Hochtälchen der Coume des Porteils. Nun wird auch das Gipfelziel sichtbar, rechts flankiert von einem namenlosen Gratzacken und dem breiten Rücken des Roc Nègre (2459 m). Der Weg folgt diesem Kamm; im Talinnern biegt er aber zunächst ganz abrupt nach Süden ab (nicht übersehen!) und steigt gegen das *Pla des Gourgs* an: kein Grat, sondern ein Hochplateau, das gegen Osten über steile Felsen – die Kulisse des *Gorg Nègre* – abfällt. Eine Überraschung ist auch die Vegetation, fast meint man sich in die Tundra des Nordens versetzt: Moose, Flechten, Erika und Zwergsträucher zwischen dem Granit! Am Ostrand der Hochfläche steht das *Refuge de Nohèdes*, ganz in der Nähe entdeckt man die *Font de la Perdrix* (2312 m), die »Rebhuhnquelle«. Pfadspur und Steinmännchen leiten nördlich auf den abgeflachten Rücken des

Roc Nègre (2459 m); der unbenannte Gratzacken vor dem Madres wird leicht überklettert (kann man auch nordseitig umgehen), dann ist der Gipfel nicht mehr weit: fast 2500 Meter über dem Meeresspiegel und eine tolle Rundschau (mit Meeresblick!?).

Für den Abstieg bietet sich der Südrücken des Madres an; über ihn gelangt man rasch und problemlos hinab in den innersten Boden des Ponteils-Tals. Der in die IGN-Karte (1:50000) eingezeichnete Pfad existiert nicht; wir haben ihn vergebens gesucht, nur eine weglos-abenteuerliche Variante entdeckt. Durchaus zu empfehlen, wenn man Zeit hat, Verhauer nicht scheut und über etwas Bergerfahrung verfügt. Unterwegs gab's auch einige »Blumen-Stops«; so stießen wir in einer feuchten Rinne auf die hübsche »Swertie vivace« *(swertia perennis)* mit ihren violetten, fünfblättrigen Blüten. An der 2000-m-Höhenmarke trifft man (mit etwas Glück) wieder auf den markierten Anstiegsweg.

Ausgangspunkt Col de Portus (1736 m)

Vom Col de Portus aus hat man ebenfalls zuerst ein kleines Sträßchen. Es führt westlich hoch über dem Evolbach taleinwärts zu einem gemauerten Unterstand (ca. 1910 m). Hinter der Hütte weist eine große Tafel zum *Gorg Nègre*: keine halbe Stunde auf ordentlichem Weglein. Der knapp 4 ha große See liegt malerisch in einem Bergsturzgelände, in seinen dunklen Wassern spiegeln sich die Felsabstürze des Pla des Gourgs (vgl. oben). Der weitere Anstieg zu dem Plateau ist nicht mehr markiert, aber verhältnismäßig leicht zu finden. Pfadspuren leiten vom Nordufer des Gewässers über licht bewaldete Hänge aufwärts gegen den breiten Rücken des Pinouseil, der unmittelbar beim *Refuge de Nohèdes* (ca. 2300 m) an das Plateau anstößt. Hier trifft man auf den vom Col de Sansa heraufkommenden Anstiegsweg, der via Roc Nègre zum Madres führt.

Nützliche Informationen

Ausgangspunkte: *Col de Sansa* (1775 m), Übergang vom Conflent ins Capcir, auf schmalen Bergstraßen von Olette (627 m) und von Formiguères (1506 m) erreichbar, 23 bzw. 9 km. An dem Waldsattel Parkmöglichkeit. – *Col de Portus* (1736 m), Asphaltsträßchen (mit sehr »löchrigem« Belag) von Olette (627 m) via Evol, 15 km. Parkplatz direkt am Paß.

Anstiegsleistung: Col de Sansa – Madres: 850 m (inkl. Gegensteigungen), Col de Portus – Madres: 880 m (inkl. Gegensteigungen).

Gehzeiten: Insgesamt 5 Std.
Col de Sansa – Pla des Gourgs: 2 Std., Pla des Gourgs – Madres: 1 Std.; Abstieg: 1½ bis 2 Std. Col de Portus – Gorg Nègre: 1¼ Std., Gorg Nègre – Pla des Gourgs: ¾ Std., Pla des Gourgs – Madres: 1 Std.; Abstieg auf dem gleichen Weg: knapp 2 Std.

Verkehrsverbindungen: Die beiden kleinen

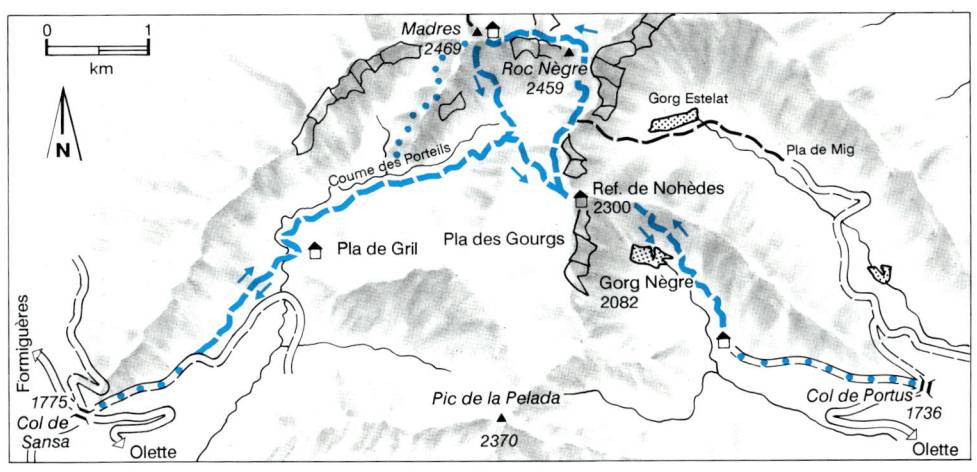

Pässe sind nur mit dem eigenen Fahrzeug erreichbar.
Unterkunft: Keine.
Verpflegung: Unterwegs aus dem Rucksack.
Weitere Tourenvorschläge: Vom Roc Nègre kann man alternativ auch nach Osten zum *Gorg Estelat* (2021 m) absteigen. Abzweigung des nur teilweise markierten Wegleins am Südfuß (2308 m) des Berges; vom Pla de Mig führt ein Sträßchen zurück zum Col de Portus. Etwa 2½ Std. vom Madres.
Von Norden besteigt man den *Madres* (2469 m) leicht in 2½ Std. Ausgangspunkt ist das *Refuge du Calhau* (1537 m), 2 km vom Col de Jau (1506 m).
Informationen: Syndicat d'Initiative, 66210 Formiguères.
Karten: IGN-Karte Pyrénées, carte de randonnées 8, »Cerdagne/Capcir«, 1:50000. – IGN-Karte »Top 25« 2249 ET, »Font-Romeu«, 1:25000.

10 Roc Blanc, 2542 m

Aussichtskanzel über der Aude

> *Tourencharakter:* Lohnende, nicht allzu lange Gipfeltour. Trittsicherheit erforderlich, Anstieg über den Ostrücken schwieriger, mit ganz leichter Kletterei (I). – Tagestour.
> *Reine Gehzeit:* 5½ Std.
> *Beste Jahreszeit:* Mitte Juni bis Mitte Oktober.
> *Markierung:* Am Normalanstieg hellblaue Farbtupfer, am Ostrücken ein paar Steinmännchen.

Roc Blanc, weißer Fels. Das verspricht ein schönes Bergerlebnis, Klettern an hellem Kalk. Richtig und falsch! Die Tour hielt zwar, was der erste Augenschein – vom Madres aus – versprochen hatte, nur ist der Roc Blanc weder weiß noch aus Kalk. Das störte uns allerdings nicht weiter, zumal unterwegs keinerlei Langeweile aufkommt, man am Gipfelaufbau sogar ein paarmal in den Fels greifen muß. Schon der Lac de Laurenti (1936 m), von Blockwerk und ein wenig Wald umsäumt, ist ein Wanderziel für sich. Und dieser Meinung waren auch die meisten der (recht vielen) Franzosen, die vom Forsthaus Laurenti heraufschnauften: Sie wollten am Seeufer picknicken, zelten und – unvermeidlich! – auch fischen. Unser Ziel ragte noch rund einen Kilometer über dem See in den blauen Vormittagshimmel, die felsige Südostflanke der prallen Sonne ausgesetzt. Entsprechend schweißtreibend gestaltete sich der Aufstieg; ein kleiner Umweg zum Laurentibach brachte hochwillkommene Abkühlung. Oben dann genießt man eine prächtige Rundschau, weit ins wellige Vorland der östlichen Pyrenäen hinaus, mit einigen interessanten Gipfelprofilen im Westen und Süden. Nicht zu übersehen ist das östliche Gegenüber, fast so hoch wie der Roc Blanc, breit und massig: der Madres (2469 m), auch er ein toller Aussichtsberg (siehe Tour 9). Sehr schön zeigt sich von hoher Warte das Tal der Ariège mit ihrer Bergumrahmung; im Westen und Südwesten, zur andorranischen Grenze hin höher, rechts markant abgeschlossen vom Pic de St-Barthélemy (2348 m), den man an seiner riesigen »Wunde« in der Südflanke leicht erkennt. Talk, exakt Magnesiumsilikat, wird an dem Berg abgebaut und unten in Luzenac verarbeitet.

Der Wegverlauf

An der *Straßenbrücke* (1616 m) beim Forsthaus Laurenti findet man die Abzweigung des Weges hinauf zum *Etang de Laurenti* (1936 m), vielbegangen, mit einem großen »R« bezeichnet. Von dem herrlich gelegenen See aus bietet sich ein erster freier Blick zum Gipfelziel, auch in das Tälchen, durch das der Weiterweg geht, nun mit hellblauen Tupfern bezeichnet, allerdings recht diskret. Deshalb heißt es gut aufpassen, vor allem bei einer winzigen Kuppe (ca. 2090 m), an der die Pfadspur (verführerisch) flach weiterläuft. Bei genauerem Hinsehen entdeckt man rechts am Hang die nächste Markierung. Also weiter aufwärts, den Punkten folgend bis auf einen grasigen Rücken (ca. 2270 m), hinter

Vom Etang de Laurenti (1936 m) aus zeigt sich der Roc Blanc als markanter Felsgipfel.

dem ein – im Hochsommer ausgetrockneter – abflußloser Tümpel liegt. Diese Anhöhe erreicht auch, wer an erwähnter Weggabelung geradeaus weitergeht. Der unmarkierte Pfad führt um einen baumbestandenen, felsigen Rücken herum (kurzer Abstieg zum Bach, Wasser!), steigt anschließend durch eine Mulde und über einen grünen Hang an. Von dem abgeflachten Rücken (Rastplatz) ist der Weiterweg zu überblicken: kurz hinab in den »See«-Boden (2251 m), dann – von Steinmännchen geleitet – aufwärts den Col de Laurenti (ca. 2400 m) und rechts über eine steile Wiesenflanke bis unter die beiden aus Blockwerk bestehenden Gipfelaufbauten des Roc Blanc (lustige Kraxelei).

Insgesamt ein wenig schwieriger Anstieg; wer's gern etwas spannender mag, kann auch den Weg über die Südostflanke nehmen. Bedingungen: Es muß trocken und schneefrei sein! Bei Nässe sind die steilen Grashänge, unter denen meist Felsabbrüche lauern, höchst gefährlich. Markierungen fehlen ebenfalls, nur ein paar Steinmännchen sowie eine dünne Pfadspur, die sich gelegentlich verliert, führen von oben erwähnter Rippe rechts – mehrere steile Rinnen querend – in den Ostrücken des Roc Blanc. Dabei muß man ein paarmal die Hände zu Hilfe nehmen (I); über den schrofendurchsetzten Osthang – mit tollen Tiefblicken auf den Etang de Laurenti – beliebig zum Gipfel.

Nützliche Informationen

Ausgangspunkt: *Forsthaus Laurenti* (1616 m), auf einer asphaltierten Forststraße erreichbar, knapp 7 km von Le Pla (1082 m) bzw. Quéri-

Knapp unter dem Gipfel des Roc Blanc stoßen Normalweg und Ostanstieg zusammen.

gut (1205 m). Genügend Parkmöglichkeiten.
Anstiegsleistung: Forsthaus Laurenti – Roc Blanc: 1000 m.
Gehzeiten: Insgesamt: 5½ Std. Forsthaus – Etang de Laurenti: 1¼ Std., Etang de Laurenti – Roc Blanc: 2 Std.; Abstieg auf dem Normalweg: 2¼ Std.
Verkehrsverbindungen: Quérigut und Le Pla sind per Bus erreichbar, von Quillan aus.
Unterkunft: Keine.
Verpflegung: Aus dem Rucksack.
Weitere Tourenmöglichkeiten: *Etang du Diable* (ca. 2320 m), winziger Bergsee, in dessen Nähe prähistorische Felszeichnungen entdeckt wurden; etwa 2½ Std. aus der Vallée du Galbe (Zufahrt von Puyvalador via Espousouille, 7 km). – *Etangs de Camporells* (2362 m), mehrere kleine Seen nordöstlich unterhalb vom Pic Péric (2810 m). Schönster Zugang ebenfalls aus der Vallée du Galbe (ca. 3 Std.).
Sehenswürdigkeiten: *Quérigut* (1205 m) ist ein malerischer Flecken, überragt von der Ruine einer alten Burg (Château de Donezan).
Das *Capcir* ist ein beliebtes Feriengebiet, mit seinen Skihängen und (Surf-)Seen im Sommer wie im Winter gut besucht. Wichtigster Fremdenort ist *Les Angles* (1600 m) über dem Westufer des aufgestauten Lac de Matemale (1542 m), historisches Zentrum der Region Formiguères (1506 m), ebenfalls mit Unterkunftsmöglichkeiten. Unterhalb des Stausees von Puyvalador (1420 m) verengt sich das weite Hochtal zu einer engen Waldschlucht, den Gorges de l'Aude. Etwas für romantische Seelen! Gar einen Abstecher ins Bergesinnere ermöglichen die *Gorges de l'Agazou* (geführte Besichtigung, Dauer etwa 5 Std.).
Informationen: Syndicat d'Initiative, 66210 Formiguères, Place de l'Eglise.
Karte: IGN-Karte Pyrénées, carte de randonnées 8, »Cerdagne/Capcir«, 1:50000.

11 Pic Carlit, 2921 m

Die schönste Gipfelwanderung in den Ostpyrenäen

> *Tourencharakter:* Wenig schwierige, sehr beliebte Gipfeltour, Juli/August oft »Bergsteigen en masse«! – Leichte Tagestour.
> *Reine Gehzeit:* 5¼ bis 5½ Std.
> *Beste Jahreszeit:* Ende Juni bis Mitte Oktober.
> *Markierung:* Vom Lac des Bouillouses guter Weg bis zum Gipfel, kaum Markierungen, aber dennoch keine Orientierungsprobleme. Abstieg über die Forats nur mit einigen Steinmännchen bezeichnet, ansonsten weitgehend weglos. Bei schlechter Sicht (Nebel) nicht zu empfehlen.

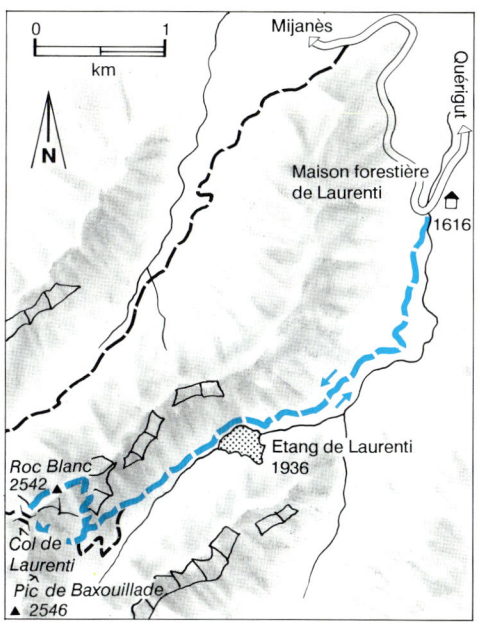

Wer glaubt, Massenbergsteigen sei ein alpines Phänomen, kann sich am Pic Carlit leicht vom Gegenteil überzeugen. Wir haben den Versuch gewagt, sind an einem herrlichen Augusttag losgezogen, um den Renommierberg über seinen Normalweg zu besteigen, vom *Lac des Bouillouses* (2016 m) aus. Die gleiche Idee hatten (geschätzte) fünf- bis sechshundert Leute, was uns dann ein »Bergerlebnis« der besonderen Art bescherte: Gesellschaft garantiert, unterwegs wie am Gipfel, eine bunte Schar, wenig »Gewohnheitsbergsteiger«, ein paar Weitwanderer, leicht an ihren Riesenrucksäcken zu erkennen, vorwiegend aber Urlauber auf dem »Gipfeltrip«, teilweise abenteuerlich gekleidet. So gab's unterwegs nicht nur eine Fülle faszinierender Landschaftsbilder, sondern auch allerlei Kurioses zu betrachten und zu bewundern: Menschen am Berg.

Und nach dem Stau bei der Anfahrt zum (Stau-)See am Gipfelaufbau des Carlit nochmals kurze Wartezeiten: keine Baustelle, aber eine felsige, recht steile Rinne, »pièce de résistance« des Aufstiegs und für manche ein echtes Hindernis. Oben angekommen, verflog der leise Ärger schnell in der Weite des Horizonts. Zu schön ist die Rundschau, die sich von den Hügelketten des Roussillon bis zum Aneto im Westen spannt, faszinierend auch die Talblicke in die Cerdagne und ins Capcir. Und dann die Seen, schon unterwegs ständig neue Blickpunkte liefernd, jetzt als dunkle Augen über das wellige Grünbraun verteilt.

Der Pyrenäen-Neuling steht gebannt vor dem Panorama, für den Kenner haben viele der Zacken auch Namen. Ziemlich genau im Osten baut sich das mächtige Massiv des Canigou (2784 m) auf, durch den tiefen Graben des Têttals vom Madres (2469 m) getrennt, der die Talweitung des Capcir um fast einen Kilometer überragt. Nur wenig niedriger als der Carlit ist sein Nachbar im Nordosten, der Pic Péric (2810 m), hinter dem sich der Roc Blanc (2542 m), ebenfalls ein bekannter Aussichtsgipfel zwischen Ariège und Aude, versteckt. Ganz frei zeigt sich dagegen im Süden der Puigmal (2910 m), Kulminationspunkt einer langgestreckten, vielgipfligen Kette. Sie findet ihre östliche Fortsetzung in der Kalkmauer der Serra del Cadí, über der ein kleiner Spitz aufragt: die Pedraforca (2472 m), ein bekannter katalanischer Kletterzacken. Im Westen bilden die Grenzberge Andorras den »Mittelgrund«; dahinter ragt – deutlich höher – der Pic d'Estats (3145 m) auf, weiter links und weiter weg dann der höchste Berg der Pyrenäen, der Aneto (3404 m) – Ziele für mehr als einen Sommer!

Doch den ganz besonderen Reiz des Carlit machen – trotz des großen Panoramas – seine Seen aus, ein Dutzend, verteilt über das Désert du Carlit: ein Fest der Farben, keine »Einöde« (désert), so richtig einladend zum

Schauen und Verweilen. Das haben wir dann auch ausgiebig gemacht, bei unserem Abstieg auf einer »variante solitude«: durch ein kleines Seitental, weglos, aber auch ohne (menschliche) Gesellschaft. Einsamkeit am Carlit – an einem prächtigen Augusttag!?

Der Wegverlauf

Der Aufstieg zum *Désert du Carlit* beginnt am *Lac des Bouillouses* (2016 m), westlich der Staumauer. In einer halben Stunde ist der Rand der Seenplatte erreicht; hier gabelt sich der Weg (2134 m). Man geht geradeaus (links zu den südlichen Seen), nimmt den Pfad zum

Umrahmt von Almwiesen und lichtem Wald: der Etang du Vive am Weg zum Pic Carlit.

nahen *Etang du Vive*. Knapp 100 Meter höher liegt der *Etang des Dougnes* (2237 m); ein kurzer Steilanstieg führt weiter zum Etang du Casteilla, dem ersten der drei »oberen Seen«. Man spaziert nun fast eben taleinwärts, zur Rechten die Wasser, im Vorblick das Ziel, den felsigen Gipfel des Carlit. Wenig oberhalb des *Lac de Soubirans* stößt man auf den Zugang, der an den südlichen Carlitseen vorbeiläuft (Noir, Sec, Coumasse, Llat, Llong).

Gut zu erkennen ist auch der Weiterweg, meist mit vielen bunten Punkten »markiert«: an einem schrofigen Steilhang aufwärts zu einer winzigen *Lacke (2598 m)*, dann über einen abgerundeten Rücken zum felsigen Gipfelaufbau. Über Blöcke, gestuften Fels und einen Geröllhang steuert man die schmale Gratscharte an; eine Steilrinne, die in einen Durchschlupf führt, ist die »Schlüsselstelle«. Hier muß man die Hände zu Hilfe nehmen: leichte Kraxelei, problemlos für jeden einigermaßen geübten Alpenwanderer. Auf die »Mini-Scharte« mündet auch der Westanstieg vom *Etang de Lanoux*.

Den Abstieg nimmt man mit Vorteil (vor allem im Hochsommer) über die *Forats*: ein Weg in die Stille. Er führt aus der Senke (ca. 2595 m) zwischen Carlit und Touzal Colomé (2673 m) über Schrofen und magere Wiesen erst südlich, dann östlich abwärts, mit herrlich freier Sicht auf die Grenzberge zu Spanien (Puigmal, 2910 m), später auch zum Canigou (2784 m). Man genießt Aussicht und Ruhe. Im flachen Talboden gurgeln zwischen Granitblöcken kleine Wasserläufe, am Hang ertönt der Warnpfiff eines Murmeltiers. Schließlich kommt der *Etang Llat* (2174 m) ins Blickfeld; Steinmännchen lotsen über eine Blockhalde hinab zu seinem Südufer, dabei zeigt sich auch der versteckt in einer Mulde liegende Etang Llong (2184 m). Hinter einem abgeflachten Rücken stößt man auf den vielbegangenen Normalanstieg; er leitet zwischen Coumasse- und Sec-See hindurch zur bereits erwähnten Weggabelung zwischen dem Etang du Vive und dem Etang Noir: eine paradiesisch-schöne Seenrunde!

Nützliche Informationen

Ausgangspunkt: Den *Lac des Bouillouses* (2016 m) erreicht man von Mont-Louis (1573 m) über eine recht schmale und holprige Asphaltstraße; beschilderte Abzweigung an der D 118, knapp 1 km nördlich von dem Festungsort. Am Stausee große Parkplätze, im Hochsommer dennoch oft ein veritables Chaos.

Anstiegsleistung: Lac des Bouillouses – Pic Carlit: 900 m.
Gehzeiten: Insgesamt 5¼ bis 5½ Std. Lac des Bouillouses – Etang de Soubirans: 1¼ Std., Etang de Soubirans – Pic Carlit: 2 Std.; Abstieg auf dem Normalweg: 2 Std., über die Forats wenig länger.
Verkehrsverbindungen: Keine Buslinie zum Stausee; im Hochsommer fahren private Kleinbusse von Font-Romeu zum Lac des Bouillouses.
Unterkunft: Im Bereich der Seenplatte gibt es mehrere Unterstände, nur für Notfälle, weitgehend ohne Ausstattung. – Am Lac des Bouillouses ein Hotel.
Verpflegung: Aus dem Rucksack.
Weitere Tourenvorschläge: Ein sehr schönes Tourenziel ist der *Pic Péric* (2810 m) im Norden des Bouillouses-Stausees: nicht ganz so hoch wie der Carlit, dafür ungleich ruhiger und ebenfalls mit Prachtaussicht. Der Aufstieg, obwohl teilweise weglos, ist nicht schwierig. Er verläuft über den Südostgrat des Berges (Steinmännchen, Pfadspur); Abstieg östlich zu den malerischen Etangs de Camporells möglich, mit Rückweg auf gut bezeichnetem Weg zur Cabane de la Balmette (2120 m): eine Tagestour (ca. 7 Std.).
Informationen: Office du Tourisme, 66120 Font-Romeu.
Karten: IGN-Karte Pyrénées«, carte de randonnées 8, »Cerdagne/Capcir«, 1:50000. – IGN-Karte »Top 25« 2249 ET, »Font-Romeu«, 1:25000.

Vom Pic Carlit aus ist fast der gesamte Anstiegsweg zu überblicken. Im Mittelgrund der Lac des Bouillouses, Ausgangspunkt der beliebten Gipfeltour; am Horizont der Canigou.

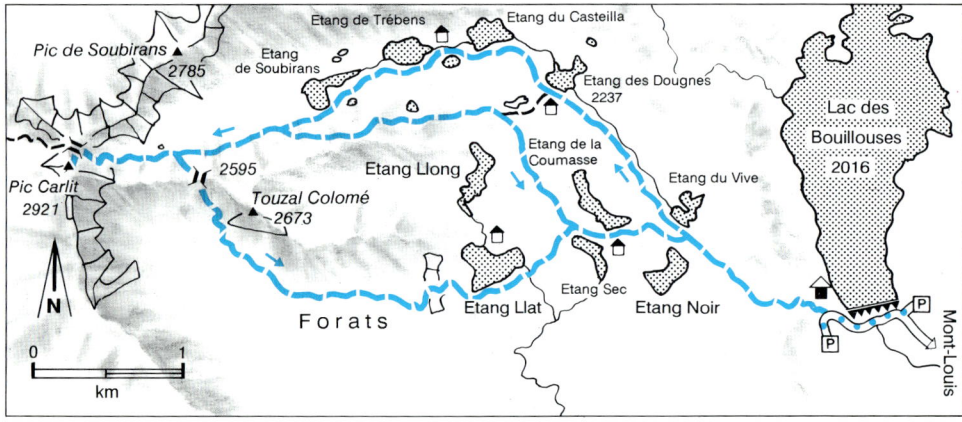

12 Ermitage de Belloc, 1685 m

Spaziergang über der Cerdagne

Tourencharakter: Kurze, wenig beschwerliche Rundwanderung. – Halbtagsausflug.
Reine Gehzeit: 1½ Std.
Beste Jahreszeit: Mai bis Anfang des Winters.
Markierung: Bis in den Col de Jouell rotgelbe Markierungen, über den Berg ein paar blaue Farbtupfer.

Wer in der *Cerdagne* unterwegs ist, kann ihn nicht übersehen, den abgerundeten, kahlen Hügel, der sich zwischen Latour-de-Carol und Angoustrine (1370 m) als südlichster Ausläufer des Carlit-Massivs erhebt. Gekrönt wird er von einer romanischen Kirche, die sich an den Gipfelhang schmiegt, als suche sie Schutz vor Sturm und Wetter. Dabei scheint gerade am Oberlauf des Rio Segre die Sonne ausdauernder als irgendwo sonst in Frankreich, Folge der Binnenlage in den östlichen Pyrenäen: eine Parallele zum alpinen Engadin. Nicht zufällig steht hier, bei Odeillo, der berühmte *Four solaire*, jener riesige Sonnenofen, größer als der Arc de Triomphe in Paris, und heißer als jeder Hochofen in Europa; bis zu 3500°C werden mit Sonnenenergie erzeugt. Da verwundert es nicht, daß die NASA in Odeillo Hitzetests durchführen läßt.

Der Sonnenenergie verdankt die Cerdagne auch ihren touristischen Aufschwung; rund 3000 Sonnenstunden pro Jahr sind ein gewichtiges Argument im Kampf um den erholungssuchenden Gast. So ist der alte Wallfahrtsort Font-Romeu (»Quelle der Pilger«) nach dem Zweiten Weltkrieg zu einem Urlaubs- und Sportplatz aufgebaut worden, der zwar inzwischen etwas Patina angesetzt hat, aber doch über ein unverwechselbares Flair verfügt. Das kann man von den neueren Skistationen in der Cerdagne nicht behaupten – sie sind schlicht häßlich. Zwischen den

Einer der schönsten Aussichtspunkte in der Cerdagne ist die ehemalige Ermitage von Belloc.

»Freizeitbunkern« der Jetztzeit entdeckt man aber auch Zeugen aus der Geschichte, einer langen und wechselvollen Historie: romanische Gotteshäuser in Hix, in Llo oder in Ur. Noch viel weiter zurück in die Vergangenheit weisen jene rätselhaften Dolmen, wie sie beispielsweise oberhalb von Latour-de-Carol stehen; von der Erdgeschichte erzählen Gletscherschliffe und Bergsturzregionen (Chaos de Targasonne).

Daß die Cerdagne heute politisch geteilt ist, geht auf den Pyrenäenfrieden von 1659 zurück; damals mußte Spanien 33 Dörfer am Oberlauf des Rio Segre an Frankreich abtreten. *Llivia* (1194 m), heute noch spanische Enklave, wurde schlicht »vergessen«, weil es bereits Stadtrechte besaß – ein Treppenwitz der Geschichte.

Von der *Ermitage de Belloc* aus ist die politische Grenze der Cerdagne nicht zu sehen, wohl aber jene der Natur: im Rücken das Carlit-Massiv, im Südosten der Puigmal (2910 m) und seine Trabanten, von Süden westwärts ziehend die langgestreckte, aus Kalk aufgebaute Kette der Serra del Cadí (2647 m), im Westen die andorranischen Berge (Puig Pedros, 2905 m). Nach Osten geht der Blick über die offene Wasserscheide des Col de la Perche (1581 m) fast bis *Mont-Louis* (1613 m), dessen mächtige Festung (17. Jahrhundert) nach Plänen von Vauban zur Sicherung der neuen Pyrenäengrenze Frankreichs erbaut wurde. Dahinter öffnet sich das Tal der *Têt*, östlicher Zugang zur Cerdagne, mit einer stark befahrenen Straße und der originellsten Eisenbahn der Pyrenäen: dem *train jaune*. Der »Gelbe Zug« verbindet Villefranche-de-Conflent mit der Cerdagne; auf der 63 km langen Gebirgsstrecke gibt es zahlreiche Tunnels und Viadukte. Im Sommer werden sogar offene Wagen eingesetzt, damit die Passagiere bei der gemütlichen Fahrt die Aussicht ungehindert genießen können – *tout pour les voyageurs*!

Der Wegverlauf

Ausgangspunkt der kleinen Runde ist *Dorres* (1431 m), ein malerisch verwinkelter Flecken oberhalb von Angoustrine, mit sehenswerter Kirche und einem hübschen Waschhaus. Man spaziert durch den Ort, biegt dann auf

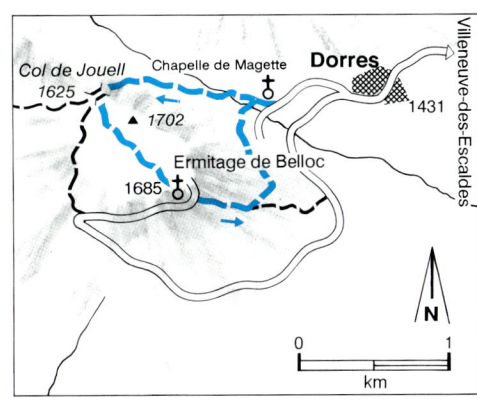

einen alten Pflasterweg ein, der – vorbei an der winzigen Chapelle de Magette – in das Tälchen des Ravin de Jouell führt. Oben am Wiesensattel des Col de Jouell (ca. 1625 m) verläßt man den rot-gelb bezeichneten Pfad (»Tour du Carlit«) und steigt links über Wiesen an zu dem breiten, weitgehend kahlen Rücken (1702 m). Die romanische Kirche von Belloc liegt etwas unterhalb des höchsten Punktes; sie duckt sich eng in eine kleine Hangmulde. Daß der Aussichtspunkt von Dorres aus auch über eine schmale Straße angefahren werden kann, stört im Sommer mitunter die Ruhe: Picknickrummel statt »Ermitage«.

Zu Fuß steigt man, die Straßenschleife abkürzend, über die offenen, baumlosen Hänge ab. Bald stößt man auf einen Ziehweg, der links zur Anstiegsroute zurückleitet.

Nützliche Informationen

Ausgangsort: *Dorres* (1431 m), hübsch gelegenes Bergdörfchen, von Villeneuve-des-Escaldes auf ordentlicher Straße bequem erreichbar, 3 km.
Anstiegsleistung: Dorres – Ermitage de Belloc: 260 m.
Gehzeiten: Insgesamt: 1½ Std. Dorres – Ermitage de Belloc: 1 Std., Abstieg: gut ½ Std.
Verkehrsverbindungen: Buslinie Bourg-Madame – Villeneuve-des-Escaldes – Font-Romeu.
Unterkunft: In *Dorres* gibt es ein kleines Hotel, in dem man auch gut ißt.
Verpflegung: Unterwegs aus dem Rucksack.
Sehenswürdigkeiten: *Four solaire* bei Odeil-

lo; Besichtigung von Mitte Dezember bis Mitte November täglich von 10–12.30 Uhr, 13.30–20 Uhr. – *Chaos de Targasonne*, Bergsturz an der Straße nach Font-Romeu.
Weitere Tourenvorschläge: Zwischen Dorres und dem Col de Jouell bewegt man sich auf einem Abschnitt der »Tour du Carlit«, einer Drei- oder Viertagewanderung rund um das Carlit-Massiv, durchgehend markiert, Gesamtgehzeit etwa 18 Stunden.
Informationen: Office du Tourisme, 66120 Font-Romeu.
Karte: IGN-Karte Pyrénées, carte de randonnées 8, »Cerdagne/ Capcir«, 1:50 000.

13 Puigmal d'Err, 2910 m

Auf den zweithöchsten Gipfel der Cerdagne

Tourencharakter: Überschreitung auf wenig schwierigen Wegen. Im Frühsommer an den nordseitigen Hängen oft noch Schnee. – Leichtes Tagespensum.
Reine Gehzeit: 4¼ Std.
Beste Jahreszeit: Mitte Juli bis Mitte Oktober.
Markierung: Im Aufstieg nur teilweise bezeichnet (Farbpunkte, Steinmännchen), Abstiegsweg mit guter gelber Markierung.

Der Puigmal ist vor allem ein Aussichtsberg, nach dem Pic Carlit (siehe Tour 11) immerhin der zweithöchste im Osten der Pyrenäen; das Gipfelpanorama kann sich sehen lassen, hat auf keinen Fall etwas mit dem wenig schmeichelhaften Namen des Berges zu tun (puig = Gipfel, mal = schlecht). Daß man auf den Höhen im Süden der Cerdagne zwar gut wandern, aber kaum klettern kann, hängt mit der Gesteinsbeschaffenheit zusammen: aus dem Erdaltertum stammender, stark verwitterter Schiefer baut hier die Bergketten auf. Wandbildungen sind selten, die Gipfel weniger schroff profiliert als im Granit oder Kalk. Das hat dem Puigmal auch ein Skigebiet beschert, »Err-Puigmal 2900« nennt es sich und besteht aus einer Zufahrtsstraße, ein paar Gebäuden und Liften. Wie feinfühlend Wintersportanlagen oft in die Natur gesetzt werden, vorab in südlichen Ländern, davon kann man sich (auch) hier ein Bild machen... Wenigstens der Puigmal selbst ist von einer winterlichen Erschließung verschont geblieben, das Panorama noch das gleiche wie immer schon: Grund genug für die leichte Runde hoch über der Cerdagne, von *Err-Puigmal* aus.

Besteigen läßt sich der Grenzberg auch von der spanischen Seite: nicht weiter, nicht schwieriger. Ausgangspunkt ist in diesem Fall *Núria* (1967 m), »autofreier« Wallfahrtsort, erreichbar nur mit einer – schon recht betagten – Zahnradbahn von Ribes de Freser (912 m). Seine Lage mitten in den katalanischen Pyrenäen hat Núria zu einem beliebten Ausflugsziel gemacht, im Sommer mit entsprechendem Rummel rund um die Wallfahrtskirche von 1911. Während des Winters wird an den kahlen Hängen fleißig gewedelt: religiöse Tradition und »just-for-fun« in friedlichem Nebeneinander...

Der Wegverlauf

Der Aufstieg zum Puigmal führt über die kleine Scharte zwischen dem Puigmal de Llo (2801 m) und dem Petit Pic de Sègre (2810 m), zunächst auf der breiten »Skistraße« talein bis zur ersten Kehre, dann auf einem Ziehweg links vom Bach aufwärts, an einer Wasserfassung vorbei. Eine halbe Stunde höher, knapp unterhalb der »Bachquelle« (*Source de la Rivière*, ca. 2380 m) stößt man auf den Hinweis »Nuria, Puigmal« und ordentliche Markierungen. Sie leiten steil bergan in den kleinen Sattel (ca. 2740 m); dahinter öffnet sich der Blick ins Tal des Sègrebachs. Zum Puigmal geht's rechts, zunächst am gutmütigen Kamm entlang zum Petit Pic de Sègre, dann auf ordentlicher Pfadspur um eine weitere kleine Graterhebung herum zum Gipfelaufbau des Puigmal und über einen Geröllhang ohne Schwierigkeiten zum höchsten Punkt.

Die Aussicht reicht tief ins spanische Pyrenäen-Vorland; im Osten zeigen sich die Gipfel des Grenzkamms, in die Tiefe gestaffelt; nicht sichtbar dagegen ist der Wallfahrtsort *Núria*. Er versteckt sich hinter dem breit aus-

Ein ganz »heißer Ofen«: der Four solaire *bei Odeillo, in dem mit Sonnenenergie Temperaturen bis zu 3500° C erzeugt werden.*

ladenden Ostrücken des Puigmal. Eine vielgezackte Horizontlinie hat man auch im Westen und Norden; der Blick geht über die Cerdagne hinweg ins Capcir, in das Ariège und zu den Gipfelketten um Andorra. An ganz klaren Tagen kann man am fernen westlichen Horizont sogar den Aneto (3404 m) ausmachen!

Bei unserem Besuch hatten wir dieses Glück nicht; der Himmel überzog sich schon um die Mittagszeit, und nach kurzer Gipfelrast mahnte fernes Donnergrollen zum Aufbruch. Aus der geplanten Kammüberschreitung bis hinaus zur Serre de l'Artigue wurde nichts; wir wählten den kürzeren Abstiegsweg vom Westgrat (Hüttenruine, ca. 2625 m), der, mit Steinmännchen und gelben Markierungen versehen, rasch und sicher hinableitet ins Tal. Doch kaum saßen wir im Auto, fielen auch schon die ersten Regentropfen, und während der Fahrt hatte der Scheibenwischer alle Mühe, für einigermaßen klare Sicht zu sorgen...

Nützliche Informationen

Ausgangspunkt: Von der N 116 führt eine breit ausgebaute Zufahrt in das Skigebiet »Err-Puigmal 2900«, Abzweigung westlich unterhalb von *Err* (1349 m), 13,5 km bis zu einem Fahrverbot knapp hinter einer Liftstation (1971 m). Ausreichend Parkmöglichkeit.

Anstiegsleistung: Parkplatz – Gipfel: 940 m.

Gehzeiten: Insgesamt: 4¼ Std.
Parkplatz – Scharte (ca. 2740 m): 2 Std., zum Gipfel des Puigmal: ¾ Std., Abstieg: 1½ Std.

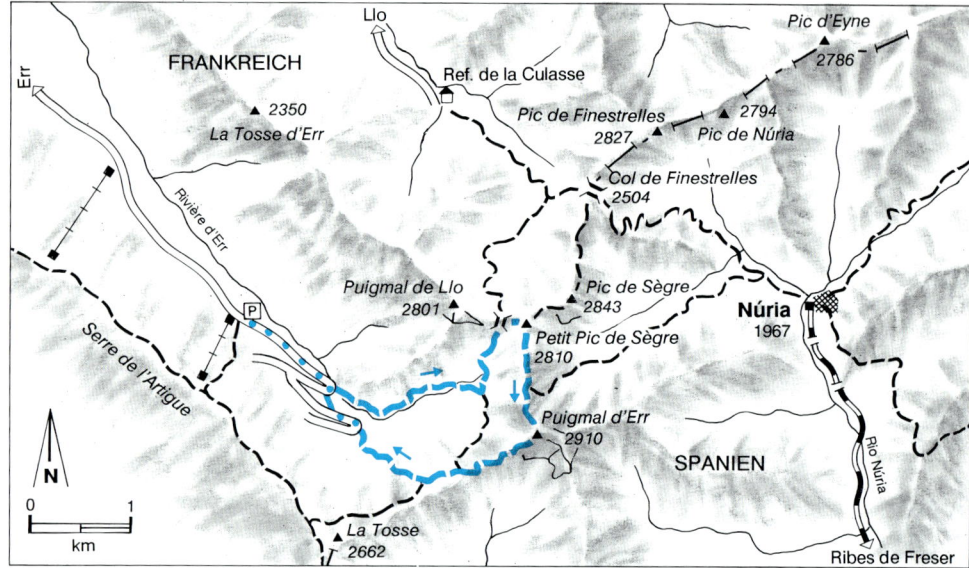

Verkehrsverbindungen: Nur mit dem eigenen Fahrzeug erreichbar, keine Busverbindung.
Unterkunft: Keine.
Verpflegung: Unterwegs aus dem Rucksack.
Weitere Tourenvorschläge: Man kann die Gipfeltour um eine Schleife über die *Serre de l'Artigue* erweitern, Gesamtgehzeit dann etwa 5½ Std. – *Puigmal* (2910 m) von *Núria* (1967 m) aus, 2½ Std., markiertes Weglein. Mit anschließender Kammüberschreitung zum Col de Finestrelles (2504 m) besonders lohnend, insgesamt etwa 5½ Std., leicht. – Vom Wallfahrtsort aus führt ein schöner Wanderweg östlich in die *Gorges del Freser*, mit anschließendem Abstieg durch die malerische Schlucht nach Queralbs (1236 m) etwa 6 Std., nur zum Teil markiert. – Die Schluchten von *Eyne* und *Sègre*, empfehlenswerte Abstecher, die man beliebig ausdehnen kann, bequeme Wege, durch die *Gorges du Sègre* führt sogar ein kleines Sträßchen.
Informationen: Über alle Belange des Tourismus in der Cerdagne informiert das Office du Tourisme in 66120 Font-Romeu.
Karten: IGN-Karte Pyrénées, carte de randonnées 8, »Cerdagne/Capcir«, 1:50 000. – IGN-Karte »Top 25« 2250 ET, »Bourg-Madame/Mont-Louis«, 1:25 000. – Editorial Alpina, »Puigmal/Núria«, 1:25 000, mit kleinem Führer (spanisch).

14 Pedraforca, 2497 m

Katalanischer Kletterzacken

Tourencharakter: Recht anspruchsvolle Bergtour, gute Kondition Voraussetzung, am Gipfel leichte Kletterei (I). – Tagestour.
Reine Gehzeit: 5 Std.
Beste Jahreszeit: Anfang Juni bis Mitte Oktober.
Markierung: Nur wenige Farbmarkierungen und Steinmännchen, aber dennoch kaum Orientierungsschwierigkeiten.

Die Pedraforca: ein isoliert aufragender Kalkgipfel, versteckt hinter der langgestreckten Mauer der Serra del Cadí, mit schroffen Flanken und einer Nordwand, die schon früh Kletterer anzog. Besonderes Verdienst um die alpinistische Erschließung erwarb sich der Katalane Lluis Estasen, und nach ihm wurde auch die Schutzhütte im Nordosten des Massivs benannt. Sie ist Ausgangspunkt für den Normalanstieg auf die Pedraforca; keine Wanderung, schon eine richtige Bergtour, in der elend langen Geröllreiße des Canal de Pedraforca sehr anstrengend, zuletzt lustig-leichte Kraxelei und eine weite Gipfelschau, südlich bis über die letzten Ausläufer der spanischen Pyrenäen hinausreichend. Bei entsprechendem Wetter allerdings nur, und das hatten wir nicht. Zwar schien unten im Tal die Sonne, doch die Gipfel steckten in den Wolken: kein Regen, aber halt auch keine Sicht. So ließen sich die steilen Nordabstürze nur ansatzweise erahnen, war von der Serra del Cadí überhaupt nichts zu sehen, auch nicht von den andorranischen Bergen, die über dem ost/west-gerichteten Kamm aufragen. Und nur ab und zu gab's einen Blick hinüber zum Pollegió Inferior (2400 m), dem »kleinen« Gipfel der Pedraforca. Erst als wir gegen Abend von Saldes (1213 m) talauswärts fuhren, zeigte sich der Berg im Rückblick, mit seinen beiden Gipfelzacken einer steinernen Gabel (=*Pedraforca*) ähnlich. Und Hildegard wollte gar nicht glauben, daß wir durch die extrem steil scheinende Rinne, den Canal, aufgestiegen waren. Oder doch, wow?!

Der Wegverlauf

Vom Mirador de Gresolet (ca. 1560 m) ist es nur ein Katzensprung zum *Refugi Estasen* (ca. 1650 m), das als Stützpunkt für alle Unternehmungen an der Pedraforca dient. Wer zum Klettern kommt, wendet sich hinter dem Schutzhaus nach Westen. Der Normalanstieg führt in die Ostflanke des Bergstocks: zunächst im Wald kurz aufwärts, dann in anregendem Auf und Ab durch die Steilflanke. Dabei gewinnt man kaum an Höhe, hat aber reizvolle Tiefblicke ins Tal des Riera de Saldes. Man quert eine mächtige Schuttreiße; ein etwas luftiges Eck verlangt erhöhte Vorsicht. Jeder Ausrutscher an dieser Stelle hätte fatale Folgen!

Öfter ausrutschen wird man dann beim weiteren Aufstieg; die rund 650 »Geröllmeter« im Canal de Pedraforca sind anders nicht zu schaffen. Und die steilen Felsmauern, die den »Kanal« einschließen, dürften schon manch saftigen Fluch gehört haben. Den Felsen macht's nichts aus, und die Gemsen, die hier leichtfüßig queren, während wir uns durch die bergsteigerische »Vorhölle« hinaufquälten, wunderten sich wohl eher über die unbeholfenen Zweibeiner...

Doch zu den Fakten: Man betritt die breite Rinne knapp unterhalb der Baumwuchsgrenze (ca. 1780 m), hat zunächst sogar eine Pfadspur, die allerdings auch bereits reichlich mit Geröll garniert ist. Einem Felsriegel im unteren Teil des Canal kann man rechts ausweichen; er läßt sich aber auch leicht übersteigen. Im Mittelteil ist der Canal noch

Auch die Pyrenäen bieten keine Schönwettergarantie! Unter dem Gipfel der Pedraforca.

spärlich begrünt, was den Aufstieg naturgemäß erleichtert, doch dann wird's zunehmend steiniger. Mit nachlassender Kondition zieht sich der Aufstieg – jeder, der in die Berge geht, kennt das: weitergehen. Zuletzt nimmt die Steigung sogar ab; eine Pfadspur leitet in die Senke zwischen dem »Unteren« und dem »Oberen Gipfel«. Nun stößt man auch wieder auf Markierungen; sie leiten rechts in die Felsen. Keine Angst, was nun folgt, wird in jedem Kletterführer mit I, also leicht, bezeichnet: eine lustige Kraxelei, gelegentliches Zuhilfenehmen der Hände, mehr nicht. Etwa 130 felsige Höhenmeter zum »krönenden« Schluß, wohlverdient nach der Schinderei, dann steht man am Gipfel, genießt (hoffen wir's!) eine stimmungsvolle Umschau: Tiefe und Weite, Nahbilder und Fernsicht in einem. Doch frage mich niemand, wie sie alle heißen, die Zacken rundum: ich hab' keinen gesehen... (siehe Einleitung).

Nützliche Informationen

Ausgangspunkt: *Mirador de Gresolet* (ca. 1560 m), Aussichtspunkt mit Parkplatz im Naturschutzgebiet »Cadí-Moixeró«, knapp 5 km von Saldes (1213 m). Den hübsch gelegenen Flecken erreicht man von Guardiola de Berguedá (südlich des Cadí-Tunnels) auf sehr gut ausgebauter Straße (15 km).
Anstiegsleistung: Mirador de Gresolet – Pedraforca: 970 m.

Gehzeiten: Insgesamt 5 Std. Parkplatz – Rifugi Estasen: 15 Min., Rifugi Estasen – Canal de Pedraforca: 40 Min., Aufstieg durch den »Kanal«: 1¾ Std., Gipfelaufbau: 20 Min. Abstieg auf dem gleichen Weg: 2 Std.
Verkehrsverbindungen: Buslinie Guardiola – Saldes – Gósol.
Unterkunft: *Rifugi Estasen* (ca. 1650 m), im Sommer bewirtschaftet. – In *Gósol* gibt es ein gutes Hotel, an der Straße nach Saldes einen Campingplatz.
Verpflegung: Unterwegs aus dem Rucksack.
Weitere Tourenmöglichkeiten: Die Pedraforca kann man auch umwandern, von Gósol (1423 m) über den *Collell* (1841 m) nach Saldes, etwa 4 Std., teilweise auf Forststraßen.
Karte: Editorial Alpina, »Serra del Cadí/Pedraforca«, 1:25 000, mit kleinem Führer (spanisch).

15 Estanys de Juclar und Crestes de Fontargent

Andorra: Berg- oder Konsumparadies?

Tourencharakter: Wanderung zu den Juclarseen leicht, Halbtagespensum. Die Überschreitung des Fontargent-Grates verlangt Bergerfahrung, Tagestour. Nur bei sicherem Wetter empfehlenswert.
Reine Gehzeit: Juclarseen 3¾ Std., Crestes de Fontargent 5¼ Std.
Beste Jahreszeit: Mitte Juni bis Mitte Oktober.
Markierung: Wege zur Collada de Juclar und Port d'Incles rot-weiß markiert; am Fontargent-Grat keine Markierungen.

Andorra. Zwergstaat zwischen Frankreich und Spanien, gerade 468 Quadratkilometer, mehr Berg als Tal. Die Legende nennt Karl den Großen als Gründer, ein Beweis fehlt. Schwarz auf weiß dagegen ist in den »Pareatges« von 1278 festgehalten, wer die Souveränität über Andorra ausübt: der Bischof von La Seu d'Urgell und der Graf von Foix (bzw. dessen Rechtsnachfolger, heute der

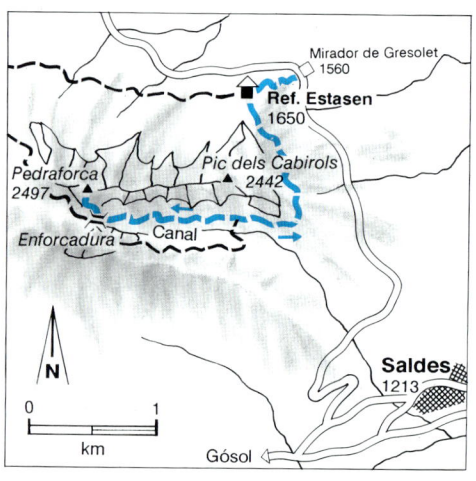

Der »exzentrischste« unter den Seen im französisch-andorranischen Grenzgebiet ist der Etang de Joclar.

französische Staatspräsident). Seit 1419 ist Andorra sogar Republik, aber nicht unabhängig. Tucholsky befand Andorra la Vella auf seiner Pyrenäenreise als arm, mit – wie er schrieb – »graubraunen, primitiven Häusern, die Feldsteine sind nicht übertüncht, sondern liegen nackt, die Ritzen sind mit Erde verstopft«; die Hauptstraße war »einen Meter fünfundsiebzig breit und höckrig«. Bei seiner Rückkehr nach Frankreich mußte er zu Fuß über den Berg, denn eine Straßenverbindung gab es damals noch nicht, die kam erst 1931. Und heute?

Ein breites Asphaltband windet sich über den *Port d'Envalira* (2408 m), oben am Paß steht – symbolträchtig – ein futuristisch anmutendes Gebäude mit riesigem Antennenstachel, der (natürlich kommerzielle) Radiosender des Landes, Drahtseile überziehen die Hänge, warten auf den nächsten Winter; bei der anschließenden Talfahrt fallen die vielen Baustellen mehr auf als die Berge rundum.

Andorra »boomt«, scheint buchstäblich außer Rand und Band. Bis auf den Verkehr, der kommt öfters zum Erliegen, was dem ziemlich fassungslosen Besucher immerhin die Möglichkeit bietet, gleich von der Straße aus mehr als nur einen flüchtigen Blick in die Auslagen der Boutiquen, Supermärkte, Schmuckgeschäfte und Spirituosenläden zu tun. Dior, Chanel, Mumm, Lacoste, Tissot, alle, alle sind sie da; wo eine Lücke in der geschlossenen Häuserfront klafft, kündet ein großes Schild vom geplanten Neubau. Und

Verwitterte Grate, ein paar grüne Flecken, Bergsturztrümmer: die Crestes de Fontargent.

diese »Zivilisation« stößt auch in die – vor ein paar Jahrzehnten noch völlig unberührten – Seitentäler vor: Baulärm, Abgase, verstopfte Straßen und aufgerissene Hänge. Ungerecht?
Nein, aber halt nur eine Seite der (ganzen) Wahrheit, denn es gibt sie, die zauberhaften Winkel, von denen die Hochglanzprospekte künden; Täler, wo noch keine Bulldozer dem Fortschritt den Weg geebnet haben, wo das Vieh mit dem Sommer auf die Almen kommt, und das *Vall d'Incles* ist so ein Fleck, nicht ganz zufällig ganz am Rand Andorras. Réduit, Natur auf dem Rückzug...

Der Wegverlauf

Beim Zeltplatz im *Vall d'Incles* gibt's bereits den ersten Hinweis auf das Wanderziel: »Estanys de Juclar«, verkündet ein Schild, nach Osten weisend. Man folgt dem breiten Schotterpfad etwa eine Viertelstunde bis zu einer Weggabelung (1927 m). Hier zweigt rechts der Zugang zur Siscaró-Hütte und zu den gleichnamigen Bergseen ab; die deutlichen rot-weißen Markierungen führen links über den Bach und dann steil bergan. Das Tal wird enger, wilder auch – steile Felsflanken, Geröll, mächtige Granitblöcke, spärliches Grün. Zur Linken baut sich der Alt de Juclar (2542 m) auf, im Talinnern wird der Crestes de Fontargent (2627 m) sichtbar, schließlich auch die Staumauer des unteren *Estany de Juclar* (2294 m). Über seinem Südufer, auf einer Anhöhe, steht eine kleine Berghütte.

Der zweite, kleinere See liegt nur unwesentlich höher; in seinen Wassern spiegeln sich die dunklen Felsen des Pic d'Escobes (2799 m). Links führt der Weg schräg über einen Wiesenhang hinauf zur *Collada de Juclar* (2442 m). Jenseits der Scharte, bereits auf französischem Boden, liegt in einem Karboden der hufeisenförmige *Etang de Joclar* (2327 m), im Grenzgrat baut sich gegen Westen hin der Crestes de Fontargent (Crête de Fontargente) auf. Man kann ihn verhältnismäßig leicht überschreiten, Trittsicherheit und Bergerfahrung sind dabei allerdings unerläßlich, beim Abstieg zum Port d'Incles ist »Blockspringen« angesagt. Der Aufstieg zur Ostkuppe (2627 m) verläuft über den südseitigen, schrofendurchsetzten Wiesenhang: nicht schwierig, aber recht mühsam. Vom Gipfel genießt man eine Rundschau, die sich weniger durch die Weite des Horizonts als durch stimmungsvolle Bilder auszeichnet.

Sehr reizvoll natürlich die Tiefblicke auf die umliegenden Seen; der *Etang de Joclar* zeigt sich allerdings von der Scharte unter dem Pic Nègre de Joclar (2627 m), zu der man nördlich absteigt, noch »exzentrischer«.

Der Weiterweg ist nicht zu verfehlen; er geht westlich durch das steile Tälchen unter der Crête de Fontargente abwärts, erst über Wiesen, dann Geröll und schließlich in »munterem« Blockhüpfen. An der Talmündung stößt man auf eine winzige Lacke, die – nach der anstrengenden Gymnastik – so recht zu einer Rast einlädt. Über den *Port d'Incles* (Port de Fontargente, 2262 m) gelangt man wieder auf andorranisches Gebiet; der Abstieg ins Vall d'Incles bildet dann den gemütlichen Ausklang der abwechslungsreichen Runde.

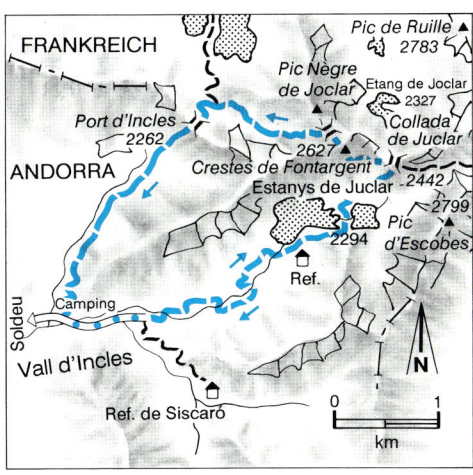

Nützliche Informationen

Ausgangspunkt: Anfahrt von Frankreich über den *Port d' Evalira* (2408 m), 43 km ab Ax-les-Thermes, von *Andorra la Vella* (1014 m) talaufwärts, 18 km. Zwischen El Tarter und Soldeu mündet von Nordosten das *Vall d'Incles*. Ein schmales, recht holpriges Schottersträßchen führt taleinwärts bis zu einem Zeltplatz (1840 m), 3 km. Parkplatz.

Anstiegsleistung: Vall d'Incles – Estanys de Juclar: 460 m, Vall d'Incles – Crestes de Fontargent: 800 m.

Gehzeiten: Insgesamt: 3 Std. (Juclarseen) bzw. 5¼ Std. (Crestes de Fontargent). Vall d'Incles – Estanys de Juclar: 1¾ Std., Abstieg auf dem gleichen Weg: 1¼ Std., Estanys de Juclar – Crestes de Fontargent: 1¼ Std., Abstieg zum Port d'Incles: 1¼ Std., Port d'Incles – Vall d'Incles: 1 Std.

Verkehrsverbindungen: Buslinie Andorra – Port d'Envalira – Pas de la Casa; Haltestelle am Eingang ins Vall d'Incles, unterhalb von Soldeu.

Unterkunft: Unbewirtschaftete Hütte am unteren Juclarsee; ständig zugänglich.

Verpflegung: Unterwegs aus dem Rucksack.

Weitere Tourenvorschläge: Andorra bietet, das sei hier nicht unterschlagen, eine Fülle von Tourenmöglichkeiten. Auskünfte, Karten- und Führermaterial erhält man in der Casa de la Vall (Fremdenverkehrsamt) in Andorra la Vella. Lohnende Wanderreviere finden sich vor allem im Süden (Vall Madriú), im Westen, wo mit dem *Pico de la Coma Pedrosa* (2942 m) der höchste Gipfel des Landes steht (4½ Std. von Arinsal, wenig schwierig), und im Norden, rund um den *Pico de l'Estany* (2915 m), der als einer der schönsten Aussichtsberge Andorras gilt. Eine prächtige Schau über Gipfel und Täler des Zwergstaates bietet der *Pic de Casamanya* (2740 m).

Informationen: Oficina de Turismo, Andorra la Vella.

Karten: »Andorra«, 1:50000. – IGN-Karte Pyrénées, carte de randonnées 7, »Haute Ariège/Andorre«, 1:50000.

16 Foix und die Höhlen des Ariège

Die faszinierende »Unterwelt« der Pyrenäen

> **Tourencharakter:** Stadtbummel, geführte Exkursionen, kleine Wanderungen. – Halbtagsunternehmungen im Ariège.
> **Zeitaufwand:** 2 bis 4 Std. (dazu Anfahrt, von Foix aus bis zu 35 km).
> **Beste Jahreszeit:** Im Prinzip ganzjährig möglich, Höhlenführungen finden allerdings nur von Frühling bis Herbst statt.

Wie ein Besuch im »Cirque des cirques« (Gavarnie) oder in Lourdes gehört auch eine Exkursion in die »Tiefe« zum Programm einer Pyrenäenreise. Denn einige der großen Sehenswürdigkeiten liegen im Bergesinnern: Höhlen, vom Wasser in Jahrtausenden aus dem Kalkgestein herausgearbeitet. Manche sind erschlossen, können besichtigt werden; andere waren bereits unseren Vorfahren bekannt, die an den Wänden ihre Kunst hinterließen: *Niaux* etwa ist berühmt für seine über 10000 Jahre alten Felszeichnungen, *Lombrives* gilt als eine der größten Höhlen Europas, *Labouiche* ist ein unterirdischer Flußlauf, *Mas d'Azil* dürfte als natürlicher Tunnel (mit Straße) einzigartig sein, und die Grotte von *Bédeilhac* diente im Zweiten Weltkrieg sogar als Flugzeugfabrik…

All diese »versteckten« Naturwunder kann man sehr gut von *Foix*, der alten Hauptstadt des Ariège, aus besuchen, wie auch *Montségur*, die sagenumwobene Zuflucht der Katharer, die südlich von Lavelanet auf einem isolierten Bergkegel thront.

Daß das *Ariège*, immerhin vom Pyrenäen-Hauptkamm bis an den nördlichen Gebirgsrand reichend, auch ein abwechslungsreiches Tourenrevier ist, soll hier nicht vergessen werden. Als hervorragende Aussichtspunkte gelten der *Pic des Trois Seigneurs* (2199 m) und der *Pic de St-Barthélemy* (2348 m). An der Dent d'Orlu (2222 m), dem »Petit Dru des Pyrénées«, gibt es mehrere extrem anspruchsvolle Kletterrouten.

Foix (380 m), der Hauptort des Département Ariège, ist ein typisches französisches Provinzstädtchen mit etwa 10000 Einwohnern. Über dem historischen Ortskern, den die Ariège und ihr Zufluß, der Arget, umgrenzen, thront das mächtige Schloß, mit seinen drei Türmen Wahrzeichen der Stadt. An der breiten Allée de Villote, auf der jeden zweiten

Die Höhle von Niaux ist berühmt für ihre prähistorischen Felsmalereien.

Die Höhle von Lombrives zeigt faszinierende Tropfsteinbildungen. Hier das »Mammut«.

Montag lebhaftes Markttreiben herrscht, stehen ein paar Repräsentationsbauten des letzten Jahrhunderts; draußen, auf der »grünen Wiese« ist Foix am modernsten: Supermarchés für die Region.

Im Sommer gibt sich »tout Foix« mittelalterlich; man feiert die »journées médiévales«, Szenen aus dem Leben von Graf Gaston III. von Foix. Gaston Phoebus, wie er seines leuchtend roten Haars wegen genannt wurde, muß ein ganz wilder Kerl gewesen sein; jedenfalls liefern seine Eskapaden Stoff für allerhand Unterhaltung im Foix unserer Zeit: Ritterspiele, Feuerwerk, alte Musik, historische Umzüge, einen mittelalterlichen Markt.

Verkehrsverbindungen: Foix liegt an der internationalen Bahnlinie Toulouse – Puymorens – Barcelona. Busverbindungen mit den umliegenden Ortschaften.

Musée de l'Ariège (Landesmuseum des Ariège), im Schloß; geöffnet Juli/August 9.45–18.30 Uhr, Juni und September 9.45–12, 14–18.30 Uhr, Oktober bis Mai 10.30–12, 14–18 Uhr.

Auskunft: Office du Tourisme, 45, Allées de Vilotte, 09000 Foix.

Grotte de Niaux
Die Höhle ist vor allem berühmt für ihre prähistorischen Felszeichnungen, die man – im Gegensatz zu Lascaux – noch original besichtigen kann. Ihr Alter wird auf gut 10 500 Jahre geschätzt; es handelt sich vor allem um Darstellungen von Wildtieren. Niaux (547 m; Bauernmuseum) liegt 21 km südlich von Foix in der Vallée de Vicdessos. Höhlenführungen finden statt: Juli bis September täglich 8.30–11.30 Uhr, 13.30–17.15 Uhr, Oktober bis Mai 11, 15 und 16.30 Uhr; Voranmeldung ist empfehlenswert, Tel. 61 05 88 37.

Grotte de Lombrives
Lombrives, dessen verzweigtes Höhlensystem mit Niaux verbunden ist, beeindruckt vor allem durch prächtige Tropfsteinbildungen (z.B. das »Mammut«); sie diente in prähistorischer Zeit als Zufluchts- und Kultstätte. Für die Behauptung, Lombrives hätte den Katharern als letzte Zuflucht gedient, fanden sich keinerlei Beweise. Zufahrt von Foix via Tarascon-sur-Ariège nach Ussat-les-Bains, 20 km. Täglich Führungen von Mai bis Anfang Oktober; ein »Bähnchen« transportiert die Besucher zum hochgelegenen Höhleneingang.

Grotte de Bédeilhac

Prähistorische Felszeichnungen gibt es auch in der Höhle von Bédeilhac zu sehen; sie sind allerdings nicht so gut erhalten wie jene von Niaux. Bédeilhac liegt knapp 5 km nordwestlich von Tarascon-sur-Ariège an der Straße zum Col de Port (D 618).
Führungen finden statt: April, Mai, Juni, September täglich außer dienstags um 15 und 16.30 Uhr, Juli/August täglich 10–18 Uhr.

Rivière souterraine de Labouiche

Eine Flußfahrt in die »Unterwelt« gefällig? Auf der Labouiche, deren Quellen unbekannt sind (bis heute wurden 4,5 Kilometer des Wasserlaufs erforscht), kann man die bizarre Höhlenwelt vom Boot aus erleben: Zuflüsse, Wasserfälle, prächtige Sinterbildungen. Die Mündung des unterirdischen Flusses liegt etwa 6 Kilometer nordwestlich von Foix, Zufahrt über die D 1.
Führungen Mai bis September täglich 10–12, 14–18 Uhr, Juli/August 9.30–18 Uhr, im Oktober sonntags 10–12, 14–18 Uhr.

Grotte du Mas d'Azil

Ein absolutes Kuriosum bildet die Grotte von Mas d'Azil, ein natürlicher Tunnel, groß genug, daß neben dem Bach Arize auch noch die Straße hindurchführt! Fast 500 Meter lang und bis zu 70 Meter hoch ist dieses Riesenloch; es diente seit Urzeiten den Menschen als Unterschlupf. In dem prähistorischen Museum (natürlich auch im Bergesinnern!) werden verschiedene Funde gezeigt; vom Südeingang kann man auf schmalem Weglein zu einer Plattform über dem Portal hinaufsteigen – nur für Schwindelfreie!
Das Museum in der Grotte du Maz d'Azil ist geöffnet: April bis Mitte Juni sonntags 10–12, 14–18 Uhr, Mitte Juni bis Ende September täglich 10–12, 14–18 Uhr. Zufahrt von Foix via La Bastide-de-Sérou, 35 km.

Château de Montségur, 1200 m

Auf einem isolierten Bergkegel nördlich über dem gleichnamigen kleinen Dorf erhebt sich die sagenumwobene Katharerburg. Zufahrt von Foix über Nalzen und Montferrier, 30 km. Zu Fuß steigt man in einer halben Stunde auf zu der Ruine, die den Gipfel krönt, »wie ein seltsamer Steinsarg, einfach, nackt, leer...« (M. Roquebert) – Symbol für die Idee und das Ende der Katharer? (vgl. Tour 7).
Kleines Museum im Ort Montségur, geöffnet April bis September täglich 10–13, 14–19 Uhr.

Karte: Für die skizzierten Ausflüge empfiehlt sich die Mitnahme der Michelin-Straßenkarte, Blatt 86 »Luchon/Andorre/Perpignan«, 1:200 000.

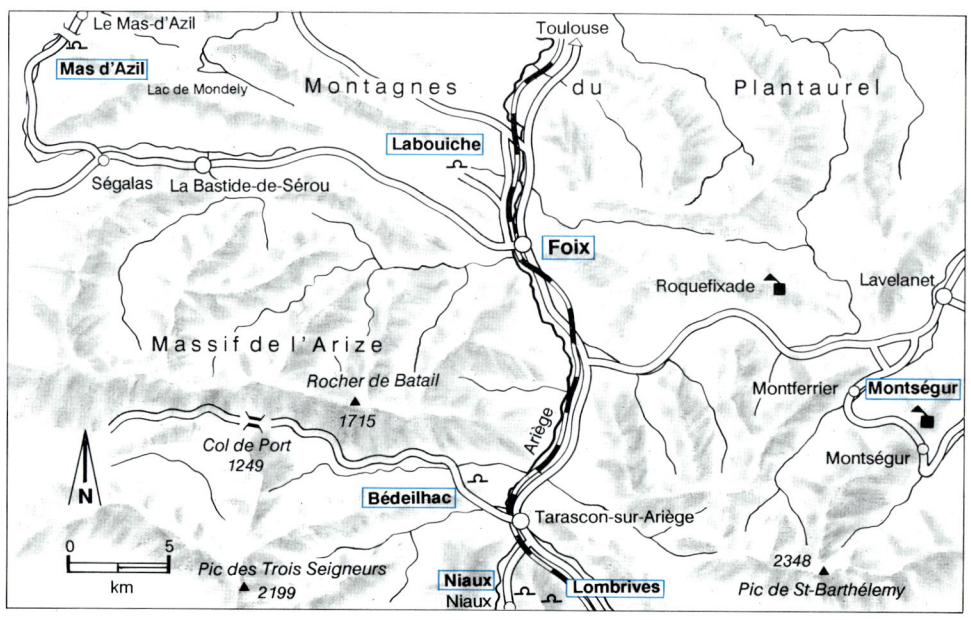

17 Mont Roig, 2848 m

Der große Einsame: Grenzberg im »Niemandsland«

> *Tourencharakter:* Lange, recht anspruchsvolle Gipfeltour, Trittsicherheit und Bergerfahrung notwendig. Bei Nebel einige Orientierungsprobleme. – Große Tagestour.
> *Reine Gehzeit:* 8 Std.
> *Beste Jahreszeit:* Anfang Juli bis Mitte Oktober.
> *Markierung:* Bis zum Planell de Sartari Fahrweg, oberhalb des Estany de la Gola nur mehr Pfadspuren und (teilweise spärliche) Markierung durch Steinmännchen.

Er ist schon ein rauher Geselle, der Mont Roig, der sich doppelgipflig im Hauptkamm der Pyrenäen erhebt. Weite Wege hat man bei seiner Besteigung zu gehen, auf der französischen Seite ebenso wie beim Aufstieg von Süden, aus dem Tal der Noguera Pallaresa. Ausdauer und einen sicheren Tritt braucht's, auch etwas Orientierungssinn, ist der Anstieg doch recht kompliziert. So kommt der Gipfel erst am Coll Curiós (2428 m) ins Blickfeld, nach bereits recht langem Anmarsch. Die Landschaft hat einen herb-eigenwilligen Charme, der recht gut zur Stille rundum paßt, die höchstens ab und zu vom Blöken weidender Schafe oder vom Warnpfiff eines Murmeltiers unterbrochen wird. Also wenig Besucher in diesem abgelegenen Winkel der Pyrenäen, ganz im Gegensatz zu den benachbarten Aigües Tortes; uns ist den ganzen Tag niemand begegnet. Das hat nicht weiter gestört; weniger erfreut waren wir über das Wetter: wenig Sonne, Nebel, ein paar Regengüsse – und kaum Aussicht am Gipfel. Schade, denn das Panorama vom Roig/Ruch wird von Kennern als besonders interessant bezeichnet. Ein Blick auf die Landkarte belegt die zentral-günstige Lage des Berges, läßt die Weite des Horizonts ahnen. Im näheren Umkreis überragt ihn nur einer deutlich, der Pic d'Estats (3143 m), mit seinem Trabanten, dem Montcalm (3078 m), östlichster Dreitausender der Pyrenäen überhaupt. Am westlichen Horizont zeigen sich dann gleich mehrere Hauptgipfel des Gebirges: Aneto (3408 m), Posets (3371 m), Pic Perdiguière (3222 m), Pic Long (3192 m) und Pic Néouvielle (3091 m); im Südwesten stehen die hohen, zersplitterten Kämme der Aigües Tortes. Besonders reizvoll ist aber der Blick nach Norden, ins französische *Couserans*, in seine tiefen Täler, die (namenlosen) Grate und Kämme, und hinaus in die sonnenverwöhnte Weite des Midi.

Der Wegverlauf

Das Tal des Riu Unarre ist bis hinauf zum stimmungsvollen *Planell de Sartari* (1962 m) durch ein schmales Sträßchen erschlossen, das seinen Ausgangspunkt wenig unterhalb von *Cerbi* (1420 m) hat und im Zusammenhang mit den Kraftwerksbauten im Quellgebiet des Unarre-Bachs angelegt wurde. PS-starke Allradler bewältigen die gut 5 Kilometer lange Strecke ebenso wie Mountainbiker ohne Probleme; wer zu Fuß talein wandert, hat dafür mehr Muße, die »Bilder der Landschaft« aufzunehmen: verlassene Felder im Talboden, einst terrassiert und mit Steinmauern parzelliert, steile, felsige Hänge, grün, braun und grau, das Rauschen eines Bachs. Links wird auf einer Anhöhe über der Mündung des Riu del Nyiri die uralte Eremita de Sant Beado (1660 m) sichtbar, heute wie vor Zeiten ein garantiert einsamer Platz, im Talinnern sind zwei winzige Türmchen auszumachen. Ihre Bedeutung bleibt vorerst im dunklen; erst nach dem Serpentinenanstieg über den Steilhang hinter dem Planell-Boden wird eine Erklärung für die seltsamen »Ruinen« geliefert: es handelt sich um zwei Pfeiler eines unvollendeten Staudamms, mit dem wohl das Speichervolumen des *Estany de la Gola* (2249 m) hätte vergrößert werden sollen. Weshalb dieses Vorhaben dann aufgegeben wurde, weiß ich nicht; man kann die Ruine auch als Mahnmal wider den menschlichen Erschließungswahn verstehen…

Ein ordentliches Weglein führt über dem westlichen Ufer des meist halbleeren Speicherbeckens weiter talein; rund 100 Meter höher liegt der (natürliche) *Estany Calverante* (2364 m), in dessen grünen Wassern sich die

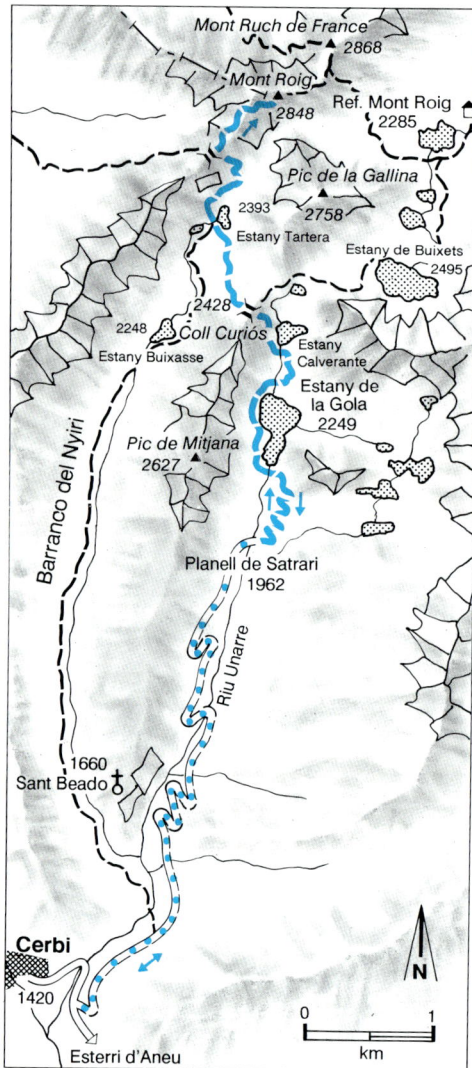

traverse zum *Estany Tartera* (2393 m), anschließend über eine steile Hangstufe hinauf zum Südwestgrat des Ruig. Man betritt ihn etwas oberhalb einer wenig ausgeprägten Senke, und folgt dann, Aufschwünge jeweils links umgehend, dem Kammrücken in die Westflanke. Steigspuren und Steinmännchen leiten zum Gipfelaufbau, über den man – gelegentlich die Hände zu Hilfe nehmend – rasch das große Vermessungszeichen erreicht: 2845,63 Meter signalisiert es: Was für eine Präzision! Da erblassen sogar die berühmt exakt arbeitenden Kartographen aus dem Lande Tells vor Neid... Der Gipfel, von einem Grenzstein geschmückt, ist mit seinen 2848 m immer noch nicht der höchste Punkt; der findet sich eine halbe Stunde weiter nordöstlich am Grenzkamm: *Mont Ruch de France*, 2868 m, der französische Gipfel des Bergstocks. Also etwas für Gipfelsammler! Wir haben auf den Spaziergang verzichtet, vor allem wegen des Wetters, braute sich über den Aigües Tortes doch bereits ein neues Unwetter zusammen: Hinab ins Tal, vielleicht geht's wenigstens beim Rückweg ohne Dusche ab (natürlich nicht, aber es war trotzdem eine schöne Tour).

umliegenden Gipfel spiegeln. Der *Coll Curiós* (2428 m) leitet dann über in den Talschluß des Barranco del Nyiri; gut 15 Minuten vom Seeabfluß – sofern man den Weg nicht verfehlt. Einzige Hinweise sind ein paar Steinmännchen. Oben am Paß kommt – endlich! – der Mont Roig ins Blickfeld, ein massiger Klotz: Wiesengrün, Schrofen und dunkle Felsen, über dem innersten Nyiri-Tal stehend.

Auch der Weiterweg läßt sich überschauen: aus der Senke zunächst etwa 70 Meter schräg abwärts, dann in leicht ansteigender Hang-

Nützliche Informationen

Ausgangspunkt: *Cerbi* (1420 m), winziges Bergnest oberhalb von Esterri d'Aneu (948 m), mit guter Zufahrt via Unarre (1218 m), 7 km. Ein paar hundert Meter vor Cerbi zweigt rechts die »pista« zum Planell de Sartari ab (kleine Hinweistafel »Gola«). Parkmöglichkeit an der Straße.
Anstiegsleistung: Cerbi – Mont Roig: 1600 m (inklusive Gegensteigungen am Coll Curiós).
Gehzeiten: Insgesamt 8 Std.
Cerbi – Planell de Sartari: 2 Std., Planell de Sartari – Estany de la Gola: ¾ Std., Estany de la Gola – Estany Tartera: 1 Std., Estany Tartera – Mont Roig: 1¼ Std.;
Abstieg auf dem gleichen Weg: 3 Std.
Verkehrsverbindungen: Esterri d'Aneu erreicht man mit dem Bus; Taxi im Ort.
Unterkunft: Keine.

Eine Landschaft von herb-eigenwilligem Reiz: am Weg zum Mont Roig. Im Bild der Estany Tartera, links der Bildmitte der Coll Curiós.

Verpflegung: Unterwegs aus dem Rucksack.
Weitere Tourenvorschläge: Für den Rückweg bietet sich alternativ der Abstieg vom *Estany Tartera* (2393 m) durch den Barranco del Nyiri an, spärlich mit Steinmännchen markiert, etwa 2 Std. bis Cerbi. – Den *Mont Roig* kann man auch von Osten, aus dem Vall de Cardós, besteigen. Zufahrt über Lladorre (1052 m); hinter Tavascan (1125 m) folgt man der Werkstraße in das gegen Norden ansteigende Seitental des Riu de Tavascan, bis über die Serpentinen oberhalb von Noarre (1592 m) leidlich gut befahrbar, insgesamt von *Llavorsi* (810 m) etwa 29 km. Auf rot markiertem Weglein zum (unbewirtschafteten) *Refugi-Bivac Mont Roig* (2285 m) am Estany de la Gallina, und über eine steile Wiesen- und Schrofenflanke zum Gipfelgrat; insgesamt etwa 3 Std.
Informationen: Auskünfte erhält man in Esterri d'Aneu, wo es mehrere Hotels und einen Campingplatz gibt.

18 Tuc de Mauberme, 2880 m

Nur für »Langläufer«

> **Tourencharakter:** Gipfelbesteigung mit langem Anmarsch, zuletzt ganz leichte Kraxelei, mit reichlich Geröll garniert. Großes Tagespensum.
> **Reine Gehzeit:** 7½ bzw. 8½ Std. (mit Abstecher zu dem Bergwerk am Tuc de l'Home).
> **Beste Jahreszeit:** Ende Juni bis Mitte Oktober.
> **Markierung:** Bis zum Llac de Montoliu alte Werkstraße, Weiterweg mit Steinmännchen markiert. Querverbindung zum verfallenen Bergwerk am Pic de l'Homme problemlos zu finden.

Der Tuc de Mauberme (2880 m), vom verfallenen Bergwerk am Tuc de l'Home aus gesehen. Rechts unter dem Gipfel der Port d'Urets; der Anstieg verläuft über die bildabgewandte »Rückseite« des Bergstocks.

Karten: Editorial Alpina »Montgarri/Mont Valier«, 1:25000, mit kleinem Führer (in spanisch). – Editorial Alpina »Pica d'Estats/Mont Roig«, 1:25000, mit kleinem Führer (nur für den Ostanstieg zum Mont Roig).

Alle Blicke sind nach Süden gerichtet, auf das »Wunderland« der *Aigües Tortes* mit seinen zahllosen Seen und den zersplitterten Granitgraten: Bergsteigerparadies. Und im Norden des Vall d'Aran? Abgerundete, kahle Buckel, vielversprechende Skiziele, aber im Sommer?

Wir haben uns aufgemacht zum *Tuc de Mauberme* (Pic de Maubermé), dessen dunkler, felsiger Gipfel sich ganz hinten über dem Vall Unyola erhebt, gut versteckt und erst nach langem Anmarsch ins Blickfeld kommend. Ganz anders zeigt sich der Grenzberg vom französischen Norden aus, da steht er beherrschend über der Vallée du Biros, höchster Gipfel des Couserans mit einer immensen Rundschau, die vom Massif du Néouvielle bis zu den Andorraner Bergen reicht. Bei ganz klarem Wetter soll man im Norden sogar das Häusermeer von Toulouse ausmachen können...

Doch bis dahin ist es ein weiter Weg, auch von Süden, von Spanien aus, etwa 3½ Stunden bis zum *Llac de Montoliu*, dann nochmals 1½ Stunden zum Gipfel, am Anfang fast etwas monoton, mit dem in eine weite Mulde eingebetteten Bergsee als erste Überraschung. Und spätestens oberhalb des *Coll de Mauberme*, wenn die Sicht nach Westen sich auftut, ist der recht mühsame Zugang verges-

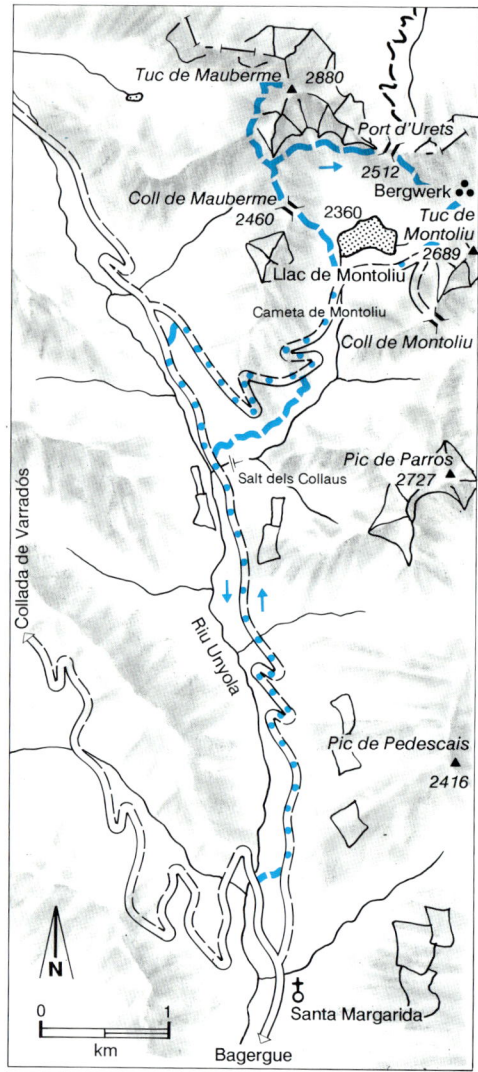

den Montoliusee und in die Aigües Tortes, von der »Pforte« nördlich ins Couserans, dazu als besondere Attraktion das verfallene Bergwerk am Tuc de l'Home, mit pittoresken Ruinen, mehreren Stollen und verfallenden Bahntrassen. Und wenn man dann anfängt, in den großen Abraumhalden nach Mineralien zu suchen, wird der Tag sehr bald zu kurz…

Der Abbau erfolgte zuerst von der französischen Seite her; das Erz wurde über eine Seilbahn vom Port d'Urets in die innerste Vallée du Biros befördert. Erst später bauten die Spanier dann die Straße aus dem Vall d'Aran herauf. Ihr folgt man auch beim Rückweg, und da kommt einem dann nach längstens einer halben Stunde unweigerlich der Gedanke, wie praktisch jetzt ein Mountainbike wäre: eine lustige Talfahrt statt eines langen, ermüdenden »Hatschers«, schon wäre man unten… Das nächste Mal denken wir rechtzeitig daran, garantiert! (Anmerkung: Natürlich kann man ein Bergrad im Vall d'Aran auch mieten.)

Der Wegverlauf

Der Anstieg zum *Llac de Montoliu* wird weitgehend durch die alte Knappenstraße vorgezeichnet, die ihren Ausgangspunkt etwa 1,5 Kilometer hinter dem malerisch-verwinkelten Weiler *Bagergue* (1419 m) hat. Sie gewinnt an der östlichen Talflanke stetig an Höhe; nach 1½ Stunden ist der *Callaus-Wasserfall* (*Cascada,* ca. 1910 m) erreicht – ein einladender Rastplatz mit schönem Blick auf das langgestreckte Tal, über dessen Hintergrund der Grenzberg Tuc de Serra Alta (2713 m) steht. Die Straße beschreibt eine weit ausholende Schleife; wen es mit Macht gipfelwärts zieht, der kann hier abkürzen. Kümmerliche Pfadspuren leiten rechts über den steilen, felsdurchsetzten Wiesenhang aufwärts. In der *Cometa de Montoliu* (ca. 2150 m) stößt man wieder auf die Fahrspur; eine halbe Stunde später kommt – endlich! – der *Montoliusee* (2360 m) ins Blickfeld, mit ihm auch

sen. Vor uns liegen die grünen Böden im Quellgebiet des Riu Unyola mit dem seichten Estany de Liat (2130 m), umstanden von einem Gipfelkranz, darüber und dahinter dann die Parade der Majestäten: Pic du Midi de Bigorre (2872 m), Pic de Néouvielle (3091 m), Pic Long (3192 m), Vignemale (3298 m), Monte Perdido (3355 m), Posets (3375 m), Aneto (3404 m), im Süden die hohen Grate der Aigües Tortes (Besiberri, 3030 m).

Für den Abstieg bietet sich als reizvolle Alternative der Umweg über den *Port d'Urets* (2512 m) an: nochmals Aussicht, hinab auf

Vom alten Bergwerk unter dem Tuc de l'Home sind nur mehr Ruinen übriggeblieben. Im Hintergrund der Tuc de Mauberme (2880 m).

Wasserspiel am Weg ins Tal des Riu Unyola.

das Gipfelziel: ein abweisend steiler Klotz aus dunklem Fels, hoch über seinem grünen Sockel in den Himmel ragend, rechts mit einem zersplitterten Grat zum Port d' Urets (2512 m) abfallend. Der Normalweg führt links um den Berg herum, vom Seeabfluß zunächst durch ein winziges Tälchen in den *Coll de Mauberme* (ca. 2460 m), dann quer über einen Schrofenhang zum Fuß des Mauberme, wo rechts das vom Port d'Urets herüberkommende Weglein mündet.

Steinmännchen weisen nun aufwärts und in die felsige Westflanke. Die (angenehme) Spur verliert sich allmählich im (unangenehm lockeren) Geröll – mühsam: zwei Schritte vorwärts, einer zurück. Die schwarz eingefärbte Felskulisse rundum, bizarr zersplittert, wird zum Spiegel der eigenen Gemütsverfassung. Doch nur kurz, dann signalisiert das Vermessungszeichen, daß man ganz oben ist: 2880 Meter hoch – Tiefe rundum, und ein berauschend weites Panorama.

Wenn es die Zeit (und Kondition) erlaubt, kann man beim Abstieg das verfallene Bergwerk am *Tuc de l'Home* (Pic de l' Homme, 2703 m) besuchen: auf fast eben verlaufendem Weglein hinüber in den Port d'Urets (2512 m), dann – einer Bahntrasse folgend – durch drei kurze Tunnels (Kopf einziehen!) ins Werksgelände: Stolleneingänge, Abraumhalden und eine große Hausruine bilden ein gespenstisches Ensemble. Natürlich würden wir hier gerne noch eine Weile herumstöbern, doch mächtige Wolkentürme über den Aigües Tortes mahnen zum Rückzug. Über Geröll und einen Wiesenhang steigen wir ab zum Montoliusee, zur Straße.

Nützliche Informationen

Ausgangspunkt: Von Salardú (1268 m) führt ein Sträßchen zum Dörfchen *Bagergue* (1419 m), dann weiter taleinwärts, an der Abzweigung der alten Bergwerksstraße vorbei, bis zur Brücke über den Riu Unyola (ca. 1505 m), insgesamt 4,5 km. Parkmöglichkeit. Rechts über den Wiesenhang in wenigen Minuten hinauf zu dem Fahrweg.
Anstiegsleistung: Vall Unyola – Tuc de Mauberme: 1380 m.
Gehzeiten: Insgesamt: 7½ bzw. 8½ Std. Vall Unyola – Llac de Montoliu: 3 Std., Llac de Montoliu – Tuc de Mauberme: 1½ Std.,
Abstieg auf dem gleichen Weg: 3 Std., mit dem Abstecher zum Bergwerk: 4 Std.
Verkehrsverbindungen: Eine Buslinie verbindet die Ortschaften des Vall d'Aran miteinander (Viella – Arties – Salardú).
Unterkunft: Keine.
Verpflegung: Unterwegs aus dem Rucksack.
Weitere Tourenmöglichkeiten: Rund um das Vall Unyola gibt es zahlreiche lohnende Gipfelziele, fast durchwegs leicht zu besteigen, allerdings überwiegend weglos und entsprechend mühsam. Gute Aussicht bieten der *Tuc dels Armeros* (2516 m) und der *Tuc de la Pincela* (2517 m), beide mit wenig schwierigen Anstiegen über das Pla de Moredo (2019 m; Almstraße ab Bagergue). Für Mountainbiker ist der *Estany de Liat* (2130 m) im Quellgebiet des Riu Unyola ein dankbares Ziel (ca. 15 km ab Salardú).
Natürlich kann man den *Pic de Maubermé* auch von Norden, vom Couserans aus, besteigen – eine lange, recht anspruchsvolle Tour. Zufahrt durch die Vallée de Biros bis hinter Eylie (893 m), Aufstieg über das unbewirtschaftete Refuge d'Urets (1947 m), 5 Std.
Informationen: Oficina de Turismo Salardú.
Karte: Editorial Alpina, »Vall d'Aran«, 1:40000, mit kleinem Führer (spanisch). – IGN-Karte Pyrénées, carte de randonnées 6, »Couserans«, 1:50000.

19 Rund um die Agulles d'Amitges

Zwei Tage in den Aigües Tortes

Tourencharakter: Große Runde über mehrere Scharten im Nordosten der Aigües Tortes. Längere weglose Abschnitte, viel Blockgelände, anstrengend. – Zweitagetour.
Reine Gehzeit: 10¼ Std.
Beste Jahreszeit: Ende Juni bis Anfang Oktober.
Markierung: Teilweise Farbmarkierung, zwischen dem Port de la Ratera, dem Refugi Mataro und dem Refugi d'Amitges nur Steinmännchen.

Aigües heißt Wasser. Es prägt dieses Granitgebirge, das sich zwischen den Tälern der Noguera Ribagorçana und der Noguera Pallaresa erhebt, an die 3000 Meter hoch. Wasser, nicht nur in den Talböden, wo die Rinnsale oft lustig mäandern (= Aigües Tortes); in fast jedem Karwinkel blinkt ein See, klein oder größer, mancher auch aufgestaut. Insgesamt zählt man zwischen dem Montardo (2830 m) und dem Pico del Peso (2894 m) über 200 Bergseen, die Lacken nicht einmal mitgerechnet!
Kein Wunder, daß die *Aigües Tortes* Besucher aus nah und fern anlocken, Wanderer, Bergsteiger und vor allem Ausflügler en masse. Deshalb meidet man in der Zeit von Mitte Juli bis Ende August mit Vorteil das klassische Tor zum *Parque Nacional de Aigüestortes y de Sant Maurici*: Stau auf der Zufahrt von Espot herauf, totales Chaos am Straßenende beim Sant-Maurici-Stausee. Da wendet sich der Naturfreund mit Grausen...
Den besseren Einstieg in diese faszinierende Bergregion vermittelt die Straße über den *Port de la Bonaigua* (2072 m), Hauptverbindung zwischen dem Vall d'Aran und den Ortschaften am Oberlauf der Noguera Pallaresa: ruhiger, und dazu noch schöner. Eine große Runde, lang genug für zwei genußvolle Wandertage, führt rund um die *Agulles d'Amitges*. Man überquert dabei mehrere hochgelegene Scharten, genießt Ein- und

Ausblicke in viele versteckte Winkel des Massivs, auf die Berge rundum, bis zur Grenzkette im Norden (Tuc de Mauberme, 2880 m; Mont Roig, 2848 m) und zum Aneto im Westen.

Wendepunkt der Runde ist das *Refugi d'Amitges* (2380 m) am »Großen See«, dem aufgestauten Estany Gran (2362 m), wo man von der Einsamkeit wieder zurückkehrt unter die Massen. Die moderne und gut bewirtschaftete Hütte ist im Hochsommer dem Ansturm oft kaum gewachsen... Wer hier nächtigen möchte, tut gut daran, sich telefonisch einen Schlafplatz zu reservieren.

Nur »self service«, dafür entschieden mehr Ruhe bietet das *Refugi Mataro* (2460 m) im oberen Vall Gerber, auf einer Felsinsel vor einem Halbrund zerklüfteter Gipfel thronend, genau der richtige Platz für eine Nacht, sauber und im Spätsommer und Herbst – Wochenende ausgenommen – fast immer einsam. Wer am Nachmittag zu der Selbstversorgerhütte aufsteigt, hat am Tag danach zwar ein etwas größeres Pensum, aber (möglicherweise) keine schlaflose Nacht hinter sich. Und eine Flasche Wein für den Abend kann man ja auch mitnehmen. (Da man beim Rückweg anderntags wieder bei der Hütte vorbeikommt, bietet auch die Entsorgung kein Problem.)

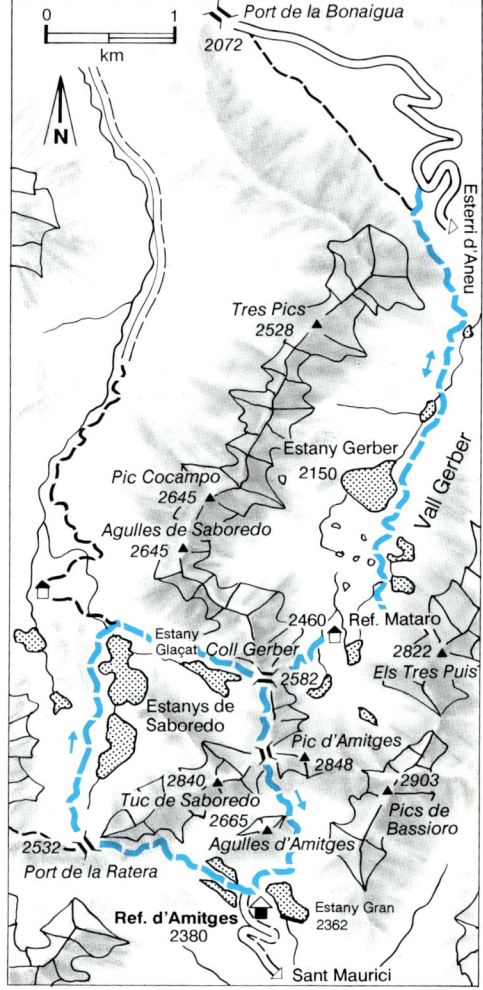

Der Wegverlauf

Port de la Bonaigua – Refugi d'Amitges (5¼ Std.)

Von der Ostrampe der Paßstraße (ca. 1920 m) steigt man über Wiesen zunächst auf zu dem Weg, der, fast eben verlaufend, vom Port de la Bonaigua (2072 m) zur Mündung des *Vall Gerber* führt. Eine halbe Stunde höher stößt man im Wald auf den ersten kleinen See, wenig später schon auf den zweiten. Wesentlich größer ist dann der *Estany Gerber* (2150 m), malerisch in einen Talkessel eingebettet, westlich überragt vom Pic Cocampo (2645 m) – ein Kalenderbild. Daß in der spanischen Landkarte an dieser Stelle ein Speicherbecken – »futur embassement« – eingezeichnet ist, können wir nur für einen schlechten Scherz halten...

Der grün-gelb markierte Pfad steigt über dem östlichen Seeufer an zur nächsthöheren Talstufe mit dem »Hufeisensee« und ein paar weiteren Lacken sowie einem Prachtblick auf den markanten Zackengrat der Agulles de Saboredo (2645 m). Das *Refugi Mataro* (2640 m) ist noch nicht zu sehen; es steht auf einer felsigen Anhöhe zwischen dem Estany Llong und dem Estany Negre, vor einer imposanten Felskulisse (Pics de Bassiero, 2903 m). Um zur Hütte zu kommen, muß man sogar die Hände zu Hilfe nehmen; die »Kletterstelle« ist allerdings nur ganz kurz und ebenso leicht...

Gelegentlich in den Fels greifen muß man

Über dem Gerbersee steht markant der Pic Cocampo (2645 m).

Der Aufstieg durch das Vall Gerber ist eine der schönsten Seenwanderungen in den Aigües Tortes.

auch beim weiteren Anstieg zum *Coll Gerber* (2582 m), dem Übergang in den Circ de Saboredo. Vom Refugi Mataro aus scheint die Scharte kaum weiter als einen Katzensprung weg; dennoch haben wir für die lächerlichen 150 Höhenmeter fast 1 Stunde gebraucht: Wegsuche, Blockhüpfen, Geröll.

Am Coll Gerber öffnet sich ein phantastischer Blick nach Westen. Tief gestaffelt stehen die Bergketten hintereinander; bis zum Pic du Midi de Bigorre (2872 m) reicht die Schau. Jenseits der Scharte liegt der Estany Glaçat, ein kühles Gewässer, in dem meist bis in den Sommer hinein Eisschollen treiben...

Rund 200 Höhenmeter fehlen noch bis zum Scheitelpunkt der Runde, oben am Gratrücken (ca. 2750 m), der sich vom Tuc de Saboredo (2840 m) zum Pic d'Amitges (2848 m) zieht: knapp eine Dreiviertelstunde über Schrofen, von Steinmännchen geleitet, zuletzt in einer Querung über leichte Felsen.

Vorhang auf! Da ist sie, die vielgipflige Bergumrahmung des Vall d'Espot mit all den »Agulles« und »Pics«. Höchste Erhebung in dem verwirrend gegliederten Halbrund ist der Pic de Peguera (2982 m), in Bergsteigerkreisen bekannter sind die *Encantats* (2747 m), die »Verzauberten«, bei denen es sich allerdings nicht – wie die Legende sagt – um zwei zu Stein gewordene Schäfer handelt. Als riesiges steilgestelltes Schichtpaket ragen sie südöstlich über dem Stausee von Sant Maurici (1910 m) in den Himmel – dankbares Fotosujet für die vielen Ausflügler, die im Sommer von Espot heraufkommen.

Der Abstieg zum *Refugi d'Amitges* (2380 m) ist dann ebenso direkt wie beschwerlich: Geröll, Blockspringen; ein paar Steinmännchen weisen den Weg. Dabei verliert man rasch an Höhe; ein dem Hauptkamm südlich vorgelagerter Gratrücken bleibt rechts. Bald kommt der aufgestaute *Estany Gran* (2362 m) ins Blickfeld; man steigt aber nicht bis zu seinem Ufer ab, sondern verläßt die Steilrinne nach rechts (aufpassen, großer Steinmann). Über dem Südufer des Estany Gran steht die Schutzhütte; im Rückblick gewinnt der »Vorberg« dann erheblich an Profil, wird er zum veritablen Kletterzacken (Agulles d'Amitges, 2665 m).

Refugi d'Amitges – Port de la Ratera – Port de la Bonaigua (5 Std.)

Erstes Zwischenziel ist der *Port de la Ratera* (2532 m), Übergang in den Circ de Saboredo. Der ordentlich markierte Weg führt zunächst zwischen den beiden oberen Amitges-Seen hindurch und steigt dann an gegen einen von der Serra de Saboredo abstreichenden Rücken. Auf der Höhe angekommen, hält man sich gleich rechts (nicht jenseits absteigen) und folgt weiterhin Pfadspur und Steinmännchen, die ohne Höhenverlust in die weite Senke leiten.

Erneut Szenenwechsel. Nun schaut man nach Norden, über die Saboredoseen hinaus ins oberste Vall d'Aran. Und zur Abwechslung geht's wieder einmal bergab und talaus,

Und immer wieder in den Aigües Tortes: Wasser, Seen, Lacken, Bäche und Rinnsale.

bis zur Staumauer des *Estany Major de Saboredo* (2338 m), gut 1 Stunde mit einigem Auf und Ab. Dann heißt es eindeutig (aber zum letzten Mal) »aufwärts«: zum Estany Glaçat und in den *Coll Gerber* (2582 m). Die Wegspur ist recht undeutlich, Steinmännchen mitunter nur in größeren Abständen vorhanden. Oben an der Scharte schließt sich die Runde; bis zur Paßstraße hat man aber noch eine recht lange Bergabwanderung vor sich. Wir waren auf jeden Fall heilfroh, als wir endlich unten anlangten, nach einer Zwölfstundentour, nach Gewitter und Schnürlregen, in der Dunkelheit. (Daß dann auch noch das Auto aufgebrochen war, ist eine andere Geschichte.)

Stausee, im Sommer voll bewirtschaftet. Telefon 93/315 23 11.
Verpflegung: Unterwegs aus dem Rucksack.
Weitere Tourenvorschläge: Die Wandermöglichkeiten im Nationalpark der Aigües Tortes lassen nur die Qual der Wahl; ein günstiger Ausgangspunkt ist (außerhalb der Ferienzeit) der von Espot aus anfahrbare *Sant-Maurici-Stausee* (1910 m). Das Gros der Ausflügler wendet sich dann entweder zum

Nützliche Informationen

Ausgangspunkt: Etwa 2 km östlich unterhalb des *Port de la Bonaigua* (2072 m), 16 km von Salardú, 21 km von Esterri d' Aneu. Parkmöglichkeit an der (im Ausbau befindlichen) Paßstraße (ca. 1920 m).
Anstiegsleistung: Insgesamt: etwa 1400 m. Paßstraße – Refugi Mataro: 580 m, Refugi Mataro – Coll Gerber – Kammrücken (ca. 2750 m): 350 m, Refugi d'Amitges – Port de Ratera: 150 m, Estany Major de Saboredo – Coll Gerber: 260 m.
Gehzeiten: Insgesamt: 10¼ Std. Bonaigua-Paßstraße – Refugi Mataro: 2½ Std., Refugi Mataro – Coll Gerber: 1 Std., Coll Gerber – Kammrücken: ¾ Std., Abstieg zum Refugi d'Amitges: 1 Std., Refugi d'Amitges – Port de la Ratera: ¾ Std., Port de la Ratera – Saboredosee: 1 Std., Aufstieg zum Coll Gerber: ¾ Std., Abstieg zur Paßstraße: 2½ Std.
Verkehrsverbindungen: Zur Zeit keine Busverbindung über den Port de Bonaigua.
Unterkunft: *Refugi Mataro* (2640 m) im obersten Vall Gerber, Selbstversorgerhütte, gut eingerichtet, stets zugänglich. – *Refugi d'Amitges* (2380 m) am Estany Gran, 1½ bis 2 Std. vom anfahrbaren Sant-Maurici-

Am Coll Gerber (2582 m) wird unvermittelt der Blick nach Westen frei. In der Bildmitte der »Eissee« (Estany Glaçat), darüber der Montardo d'Aran (2830 m).

Refugi d'Amitges (2380 m), 1½ bis 2 Std. auf einer (für den öffentlichen Verkehr gesperrten) Schotterstraße, oder zum *Portarró d'Espot* (2423 m), der den Übergang ins Valle de Boí vermittelt, 1¾ Std., guter Weg. Weniger Gesellschaft hat man bei Wanderungen zu den *Estanys de Monestero* (ca. 2240 m), 1 bis 1½ Std., und zum *Estany de Subenuix* (ca. 2190 m), ¾ Std. Etwas Kletterfertigkeit (II. Grad) verlangt die Besteigung des *Pic de Subenuix* (2949 m), der ein großes Panorama bietet, ebenso der Normalweg auf den *Gran Encantat* (2747 m).

Informationen: Oficina de Turismo in Espot.

Karten: Für diese große Runde im Nordosten der Aigües Tortes benötigt man zwei Kartenblätter. Editorial Alpina, »Vall d'Aran«, 1:40 000. Editorial Alpina, »Sant Maurici«, 1:25 000 (beide mit kleinem Führer in spanisch).

20 Montardo d'Aran, 2830 m

Seen, Grate und Gipfel:
die Aigües Tortes

> *Tourencharakter:* Wenig schwierige Gipfelbesteigung. – Tagestour.
> *Reine Gehzeit:* 5¾ Std.
> *Beste Jahreszeit:* Ende Juni bis Anfang Oktober.
> *Markierung:* Bis zum Port de Güellacrestada rot-weiße Markierungen; Gipfelanstieg mit Steinmännchen bezeichnet.

Von *Arties* (1144 m) aus zeigt sich der Montardo als ebenmäßig gebaute Berggestalt mit ausladenden Graten, hoch über dem Einschnitt des Valarties stehend. Daß er ein Gipfel *»pour tous«*, ein Berg für jedermann, sein soll, läßt seine jäh abfallende Nordfront nicht unbedingt erkennen. Der Normalweg verläuft denn auch über die weniger steile, »weiche« Rückseite: Wiesenhänge, ein paar Felsen. Zunächst muß man den Montardo aber halb umrunden, was kein Nachteil ist, lernt man auf diese Weise doch mehrere versteckte Karwinkel der *Aigües Tortes* kennen. Oben verbinden sich die stimmungsvollen Bilder dann zum großen Panorama, das von den Bergen Andorras bis zum Aneto (3404 m) und seinen Trabanten reicht. Noch mehr fasziniert aber der »innere« Horizont, gebildet von den Zackengraten der Aigües Tortes, verästelt, mehrfach hintereinander gestaffelt, vor allem im Südosten, wo sich das Auge in dem Durcheinander kaum mehr zurechtfindet. Im Südwesten dagegen dominiert ein hoher, zersägter Grat, der dreigipflige Besiberri (3030 m), und genau südlich steht ebenfalls ein Dreitausender, die Punta Alta (3014 m).

Sehr reizvoll ist auch der Blick nördlich hinab ins *Vall d'Aran*, das über die Garonne zum Atlantik hin entwässert wird – und trotzdem zu Spanien gehört. Noch vor ein paar Jahrzehnten ein armes Tal, weltabgeschieden – mehr Schafe auf den Almen rundum als Peseten in den Gemeindekassen –, gehört es

Der Kunstfreund entdeckt im Vall d'Aran zahlreiche alte Gotteshäuser, meist aus romanischer Zeit. Im Bild die Pfarrkirche von Arties.

heute zu den meistfrequentierten Urlaubsregionen der Pyrenäen.
So eine rasante Entwicklung bleibt nicht ohne Folgen, und die sind auch unübersehbar. *Viella* (977 m) hat fast schon städtischen Charakter, in Grenznähe stehen die Supermärkte (für die französische Kundschaft), weiter oben im Tal wird während des Winters fleißig gewedelt, in der schneefreien Zeit mindestens ebenso ausgiebig gebaut: Appartementsiedlungen (architektonisch zum Teil durchaus gelungen, aber halt viel zu groß...), Hotels, Straßen, Lifte. Die Alpen lassen schön grüßen...
Daß man da in Versuchung kommt, einfach durchzufahren, ist verständlich. Doch wer sich für Kunst und altes Bauen interessiert, tut gut daran, einen Blick hinter die (touristische) Fassade zu werfen. Es lohnt sich, denn nebst manch malerischem Winkel mit zauberhaften architektonischen Details entdeckt man im Vall d'Aran über zwei Dutzend romanische und gotische Kirchen. Besonders schöne Beispiele sind etwa Sant Joan in Tredos, eine Dreiapsidenbasilika, Sant Andrea in Salardú (13. Jahrhundert) mit achteckigem Turm aus spätgotischer Zeit und die Pfarrkirche von Arties. Die zweite Kirche des Ortes, Sant Joan, steht unmittelbar an der Hauptstraße; sie ist profanisiert und wird mittlerweile für Ausstellungen genutzt.

Der Wegverlauf

Natürlich ist die Montardo-Tour – wie könnte es anders sein in den Aigües Tortes – auch eine Seenwanderung. Nach knapp einstündigem Anstieg vom *Pont de Rius* (ca. 1650 m) wird bereits das erste Gewässer erreicht, der aufgestaute *Estany de la Restanca* (2007 m). Man spaziert über die Krone der Betonsperre hinüber zur *Restanca-Hütte*, ursprünglich Werksgebäude, nach erfolgtem Umbau ein beliebter Bergsteigerstützpunkt. Keine Bauruine also, im Gegensatz zu der Schmalspurbahn, mit der einst Beton für die Talsperre herbeigeschafft wurde. Im Verfall begriffen ist auch jene steile Schienenrampe, die vom Ende der Talstraße himmelwärts führt. Da muß ich einfach an Jules Verne, Hans Dominik und Abschußvorrichtungen für ihre phantastischen Raketen denken...

Raketenantrieb braucht man nicht für den Anstieg zum *Estany de Cap de Port* (2231 m), dem zweiten See am Weg zum Montardo; der recht bequeme Weg steigt in ein paar Serpentinen an. Im Rückblick zeigt sich sehr schön der Zackengrat über dem Oberlauf des Artiesbachs; am Hang des Pic de Monges (2694 m) rauft ein Dutzend Geier unter lautem Kreischen um den Kadaver eines Schafs. Da paßt es ganz gut, daß die Sonne gerade hinter dunklen Wolken verschwindet und sich ein bleigraues Licht über die Landschaft legt... Oben am *Port de Güellacrestada* (2475 m), nach einem Zickzack über Geröll und Blockwerk, stehen wir im Nebel; nichts zu sehen vom *Estany de Monges* (2405 m), der in einem weiten Karboden am Fuß des Montardo liegt, natürlich auch kein Blick auf die Punta Alta (3014 m), deren Gipfel exakt Südrichtung anzeigt. So tappen wir durch das Grau, den rot-weißen Markierungen folgend, bis links Steinmännchen den Beginn des »Gipfelsturms« signalisieren. Der vielbegangene Pfad leitet über den nur mäßig steilen Hang aufwärts; Grün und Grau, Grasflecken, Schrofen und kleine Felsstufen wechseln ab. An der Kammhöhe (ca. 2700 m) öffnet sich ein erster Blick nach Norden, über das Vall d'Aran bis zum Tuc de Mauberme (2880 m). Die Wegspur führt, nurmehr leicht steigend, westlich in den *Coll de Montardo* (2729 m), eine kleine Scharte zwischen Haupt- und Vorgipfel mit Tiefblick auf den *Estany de Cap de Port*. Dahinter zeigt sich jetzt auch das langgestreckte Becken des (aufgestauten) *Estany de Mar* (2230 m); darüber erkennt man die markante Senke der Collada d'Estany de Mar (2468 m), über die man zum Estany Tort de Rius (2351 m) kommt – auch eine tolle Seenwanderung!
Doch heute muß es ein Gipfel sein, der Montardo d'Aran: Gerade noch eine knappe Viertelstunde, dann steht man oben, genießt (sofern das Wetter mitspielt) die faszinierende Aussicht, die Schau in Täler, auf Seen, Grate und Gipfel der Aigües Tortes. Bergsteigerglück.
PS: Man kann vom Port de Güellacrestada auch direkt zum Ostgrat des Montardo aufsteigen; das Weglein ist (spärlich) mit Steinmännchen markiert und verläuft links vom Normalanstieg.

Der Weg zum Montardo d'Aran (2830 m) führt am Stausee von Restanca (2007 m) vorbei.

Nützliche Informationen

Ausgangspunkt: *Valarties*, Pont de Rius (ca. 1650 m), schmales Sträßchen von Arties, bis zum Pont de Ressec (1390 m) überwiegend asphaltiert, zuletzt rauh geschottert bei kräftigen Steigungen, 7,5 km. Beschränkte Parkmöglichkeiten am Straßenende.
Anstiegsleistung: Valarties – Montardo d'Aran: 1180 m.
Gehzeiten: Valarties – Refugi Restanca: 1 Std., Refugi Restanca – Port de Güellacrestada: 1¼ Std., Port de Güellacrestada – Montardo d'Aran: 1¼ Std., Abstieg auf dem gleichen Weg: 2¼ Std.
Verkehrsverbindungen: Eine Buslinie verbindet die Ortschaften im Vall d'Aran miteinander (Viella – Arties – Salardú).
Unterkunft: *Refugi de la Restanca* (2010 m) am gleichnamigen Stausee, im Sommer bewirtschaftet.

Verpflegung: Unterwegs aus dem Rucksack.
Weitere Tourenmöglichkeiten: Eine sehr abwechslungsreiche Rundwanderung führt von der Restanca-Hütte über den Estany de Mar hinauf zur *Collada d'Estany de Mar* (2468 m), mit Rückweg/Abstieg über den Estany Tort de Rius (2351 m) ins Valarties: insgesamt 6 Std. Auch das *Refugi de Colomers* (2110 m) liegt im Zentrum eines weitläufigen Wanderreviers; Zufahrt von Salardú (1268 m) durch das Valle de Aiguamotx bis zum ehemaligen Thermalbad Tredos, 7,5 km, dann knapp 1½stündiger Aufstieg zur Hütte.
Sehenswürdigkeiten: In Viella gibt es ein recht interessantes Talmuseum (»Era Val d'Aran«).
Informationen: Oficina de Turismo in Arties und Salardú.
Karte: Editorial Alpina, »Vall d'Aran«, 1:40000, mit kleinem Führer (spanisch).
Kartenskizze zu Tour 20: siehe S. 85.

21 Refugi Ventosa y Calvell, 2220 m

Seen unter dem Besiberri

Tourencharakter: Leichte Hüttenwanderung, die sich fast beliebig ausdehnen läßt. In Verbindung mit einem Abstecher zu den Estanys de Tumeneja leichtes Tagespensum, mit einer Besteigung des Montardo d'Aran über die Südflanke recht lange Tour.
Reine Gehzeit: 3½ Std. (Refugi Ventosa y Calvell) bzw. 4½ Std. (mit Tumenejaseen), 6¾ Std. (Montardo).
Beste Jahreszeit: Mitte Juni bis Mitte Oktober.
Markierung: Vielbegangener Hüttenweg, nur mit Steinmännchen markiert, aber nicht zu verfehlen; Abstecher zu den Seen ebenfalls mit Steinmännchen bezeichnet.

Das im Sommer bewirtschaftete *Refugi Ventosa y Calvell* erfreut sich einer prächtigen Lage über dem stimmungsvollen Estany Negre. Der Blick geht nach Westen zum Besiberri; unmittelbar über der Hütte setzt der Zackengrat der Agulles de Travessani (2755 m) an, im Talschluß ragt der Pic de Contraig (2957 m) auf, hinter den Pics de Coma l'Espasa (2834 m) versteckt sich im Süden die *Punta Alta* (3014 m), ein echter Hochpunkt – der Name sagt es richtig – mit phänomenaler Rundschau. Ein ähnliches Panorama, aber einen leichteren Anstieg, markiert und vielbe-

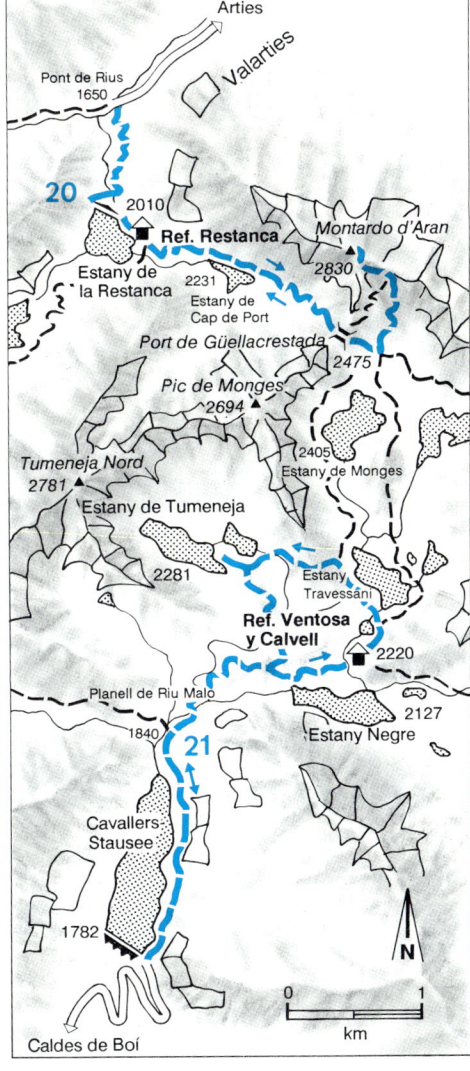

Zu behaupten, in den *Aigües Tortes* gebe es mehr Seen als Gipfel, mag übertrieben sein; daß Seen diese Landschaft prägen, sie erst berühmt gemacht haben, steht außer Zweifel. Da gibt es kaum einen trockenen Karwinkel (was im Hochsommer sehr angenehm ist); wohin man sich auch wendet: Lacken, kleine und größere Bergseen, Wasserfälle, Rinnsale, Bäche. Und in den Seen spiegeln sich die Gipfel, hohe zerklüftete Grate, teilweise bis an die 3000-Meter-Grenze aufragend. Ihnen gehört das besondere Interesse der Bergsteiger; die Wanderer genießen den Anblick der oft in kleinste Zacken aufgelösten Kammlinien vom Tal aus, etwa am Hüttenweg zum *Refugi Ventosa y Calvell*. Und da ist es vor allem der Besiberri (3030 m), zu dem man immer wieder hinaufschaut. Er bietet auf jeden Fall einen ungleich schöneren Anblick als das meist halbleere Becken des *Cavallers-Stausees*, über dessen Ostufer der Pfad zunächst entlangläuft. Vom Planell de Riu Malo steigt man dann hinauf zu dem im Sommer bewirtschafteten Schutzhaus. Die Kulisse wirkt rauh, fast unwirklich; mit den mächtigen, vom Eis rundgeschliffenen Felsen erinnert sie stark an Bilder aus den Schweizer Zentralalpen.

In den Granitbergen der Aigües Tortes, Blick auf die Serra de Tumeneja.

gangen, bietet der *Montardo d'Aran* (2830 m; vgl. Tour 20), gut 2 Stunden nördlich von der Hütte. Wer keine Gipfelambitionen hegt, sollte zumindest auf »Seentour« gehen, einige der »Aigües« (Wasser) zwischen den Agulles de Travessani und der Serra de Tumeneja aufsuchen. Wir haben's getan, obwohl wir ursprünglich »höher hinaus« wollten. Unser Schritt wurde dabei allerdings immer langsamer, die Pausen häuften sich. Am Abend, wieder im Tal drunten, war ich mir mit Hildegard einig: ein schöner Tag ist es gewesen, auch ohne Gipfel…

Der Wegverlauf

Mit 1½ bis 2½ Stunden Gehzeit veranschlagt ein Schild bei der Staumauer des *Cavallers-Sees* (1782 m) den Aufstieg zum Refugi Ventosa y Calvell – ein Zeitrahmen, in dem sich wohl jede(r) wiederfindet. Während der ersten halben Stunde gewinnt man allerdings kaum an Höhe, hat aber ausreichend Gelegenheit, sich beim Anblick des meist nicht einmal zur Hälfte gefüllten Stausees so seine Gedanken über Technokraten und ihre Werke zu machen. Ein erster kurzer Anstieg führt dann in den grünen Boden des *Planell de Riu Malo* (1840 m), wo links der Zugang zum hochgelegenen Besiberri-Biwak (2805 m) abzweigt. Der Besiberri ist es auch, der immer wieder den Blick auf sich zieht. Sein langer bizarr zersägter Kamm trägt drei Gipfel, alle knapp über 3000 Meter hoch: Nord (3014 m), Mig (3003 m) und Sur (3030 m). Hier verlangen Besteigungen solides alpinistisches Rüstzeug; die Schwierigkeiten bewegen sich zwischen dem II. und III. Grad. Etwas leichter, teilweise auch markiert, ist der Westzugang zum Besiberri Sud (ca. 4½ Std. von der N 230).

Keine vergleichbaren Anforderungen stellt der Weg zur *Ventosa-Calvell-Hütte*; in bequemen Serpentinen steigt man über mächtige, vom Gletschereis rundgeschliffene Granitbuckel bergan. Recht unvermittelt kommt dann der *Estany Negre* (2127 m) ins Blickfeld; auf einer weitschauenden Anhöhe über dem oberen See-Ende thront die im Sommer bewirtschaftete Schutzhütte.

Vom Refugi Ventosa y Calvell führt ein mit Steinmännchen gekennzeichneter Weg nördlich zum *Estany Travessani* (2246 m), in dessen Wasser sich die gleichnamigen »Nadeln« (Agulles) spiegeln. Eine halbe Stunde höher, am Weg zum Montardo d'Aran (2830 m; vgl. Tour 20), liegt der *Estany de Monges* (2405 m); folgt man vom Travessani-See einer schmalen Spur (Steinmännchen) nach Westen, kommt man zu den beiden *Estany de Tumeneja*. Von dem abgeflachten Rücken, der die beiden Seen trennt, bietet sich ein herrlicher Blick auf das Valle de Boí und seine Gipfelumrahmung. Besonders stimmungsvoll die Serra de Tumeneja (Pa de Sucre, 2863 m), deren bizarr zersägte Kämme, Theaterkulissen gleich hintereinander stehend, über dem oberen Tumenejasee in den Nachmittagshimmel ragen.

Von den Seen kann man südlich direkt zum Hüttenzugang absteigen. Bei gutem Wetter

Hütten- und Seenwanderung: der Weg zum Refugi Ventosa y Calvell (2220 m). Unterhalb der Hütte liegt der Estany Negre.

ist die Orientierung problemlos; man darf sich nur nicht durch die vielen, scheinbar beliebig in der Gegend plazierten Steinmännchen verwirren lassen. Zwei, drei Felsabstürze sind zu umgehen, dann ist man wieder »unter den Leuten«, am vielbegangenen Anstiegsweg.

Nützliche Informationen

Ausgangspunkt: *Cavallers-Stausee* (1782 m). Zufahrt durch das Valle de Boí, bis zu den *Caldes de Boí* (Thermalbad) normalbreite Straße, hinauf zur Dammkrone des Cavallers-Stausees (1782 m) recht schmal, aber durchgehend asphaltiert; insgesamt 24 km von der N 230, Abzweigung 2 km nördlich von Pont de Suert. Beschränkte Parkmöglichkeit direkt an der Staumauer (im Hochsommer muß man unter Umständen sein Fahrzeug weiter unten abstellen).

Anstiegsleistungen: Cavallers-Stausee – Refugi Ventosa y Calvell: 440 m, Abstecher zu den Tumenejaseen: 100 m, Refugi Ventosa y Calvell – Montardo d'Aran: 610 m.

Gehzeiten: Insgesamt: 4½ Std. Cavallers-Stausee – Refugi Ventosa y Calvell: 2 Std., Abstecher zu den Tumenejaseen: 1 Std., Abstieg: 1½ Std. – Für den Aufstieg zum Montardo d'Aran muß man von der Hütte aus mit einer Gehzeit von 2 Std. rechnen, Abstieg auf dem gleichen Weg 1¼ Std.; für die Gipfelbesteigung ergibt sich vom Cavallers-Stausee aus eine Gesamtgehzeit von etwa 6¾ Std. (Beschreibung siehe Tour 20).

Verkehrsverbindungen: Zwischen Pont de Suert und den Caldes de Boí besteht eine Buslinie.

Unterkunft: *Refugi Ventosa y Calvell* (2220 m), gut eingerichtet, bewirtschaftet von Ende Juni bis Anfang Oktober.

Verpflegung: In der Ventosa-Calvell-Hütte gibt es Mittagessen; sonst aus dem Rucksack.

Weitere Tourenvorschläge: Ein vielseitiges Tourenrevier ist auch das *Vall de Sant Nicolau*, mit Zufahrt bis Sant Esperit (1820 m), gut 8 km; beschilderte Abzweigung bei Kilometer 18 der Valle-de-Boí-Straße. In etwa 1¼ Std. wandert man talein zum *Refugi de Estany Llong* (1985 m), in weiteren 3 Std. über den *Portarró d'Espot* (2424 m) zum Sant-Maurici-Stausee (1910 m; Straße von Espot).

Als lohnendes Gipfelziel gilt der *Pic Neriolo* (2857 m), etwa 4 Std. vom Parkplatz bei Sant Esperit.

Informationen: Oficina de Turismo in Barruera (14 km von Pont de Suert).

Karten: Editorial Alpina, »Montardo/Vall de Boí«, 1:25 000, mit kleinem Führer (in spanisch). – IGN-Karte Pyrénées, carte de randonnées 6, »Couserans«, 1:50 000.

Kletterzacken über dem Weg zur Ventosa-y-Calvell-Hütte: die Agulles de Travessani (2755 m).

»Wasserrutsche« aus Granit in den Aigües Tortes.

22 Pic de Céciré, 2403 m

Panoramaberg über der Vallée du Lys

> *Tourencharakter:* Leichte Gipfeltour, auch für Familien geeignet. – Halbtagspensum.
> *Reine Gehzeit:* 4 Std.
> *Beste Jahreszeit:* Juni bis Ende Oktober.
> *Markierung:* Rot-weiße Markierungen bis in die Hourquette de la Coume de Bourg.

Bagnères-de-Luchon (631 m) hat eine über zweitausendjährige Geschichte, und die sieht man dem Ort auch an. Verblichener Glanz liegt über dem renommierten Thermalbad, dessen stark schwefelhaltig-radioaktive Quellen bereits die römischen Kolonialherren zu schätzen wußten (Funde im Museum). Wiederentdeckt wurden die Thermen in der zweiten Hälfte des 18. Jahrhunderts durch Baron d'Etigny, nach dem die »Grande Rue« von Bagnères benannt ist. Doch aus der schnurgeraden, baumbestandenen Allee hat sich die Hautevolee längst verabschiedet, das mondäne Grand Hôtel wird stückchenweise an Appartementskäufer verscherbelt – die Massen haben Luchon erobert. Im Sommer herrscht hier ein Gewusel wie am Stachus, Parkplätze gibt's keine, dafür jede Menge Souvenirläden und mehr oder weniger teure Boutiquen. Einen letzten Rest einstiger Noblesse strahlt der Bäderbezirk mit seinem kleinen Park aus; weniger vornehm, dafür umso lebhafter geht es jeweils am Samstagvormittag am anderen Ende der Allée d'Etigny zu: Hier findet allwöchentlich ein großer Markt statt.

Daß auch im Winter in Luchon etwas los ist, dafür sorgt die Skistation *Superbagnères* (1800 m) südlich über dem Ort; nicht viel mehr als ein riesiger häßlicher Hotelkasten, einst per Zahnradbahn, heute über eine Serpentinenstraße erreichbar, mit ein paar Liften – und einer prächtigen Aussicht. Letztere lockt auch im Sommer viele Besucher an; eine »table d'orientation« gibt der felsigen Kulisse, die sich breit über der Vallée du Lys aufbaut, Namen und Höhenquoten. Die Rekordmarke beansprucht der Aneto mit exakt 3404 m: Kulminationspunkt der Pyrenäen, höchster Gipfel zwischen Atlantik und Mittelmeer. Sein langgestreckter Gratrücken lugt gerade noch über den Grenzkamm herein; auch vom Pic de Céciré ist von dem höchsten Pyrenäengipfel nicht viel mehr zu sehen. Umso mehr rundum, in dem tollen Panorama. Wer sich zu »Höherem« berufen fühlt, kann am Gipfel Maß nehmen für große Unternehmungen: Pic de Néouvielle (3091 m) und Pic Long (3192 m) zeigen sich im Westen; Grand Quayrat (3060 m), Pic Perdiguère (3222 m), Pic des Crabioules (3116 m), Pic de Maupas (3109 m), Pic de Sauvegarde (2738 m) stehen im Hauptkamm der Pyrenäen, der Pic de Maubermé (2880 m) im Osten, genau über dem markanten Einschnitt des Col du Portillon (1293 m). Als stimmungsvollen Kontrast empfindet man die Schau nach Norden mit den sanfter geformten, grünen Höhenzügen und dem Blick hinaus in die weite Ebene.

Der Wegverlauf

Der Anstiegweg zum Pic de Céciré folgt von Superbagnères dem breiten, nach Westen leicht ansteigenden Gratrücken. Dabei hat man das Ziel direkt vor sich; weit mehr aber interessieren zunächst die Zacken im Süden, über der Vallée du Lys. Sein Talschluß ist ein sehr abwechslungsreiches Wanderrevier mit dem Cirque des Crabioules und den Seen unter dem Grenzkamm. Auffallend im Südwesten die markante, ebenmäßig gebaute Felspyramide des Grand Quayrat (3060 m), ein beliebtes Ziel für Kletterer, mit einem recht anspruchsvollen Normalweg (Stellen III) und einer prächtigen, fast 600 Meter hohen Westwand: genußvolle Granitkletterei im IV. und V. Schwierigkeitsgrad! Keinerlei Schwierigkeiten gibt's dagegen am Weg zum Pic de Céciré; knapp unterhalb der Hourquette de la Coume de Bourg (2272 m) zweigt rechts der vielbegangene Gipfelsteig ab: über Wiesenhänge zum Südwestgrat und zum höchsten Punkt.

Beim Abstieg empfiehlt es sich, zumindest noch den kleinen Abstecher zur Hourquette hinauf zu machen, bietet der Wiesensattel

»Über den Nebeln«. Während die Täler unter einer geschlossenen Wolkendecke liegen, hat man von den Gipfeln eine schier grenzenlos weite Sicht. An der Hourquette de la Coume de Bourg (2272 m).

doch eine bemerkenswerte Sicht ins Val d'Astau, allerdings nicht auf dessen Hauptsehenswürdigkeit, den vielbesuchten *Lac d'Oô* (1504 m). Dazu muß man hinüberwandern zur nächsten Scharte, der *Hourquette des Hounts-Secs* (2267 m; etwa 1½ Std. hin und zurück). Mit einer Fläche von etwa 0,4 km² gehört der Lac d'Oô zu den größeren Seen der Pyrenäen, aber auch zu den meistbesuchten. Im Sommer wandelt sich die Idylle jeweils zum (wenig erbaulichen) Massenauftrieb, fast glaubt man sich an einem bayrischen Alpensee...

Nützliche Informationen

Ausgangspunkt: *Superbagnères* (1800 m), Skistation von Bagnères-de-Luchon (631 m), 19 km auf guter Serpentinenstraße. Großer Parkplatz am Straßenende.
Anstiegsleistung: Superbagnères – Pic de Céciré: 600 m; bei einem Abstecher zur Hourquette des Hounts-Secs hat man zusätzlich (hin und zurück) etwa 400 m Anstieg.
Gehzeiten: Insgesamt: 4 Std. Superbagnères – Coume de la Bourg (ca. 2240 m): 2 Std., Gipfelanstieg: ½ Std., Abstieg: 1½ Std.
Verkehrsverbindungen: Bagnères-de-Luchon hat Bahnverbindung mit Montréjeau (Anschluß nach Pau und Toulouse). Im Sommer verkehren private Kleinbusse (Ausflüge) in die Vallée du Lys und nach Superbagnères.
Unterkunft: Kein Stützpunkt am Weg; von der Hourquette des Hounts-Secs steigt man in ½ Std. ab zu dem im Sommer bewirtschaf-

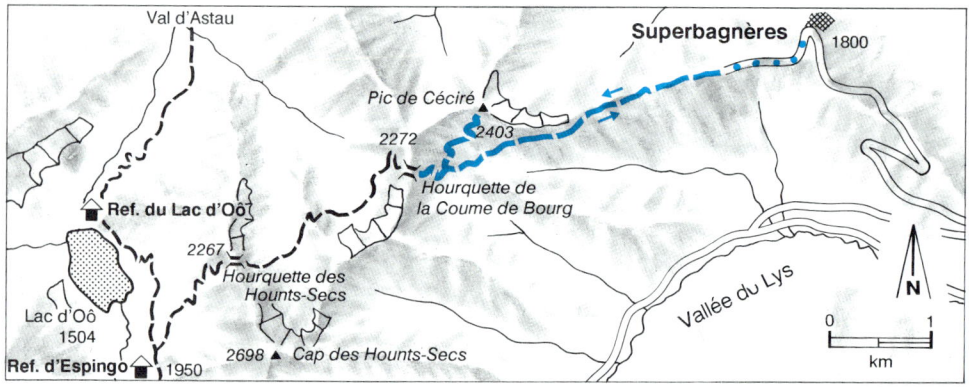

teten *Refuge d'Espingo* (1950 m) im Val d'Oô.
Verpflegung: Unterwegs aus dem Rucksack.
Weitere Tourenvorschläge: »*Höllenklamm*« in der innersten Vallée du Lys: Rundwanderung zur grandiosen *Cascade d'Enfer* und weiter zur *Ru d'Enfer* (ca. 1600 m), mit Rückweg via Cabane de l'Artigue (1405 m) und die Cascade du Coeur, etwa 4 Std. Ordentlich markierte Wege.
Lac Vert (2001 m): Rundwanderung im Talschluß von Lys, Aufstieg via Cabane de la Coume (1714 m), Rückweg über die Cabane de Prat-Long, insgesamt etwa 5½ Std., markierte Wege.
Lac d'Oô (1504 m): prächtiger Bergsee, im Sommer ziemlich überlaufen, knapp 1 Std. vom Straßenende (1139 m) im Val d'Astau, 14 km von Bagnères-de-Luchon. Weiterweg in den Cirque d'Espingo sehr lohnend, 1¼ Std. bis zum Refuge d'Espingo, 3½ Std. bis zum Lac du Portillon (2571 m).
Sehenswürdigkeiten: *Musée du Pays de Luchon* in Bagnères-de-Luchon, an der Allée d'Etigny. – *Cascade de Montauban* (ca. 830 m) oberhalb von Montauban-de-Luchon. *St-Bertrand-de-Comminges:* Einer der kulturhistorisch bedeutendsten Plätze in den Pyrenäen ist *St-Bertrand-de-Comminges* (446 m; 32 km von Bagnères, 17 km von St-Gaudens). 60 000 Einwohner soll die Römersiedlung Lugdunum Convenarum während ihrer Blütezeit gezählt haben, heute hat der Ort gerade noch gut 200 Bewohner. Dafür dürfte die Zahl der Besucher, die alljährlich hierher pilgern, in die Zigtausende gehen... Doch die 2000jährige Geschichte allein ist es nicht, die den Reiz von St-Bertrand ausmacht; staunen läßt einen der Anblick der mächtigen romanisch-gotischen Kathedrale, die, fast mehr Burg als Kirche, einen Hügel im flachen Talboden der Garonne krönt. Erst beim zweiten Hinschauen nimmt man dann das Ministädtchen wahr, dessen wenige Häuser sich um das Gotteshaus scharen und seine Größe noch unterstreichen.
Die Geschichte des Fleckens darf getrost als wechselhaft bezeichnet werden; nach der Zerstörung der römischen Stadt und später auch der Hügelfestung blieb der Ort über Jahrhunderte verwaist. Die Ruinen dienten als Steinbruch, etwa beim Bau der *Basilique St-Just* im nahen Valcabrère (2 km östlich), einem sehenswerten romanischen Bau. Erst im 12. Jahrhundert kehrte das Leben zurück auf den Hügel; Bertrand de l'Isle-Jourdain, Bischof von Comminges, ließ hier eine Kathedrale errichten. Sie wurde in gotischer Zeit umgebaut und erheblich vergrößert. Romanisch ist neben Portal und Fassade der stimmungsvolle Kreuzgang, der sich – sehr ungewöhnlich – auf einer Seite zum Tal hin öffnet. Mitten im hohen, einschiffigen Kirchenraum steht das mächtige, geschlossene Gestühl, ursprünglich den Mönchen vorbehalten. Beeindruckend auch die Turmorgel in der Nordwestecke, mit ihren Pfeifen bis ins Gewölbe reichend (Führungen; kleines Museum gegenüber der Kirche).
Informationen: Office du Tourisme, Allée d'Etigny, 31110 Bagnères-de-Luchon.
Karten: IGN-Karte Pyrénées, carte de randonnées 5, »Luchon«, 1:50 000. – IGN-Karte »Top 25« 1848 OT, »Bagnères-de-Luchon«, 1:25 000.

23 Port de Vénasque und Pic de Sauvegarde

Im Banne des höchsten Pyrenäenberges

Tourencharakter: Recht lange, anstrengende Wanderungen, gute Wege. – Tagestouren.
Reine Gehzeit: 6½ Std.
(mit Pic de Sauvegarde 8 Std.).
Beste Jahreszeit: Mitte Juni bis Anfang Oktober.
Markierung: Runde vom Hospice de France aus durchgehend gelb mit der Nummer 23 bezeichnet; am Aufstieg aus dem Valle de l'Artiga de Lin nur zu Beginn ein paar rote Farbtupfer, aber kaum Orientierungsprobleme.

In vielen Serpentinen bringt der Weg hinauf zum Port de Vénasque (2444 m), dem schönsten »Belvédère« vor dem Aneto.

Mit dem *Aneto* (3404 m) hat es seine besondere Bewandtnis. Er ist zwar der höchste Gipfel der Pyrenäen, aber keineswegs der bekannteste, auch kein Schaustück wie etwa der Pic du Midi d'Ossau. Um ihn überhaupt zu Gesicht zu bekommen, muß man hinaufsteigen, so gut versteckt er sich hinter vorgelagerten Bergzügen. Von hoher Warte aus ist das Maladeta-Massiv dann leicht zu erkennen, mit seinen Gletschern und dem langgestreckten »Drachenrücken«, der gleich mehrere Dreitausender trägt: Pico de Alba (3118 m), Pico de la Maladeta (3308 m), Cresta del Medio (3355 m), Aneto (3404 m), Pico Russell (3203 m). Und vom Port de Vénasque (2444 m) aus kann man sogar mit bloßem Auge die Anstiegsroute ausmachen, eine breitgetretene Spur quer über den Glaciar de Aneto. Dieser Normalanstieg – im Hochsommer fast ein Karawanenweg – wird als wenig schwierig eingestuft; der Kletterführer vermerkt »F«, also »facile« (leicht) und gibt 4 Stunden für den Weg vom Refugio de la Renclusa (2140 m) zum Gipfel an. Seil, Pickel und Steigeisen gehören natürlich trotzdem

dazu – denkt man. Die Wirklichkeit auf dem (keineswegs spaltenfreien) Eis jagt dem Alpinisten dann kalte Schauer über den Buckel... Da passen die Abfallhaufen am Parkplatz im Tal und rund um die Renclusa-Hütte recht gut dazu.

Vom Port de Vénasque aus ist der Dreck natürlich nicht zu sehen, auch nicht der Weg der Erstbesteiger im Sommer 1842. Die kamen nämlich von Süden, wählten eine viel anspruchsvollere Route aus dem Valhiverna herauf. Es war eine recht internationale Gesellschaft: ein Russe, Platon de Tchihatcheff, ein Franzose, Albert de Francqueville, und drei einheimische Führer. Nur vier Tage später, am 24. Juli, war Tchihatcheff zum zweiten Mal auf dem höchsten Gipfel der Pyrenäen; diesmal nahm er den (heute üblichen) Weg über den Gletscher.

Fast bekannter als in Bergsteigerkreisen ist der Aneto bei Geologen. Der Grund liegt in einem Phänomen, das zwar nicht einmalig ist, sich hier aber besonders signifikant darstellt: Die Wasser seines Gletschers fließen, obwohl der Aneto südlich des Pyrenäen-Hauptkamms liegt, über die Garonne nordwärts in den Atlantik! Schuld daran sind wasserdurchlässige Kalkschichten, die im Nordosten des Maladeta-Massivs dem Granit aufliegen. Das Gletscherwasser sammelt sich in einem mächtigen Trichter, dem *Trou de Toro* (Forau de Aiguallut, 2020 m) und fließt dann unter der Tuca Blanca (2697 m) hindurch ins Valle de l'Artiga de Lin, wo es nach etwa 6 Kilometern wieder zutage tritt (Güells de Joeu, 1405 m).

Wenig oberhalb vom Joeu-Wasserfall befindet sich der Ausgangspunkt der »spanischen« Variante der Aneto-Wanderung zum *Pic de Sauvegarde* (2738 m); die französische Runde beginnt am *Hospice de France* in der obersten Vallée de Pique: die Drei-Sterne-Tour von Bagnères-de-Luchon!

Der Wegverlauf

Ausgangspunkt Hospice de France, 1385 m

Die »Dramaturgie« dieser Wanderung ist nahezu perfekt, eine allmähliche Steigerung der Eindrücke. Der Auftakt gestaltet sich folgerichtig eher beschwerlich als berauschend: ein fast endloses Zickzack auf dem alten

Saumpfad durch den nach Süden ansteigenden Talschlauch, links wie rechts steile Felsflanken, keine Aussicht. Doch dann öffnet sich die Enge ganz unvermittelt zu einem Almkessel, in den vier tiefblaue Seen, die *Boums du Port*, eingebettet sind. Hier werden die meisten eine Rast einlegen; wer nicht dem Zauber der malerischen Kulisse erliegt, läßt sich vielleicht durch die Speisekarte des *Refuge de Vénasque* (2248 m) zu einem längeren Halt verführen. Noch ist man ja nicht oben; der Gipfel ist zwar schon zu sehen,

auch das Zickzack des Weges, der sich hinaufschraubt zu dem schmalen Einschnitt in den Felsen. Am *Port de Vénasque* (2444 m) sind dann ein paar »Ahs!« und »Ohs!« fällig, denn mit einem Mal öffnet sich der Horizont, sind die Mauern verschwunden, vor einem liegt das innere Valle de Benasque, überragt vom *Maladeta-Massiv*: das Dach der Pyrenäen, der *Aneto* (3404 m).

Am Paß wird dann eine Entscheidung fällig: *Pic de Sauvegarde* (2738 m), ja oder nein? Bei guter Sicht eigentlich keine Frage, doch

Das »Dach« der Pyrenäen: der Aneto (3404 m), von Norden gesehen. Der Normalweg folgt dem Gratrücken in der Bildmitte bis zum Portillon Superior und führt dann links über den Gletscher zum Gipfelaufbau.

darf man nicht übersehen, daß der Rückweg noch recht lang ist, vor dem Puerto de la Picada nochmals eine anhängliche Gegensteigung wartet. Die 300 Steigungsmeter schafft man leicht in einer Stunde; als Belohnung gibt's ein famoses Panorama, eine stim-

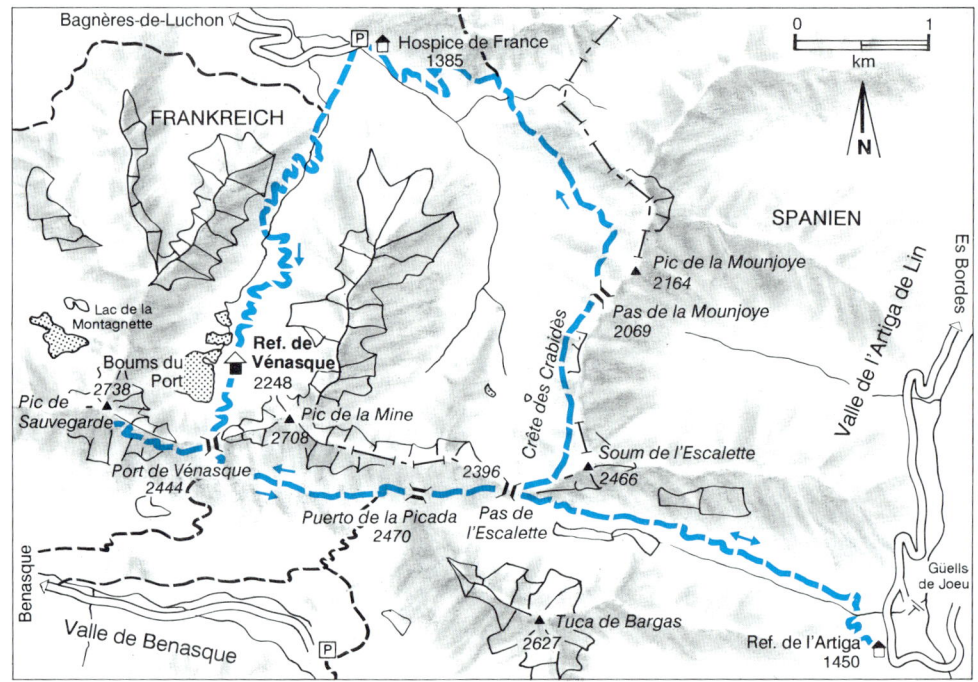

mungsvolle Mischung von Nah, Fern und Tief. Nordwestlich unter dem Gipfel, einen halben Kilometer tiefer, liegt der blaue Lac de la Montagnette (2232 m) mit seinen beiden Inselchen. Am südlichen Horizont dominiert natürlich das Maladeta-Massiv mit dem Aneto; sehr schön ist der Blick nach Westen, auf den zweithöchsten Berg der Pyrenäen, den *Posets* (3375 m), und die Grenzgipfel um den Pic Perdiguère (3222 m).

Nächste Station an der Runde ist der *Puerto de la Picada* (2470 m), der nach längerer Querung unter dem Pic de la Mine (2708 m), zuletzt in steilem Anstieg, erreicht wird. Dahinter fällt der Weg leicht ab zum *Pas de l'Escalette* (2396 m), an dem man wieder französischen Boden betritt. Sehr schön im Osten die Gipfelketten rund um das Valle d'Aran. Der gut markierte Weg steigt am Grat nochmals kurz an, dann biegt er nach Norden um und leitet hinab zur *Crête de Crabidès*. Zur Linken hat man die Vallée de la Frèche, unterhalb vom *Pas de la Mounjoye* (2069 m), der nur tangiert wird, kommt im Talboden schließlich das *Hospice de France* ins Blickfeld, Anfangs- und Endpunkt der herrlichen Wanderung.

Ausgangspunkt Pla de l'Artiga, ca. 1450 m
Man kann den Pic de Sauvegarde auch vom spanischen *Valle de l'Artiga de Lin* aus ansteuern; eine interessante Variante, weniger begangen als die »klassische« Rundtour vom Hospice de France aus. Landschaftlich ist der Aufstieg zum *Puerto de la Picada* (2470 m) recht reizvoll, der Ausblick am Paß dann so überraschend großartig wie vom Port de Vénasque. Die gut 1000 Steigungsmeter, die »am Stück« zu bewältigen sind, erfordern allerdings eine gute Kondition. Das Weglein ist nur im untersten Teil bezeichnet; ist man einmal aus dem Wald heraus, gibt es aber auch keine Orientierungsprobleme mehr. Man folgt hinter dem *Refugi de l'Artiga* der Wegspur zum Waldrand und steigt dann kurz hinauf zu einem breiten Ziehweg. Auf ihm rechts bis zum Pomero-Bach; gleich dahinter links aufwärts. Der Wald lichtet sich, bald wird der Blick frei auf den Canal de Pomero, der weitere Wegverlauf ist damit eindeutig festgelegt. Die Aussicht ist zunächst eingeschränkt; mit zunehmender Höhe treten hinter dem Höhenzug, der von der Serra de Coma Salies zum Pic de Letassi (2173 m) zieht, immer mehr Gipfel hervor: die Bergumrah-

mung des Valle d'Aran, links die Grenzkette (Tuc de Mauberme, 2880 m), rechts die Aigües Tortes (Montardo d'Aran, 2830 m). Am Pas de l'Echelle (2396 m) stößt man auf den »französischen« Weg.

Nützliche Informationen

Ausgangspunkte: *Hospice de France* (1385 m), Zufahrt von Bagnères-de-Luchon, 10,5 km. Parkplatz. – *Pla de l'Artiga* (ca. 1450 m) im Valle de l'Artiga de Lin. Schmales Sträßchen aus dem Valle d'Aran, von Es Bordes (852 m) 9 km, nur zum Teil asphaltiert, schmal. Am Pla de l'Artiga ausreichend Parkmöglichkeit; wenig unterhalb entspringt der *Güells de Joeu* (1405 m).

Anstiegsleistungen: Hospice de France – Port de Vénasque: 1070 m, am Weiterweg zum Pas de l'Escalette insgesamt noch etwa 200 m Gegensteigung, Pla de l'Artiga – Port de Vénasque: 1130 m, Port de Vénasque – Pic de Sauvegarde: 300 m.

Gehzeiten: Insgesamt: 6½ bzw. 8 Std. (mit Pic de Sauvegarde). Hospice de France – Refuge de Vénasque: 2½ Std., Refuge de Vénasque – Port de Vénasque: ½ Std., Pic de Sauvegarde: 1½ Std. (hin und zurück), Port de Vénasque – Pas de l'Escalette: 1 Std., Pas de l'Escalette – Hospice de France: 2 Std., Pla de l'Artiga – Puerto de la Picada: 3 Std., Puerto de la Picada – Port de Vénasque: ¾ Std., Rückweg: 2¾ Std.

Unter dem Pic de Sauvegarde (2738 m) liegt der tiefblaue Lac de la Montagnette.

Verkehrsverbindungen: Keine öffentlichen Verkehrsmittel, nur mit Privatfahrzeug oder Taxi erreichbar.
Unterkunft: *Refuge de Vénasque* (2248 m), im Sommer bewirtschaftet. – *Refugi de l'Artiga* (ca. 1450 m), Selbstversorgerhütte, einfach eingerichtet.
Verpflegung: Unterwegs aus dem Rucksack.
Weitere Tourenmöglichkeiten: Natürlich kann man auch aus dem spanischen *Valle de Benasque* zum Port de Vénasque aufsteigen, etwa 2¼ Std. von den Ruinen des alten Hospital de Benasque (1758 m), vielbegangener Weg.
Beliebte Wanderziele im Benasquetal (Zufahrt bis zu einem großen Parkplatz hinter dem Plan d'Estanys möglich, ca. 1900 m) sind die *Renclusa-Hütte* (½ Std.) und das berühmte *Trou de Toro* (2020 m) am Plan d'Aiguallut (¾ Std.).
Informationen: Office du Tourisme, Allée d'Etigny, 31110 Bagnères-de-Lucon. – Oficina de Turismo in Viella und Benasque.
Karten: IGN-Karte Pyrénées, carte de randonnées 5, »Luchon«, 1:50 000. – IGN-Karte »Top 25« 1848 OT, »Bagnères-de-Luchon«, 1:25 000. – Editorial Alpina, »Maladeta/Aneto«, 1:25 000, und »Valle d'Aran«, 1:40 000.

24 Pic de Néouvielle, 3091 m

Seen oder Gipfel?

> **Tourencharakter:** Sehr beliebtes Tourenziel, teilweise weglos, am Gipfelaufbau ganz leichte Kletterstellen (I). – Tagestour.
> **Reine Gehzeit:** 5½ Std.
> **Beste Jahreszeit:** Mitte Juli bis Anfang Oktober.
> **Markierung:** Steinmännchen, oberhalb vom Lac d'Aubert ordentlicher Weg bis zur Brecque de Barris.

Für die Touristenorte am Oberlauf der Neste ist das *Massif du Néouvielle* die Ausflugsregion schlechthin: rasch erreichbar, samt Zufahrt bis in hochalpine Regionen. So quält sich an schönen Sommertagen vormittags jeweils ein endloser »Tatzelwurm« aus Blech hinauf zum großen Parkplatz am *Lac d'Aubert* (2150 m). Oben wird der Wagen geräumt, dann verziehen sich Monsieur und Madame mit ihrer Picknickausrüstung ins Gelände. Wandern ist noch keine Massenbewegung wie in den Alpen (wer bedauert das?), die Wege deshalb nicht so voll, wie man bei der Anfahrt vermuten könnte. Und außerhalb der Ferienzeit ist man ohnehin fast allein in dieser bezaubernden Seen- und Felslandschaft. Da stellt sich dann nur die Frage: Seenwanderung oder Gipfelerlebnis? Wer sich für ersteres entscheidet, hat die Qual der Wahl: Soll man den *Lac de l'Oule* (1819 m) besuchen, über den Col d'Aumar (2381 m) und den Col d'Estibère (2455 m) zum kleinen, versteckt in einer Karmulde gelegenen *Lac de Port-Bielh* (2285 m) wandern oder zu den Seen jenseits des Col de Bastanet (2507 m) aufbrechen?

Wen's gipfelwärts zieht, der hat dieses Problem nicht: Der *Pic de Néouvielle* muß es sein, der einzige Dreitausender hier, ein markanter Granitzacken, schroff über dem Lac d'Aubert aufragend, mit dem See zusammen beliebtestes Foto- und Werbesujet des Nestetals. Entsprechend viele möchten auf diesen Pic, verständlicherweise. Die meisten nehmen den direkten Weg; kaum frequentiert ist der etwas längere, sehr interessante Anstieg über die *Hourquette d'Aubert* (2498 m). Vom felsigen Gipfel genießt man neben einem weiten Panorama, das jenem des Pic de Campbieil (siehe Tour 25) kaum nachsteht, einen schwindelnden Tiefblick auf den Lac de Cap de Long (2161 m). Am westlichen Horizont fesseln die Silhouetten zweier ganz »Großer«: Vignemale (3298 m) und Balaïtous (3146 m).

Der Wegverlauf

Vom Parkplatz am *Lac d'Aubert* (2150 m) führt ein guter Pfad nordwestlich hinauf in die breite Senke der Hourquette (= Col) d'Aubert (2498 m) – gerade richtig zur Einstimmung. Das Ziel, den Pic de Néouvielle, hat

Vielbesuchter Dreitausender: der Pic de Néouvielle (3091 m) hoch über dem Lac d'Aubert.

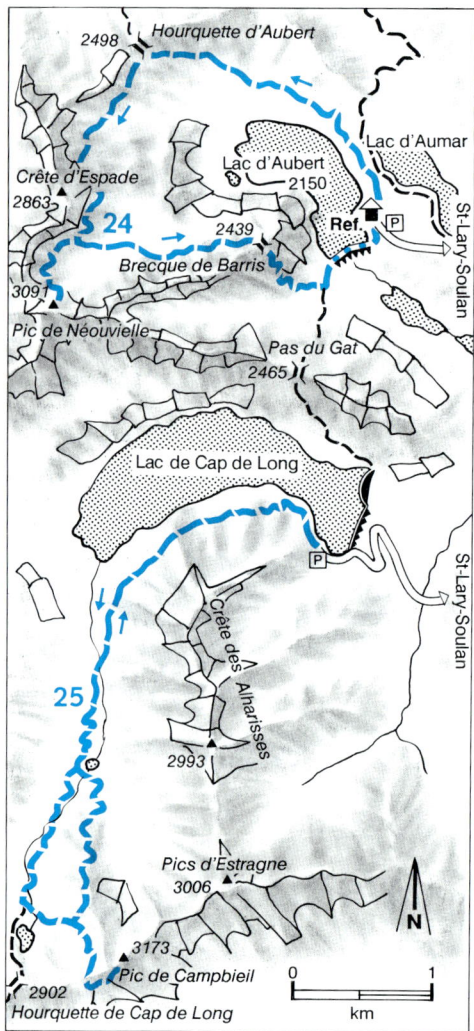

einem Rücken (ca. 2770 m) unterhalb des zerrissenen, mit spitzen Nadeln besetzten Kamms (schöner Rastplatz); vor sich hat man nun den gesamten Weiterweg: zunächst hinab in eine weite mit Bergsturztrümmern gefüllte Karmulde, wo man auf den Normalanstieg stößt, dann aufwärts zum harmlosen Schneefeld des »Glacier« de Néouvielle, weiter linkshaltend über Blockwerk und blanken Fels aufwärts zu einer Steilrinne, die knapp links des Gipfels vom Grat herabzieht. Man durchsteigt sie ohne Probleme (I), kommt auf die Südseite und anschließend rasch zum höchsten Punkt.

Der Abstieg verläuft durch das Tälchen unter der Crête de Barris d'Aubert: nochmals ausgiebiges Blockhüpfen, ehe zwischen den Steinen allmählich ein Weglein sichtbar wird. Eine kleine Gegensteigung führt in die Minischarte der Brecque de Barris (2439 m); dahinter geht's steil bergab. Kleine Felsstufen, Zickzack, Geröll – dann läuft der Weg an der Staumauer des Lac d'Aubert aus.

Nützliche Informationen

Ausgangspunkt: Parkplatz am *Lac d'Aubert* (2150 m). Zufahrt aus dem Tal der Neste via Lac d'Orédon (1850 m), 24 km von St-Lary-Soulan (830 m). Wer zum Lac de l'Oule will, stellt sein Fahrzeug unterhalb des Lac d'Orédon ab (Parkplatz, ca. 1600 m).
Anstiegsleistung: Lac d'Aubert – Pic de Néouvielle: 1000 m (inklusive Gegensteigungen).
Gehzeiten: Insgesamt: 5½ Std. Lac d'Aubert – Hourquette d'Aubert: 1¼ Std., Hourquette – Pic de Néouvielle: 2¼ Std.; Abstieg zum Lac d'Aubert: 2 Std.
Verkehrsverbindungen: St-Lary-Soulan wird regelmäßig durch Linienbusse angefahren; in dem Ferienort kann man Autos und Mountainbikes mieten. Taxi.
Unterkunft: Keine. Als Stützpunkt für Wanderungen und Gipfeltouren im Massif de Néouvielle kommt das *Chalet-Hôtel d'Orédon* am gleichnamigen Stausee (1850 m) in Frage.
Verpflegung: Unterwegs aus dem Rucksack.
Weitere Tourenvorschläge: *Rund um den Lac de l'Oule* (1819 m): vom Parkplatz (ca. 1600 m) im Tal der Neste de Couplan etwa

man nämlich ständig im Blickfeld: ein Koloß aus grauem Granit, gekrönt von einem Drachenrücken, der in ein keckes Felshorn ausläuft. Im Rückblick zeigt sich der idyllische Lac d'Aumar, über der Talmündung steht der Pic de Lustou (3023 m), ein einsamer Dreitausender nahe der spanischen Grenze. Selten allein ist man dagegen auf der Hourquette d'Aubert, führt doch auch von der Tourmalet-Paßstraße ein markierter, lohnender Weg herauf. Ausgesprochen ruhig wird es aber, wenn man sich knapp vor der Wasserscheide nach links wendet und den Steinmännchen in die Blockhalden unterhalb der Crête d'Espade folgt. Sie leiten aufwärts zu

2½ Std., vielbegangen. Bei der Staumauer Chalet-Hôtel de l'Oule, im Sommer bewirtschaftet.

Lacs de Bastan (ca. 2250 m): 5 Std. hin und zurück. Zwischen den beiden Seen steht das Refuge de Bastan.

Refuge de Campan (2225 m): über den Col de Bastanet (2507 m), lange, sehr schöne Wanderung, von der Straße (Parkplatz, ca. 1600 m) aus etwa 8½ Std. hin und zurück.

Lac de Port-Bielh (2285 m): vom Lac d'Aubert über die Pässe Aumar und Estibère, 6 Std. hin und zurück.

In der Umgebung des Lac d'Aubert sind auch hübsche kleinere Wanderungen möglich, z.B. zur Hourquette d'Aubert (2498 m), zu den Lacquettes (2085 m) und zum Col de Madamète (2509 m).

Informationen: Office du Tourisme, 65170 St-Lary-Soulan. In St-Lary gibt es auch ein Nationalpark-Haus (Parc National des Pyrénées Occidentales).

Karten: IGN-Karte Pyrénées, carte de randonnées 4, »Bigorre«, 1:50 000. – IGN-Karte »Top 25«, 1748 ET »Néouvielle«, 1:25 000.

25 Pic de Campbieil, 3173 m

Hoch und einsam …

Tourencharakter: Lohnende Gipfeltour, auch im Juli/August recht einsam. Trittsicherheit erforderlich. – Tagestour.
Reine Gehzeit: 6 Std.
Beste Jahreszeit: Juli bis Ende September.
Markierung: Bis zum oberen Ende des Lac de Cap de Long guter Pfad, rot-weiß markiert, dann Wegspur mit Steinmännchen bis zum Gipfel.

In den fünfziger Jahren zur Energiegewinnung angelegt, bilden die Seen am Oberlauf der Neste längst eine Touristenattraktion, und entsprechend überfüllt sind alle Park-

Schafen begegnet man in den Pyrenäen fast überall, auch im Hochgebirge, wie hier unterhalb der Hourquette de Cap de Long (2902 m).

101

und Picknickplätze im Hochsommer. Ein gut Teil der (vielen) Feriengäste, die Hotels, Appartements und Campingplätze in der Vallée d'Aure bevölkern, vergnügt sich bei schönem Wetter im Naturschutzgebiet (!) von Néouvielle. Morgens hinauf, am Abend wieder zu Tal, und natürlich mit dem eigenen Vehikel. Die wenigen, die es auf umweltschonende Art mit eigener Muskelkraft versuchen und sich durch die Serpentinen der ehemaligen Werkstraßen bergwärts mühen, tun dafür ihrer Gesundheit keinen großen Dienst...

Am Lac d'Orédon (1850 m) verzweigt sich die Route, rechts geht's zum Lac d'Aubert, links zum *Lac de Cap de Long* (2161 m). Wirkungsvoll überragt vom berühmtesten Gipfel der Region, dem Pic de Néouvielle (3091 m; siehe Tour 24), ist er auch Ausgangspunkt für die Besteigung des Pic de Campbieil. Ein stattlicher Dreitausender, nach dem Pic Long (3192 m) im weiteren Umkreis von keinem anderen Gipfel an Höhe übertroffen. In seinem Panorama finden sich fast alle großen Berge der westlichen und zentralen Pyrenäen: im Westen Vignemale (3298 m) und Balaïtous (3146 m), hinter dessen massigem Felsbau sich der schönste Pyrenäengipfel verbirgt, der Pic du Midi d'Ossau (2884 m), im Südwesten ist die abenteuerlich tief-enge Scharte der Brèche de Roland Blickfang; gleich links flankiert vom Monte Perdido (3355 m). Hinter bzw. über den Dreitausendern um Pic Schrader (3174 m) und Pic Perdiguère (3222 m) steht der »Größte«, der Aneto (3404 m), rechts und etwas näher, der Posets (3375 m). An diesem Augusttag zeigte sich das Wetter wieder einmal recht launisch: blauer Himmel drunten am See, schwarze Wolken am Gipfel, dumpfes Donnergrollen kam vom Perdido herüber, der Wind pfiff mir um die Ohren. In die recht gespenstische Szenerie paßten die drei Bartgeier ganz gut, die völlig unbeeindruckt über meinem Kopf ein paar Kreise zogen...

Der Wegverlauf

Zum oberen Ende des (unverschämt) blauen *Lac de Cap de Long* (2161 m) führt ein guter Plattenweg, der über dem Südufer um etwa 150 m ansteigt. Davon »verliert« man allerdings die Hälfte wieder, was am Rückweg noch etwas zusätzliche Mühe bedeutet. Doch bei der Faszination der Berge rundum stört das wohl wenig: unmittelbar über dem Speicher steht schroff der Pic de Néouvielle (3091 m), im Südwesten der Pic Long (3192 m) mit seinem kleinen Gletscher. Erst nach und nach öffnet sich die Kulisse der Montagne de Cap de Long, schließlich kommt im Süden auch das Ziel, der Pic de Campbieil, ins Blickfeld. Steinmännchen leiten taleinwärts; in steilem Serpentinenanstieg überwindet man einen felsigen Riegel. Dahinter liegt ein weiter Boden, belebt von einem seichten Karsee (ca. 2570 m).

Hier gabelt sich der Weg: rechts geht's über einen karg begrünten Rücken und leichte Felsstufen bergan Richtung Pic Long, genau südlich leitet eine deutlichere Spur im Zickzack aufwärts. Bald ist die Höhe der Hourquette de Cap de Long (2902 m) gewonnen. Über dem breiten Sattel tritt im Südwesten der Marboré (3248 m) hervor, höchster Gipfel des Cirque de Gavarnie. Nicht ganz so hoch und nur noch eine gute halbe Stunde entfernt ist der *Campbieil*; eine steile Spur leitet über den Geröllhang zum Grat – nicht zu schnell angehen, sie zieht sich ganz schön! Am Kamm darf man verschnaufen, beim anschließenden kurzen Spaziergang links zum Gipfel hat man bereits mehr Augen für das Panorama als für den Weg. Eine winzige Felsstufe, noch ein paar Schritte, dann ist die *Höhenquote 3173* erreicht – für die Pyrenäen eine ganz ordentliche Marke. Und mehr als nur »ordentlich« ist (bei entsprechendem Wetter) das Panorama: viel Glück!

Nützliche Informationen

Ausgangspunkt: *Lac de Cap de Long* (2161 m), Anfahrt von St-Lary-Soulan (830 m) durch das Tal der Neste de Couplan, bis zur Staumauer 23 km. Großer Parkplatz.
Anstiegsleistung: Lac de Cap de Long – Pic Campbieil: 1200 m (inklusive Gegensteigungen).
Gehzeiten: Insgesamt: 6 Std.
Staumauer – Oberes See-Ende: 1 Std., Aufstieg zum Gipfel: 2½ Std.
Abstieg auf dem gleichen Weg: 2 bis 2½ Std.
Unterkunft: Keine. – Über dem Ostufer des Lac d'Orédon steht das *Chalet-Hôtel d'Oré-*

don; als Stützpunkt für Touren im Néouvielle günstig gelegen.
Verpflegung: Unterwegs aus dem Rucksack.
Weitere Tourenmöglichkeiten: Wer dem Rummel um die Stauseen von Néouvielle ausweichen möchte, findet in den beiden Tälern von *Rioumajou* und *Moudang* dankbare, ruhige Tourenreviere. Zufahrt von St-Lary-Soulan durch die obere Vallée d'Aure, schöne Talwanderungen. Als empfehlenswerte Gipfelziele sind zu nennen: der *Pic de Lustou* (3023 m), 4 Std. aus dem Rioumajou-Tal, und der *Pic de Batoua* (3034 m), 4½ Std. vom Hospice de Rioumajou (1560 m), beide wenig schwierig, aber mit langen Anstiegen.
Informationen: Office du Tourisme, 65170 St-Lary-Soulan.
Karten: IGN-Karte Pyrénées, carte de randonnées 4, »Bigorre«, 1:50 000. – IGN-Karte »Top 25« 1748 ET »Néouvielle«, 1:25 000.
Kartenskizze zu Tour 25: siehe S. 100.

26 Rund um die Peña de la Una

Jenseits der »Frontière sauvage« – ganz wild!

Tourencharakter: Recht anspruchsvolle Runde im Norden des Cotiella-Massivs. Bergerfahrung notwendig, nur bei sicherem Wetter empfehlenswert. – Tagestour.
Reine Gehzeit: 5½ Std.
Beste Jahreszeit: Juli bis Anfang Oktober.
Markierung: Vereinzelt Steinmännchen, sonst unmarkiert. Gelegentliche Wegsuche kaum zu vermeiden.

Überwältigend, monumental, archaisch, dantesk. Alles Attribute, die mir einfallen, wenn ich an diese Abenteuerrunde im Norden der Cotiella denke. Und noch eines: ab-

Der größte Stausee im Néouvielle-Massiv ist der Lac de Cap de Long (2161 m).

Ein namenloser Zacken im Cotiella-Massiv.

solut menschenleer. Wer hier wandert, sollte das besser nicht allein tun, ein simpler Unfall kann sich zur lebensbedrohenden Katastrophe auswachsen. Wasser ist ausgesprochen rar, dafür gibt's Steine im Überfluß, kaum irgendwo habe ich Geröllteppiche von ähnlichem Ausmaß gesehen; und im Circo de la Ribereta fühlt man sich fast schon wie auf dem Mond. Daß man in diesem weltabgeschiedenen Winkel der spanischen Pyrenäen keine markierten AV-Wege trifft, verwundert kaum. Dafür gibt es ein Landschaftserlebnis von ungewöhnlicher Eindringlichkeit; und beim Aufstieg zum Collado de la Ribereta wandert man unter den Geröllhängen des Agujas de Lavasar (2612 m) über einen riesigen, dichtgewobenen Edelweißteppich.

Die *Cotiella* (2912 m) erhebt sich rund 20 Kilometer südlich vom Pyrenäen-Hauptkamm, ein mächtiger Bergstock, durch eine tiefe Einsenkung (Puerto de Sahún, 1989 m) vom Posetsmassiv getrennt, aufgebaut aus Sedimenten der Oberkreide. In der Eiszeit war die Cotiella teilweise vergletschert; recht gut erhaltene Moränen finden sich im Circo de Armeña und oberhalb von Saravillo (ca. 1200 m). Auffallend ist der Reichtum an Karsterscheinungen, insbesondere im Osten des Massivs (Circo de Armeña) und in der Umgebung des Barranco de Gallinérs, wo bis zu 300 Meter tiefe Schächte entdeckt wurden.

Der Wegverlauf

Vom Straßenendpunkt folgt man zunächst einer kleinen Pfadspur, die den nach Nordwesten abfallenden Hang ohne größeres Auf und Ab quert und in eine breite Trasse mündet, auf der ansteigend bald die Mündung des Lavasar-Tals erreicht ist. Bei einem Steinmännchen verläßt man die Schotterpiste und steigt nach Süden talaufwärts. Hinter einem Geröllriegel öffnet sich ein weiter Wiesenboden; zur Linken hat man die gewaltige Schuttflanke des Agujas de Lavasar (2612 m), im Vorblick die rötlich-braune Schulter der Peña de la Una (2681 m) und einen markanten namenlosen Felszacken (2485 m). Man steuert die dazwischenliegende kleine Senke (ca. 2380 m) an: ein mit Edelweiß übersäter Hang, dann eine Geröllflanke. Szenenwechsel. Man steht am Rand eines zerklüfteten Karrenplateaus, das sich zwischen Peña de la Una und dem Barranco Gallinérs erstreckt. Steinmännchen leiten über den Rücken südwärts in den *Collado de la Ribereta* (2550 m). Dabei rückt der *Pico d'Espouy* (2797 m) allmählich näher und höher; an seinem ausladenden Westgrat erkennt man eine Pfadspur, die in eine winzige Scharte leitet. Sie führt, nach einem unangenehmen Zwischenabstieg, in die West-, später in die Südflanke der *Cotiella* (2912 m) und zum Gipfel – eine Riesentour, als Tagespensum nur für Leute mit Superkondition.

Vom *Collado de la Ribereta* schaut man von oben hinein in den *Circo de la Ribereta*: ein »End' der Welt«, Mauern rundum, von Titanenkräften gefaltete und überschobene Felsschichten, riesige Geröllreißen. Der »Talboden« besteht ausschließlich aus Schotter, kein Humus, kein Fels, man meint auf einem See aus Geröll zu gehen. Erst allmählich gewinnt das Leben wieder Raum, zuerst ein paar Flechten, dann etwas braune Erde, schließlich Blumen, Wiesengrün. Man wandert talauswärts – zurück ins Leben. Aber Vorsicht: Da lauert noch ein 200-Meter-Felsabsturz, von oben nicht sichtbar. Steinmännchen leiten nach links; durch eine steile Rinne steigt man ab, über Geröll geht's dann hinaus zum seichten *Ibón de Plan* (1920 m). Östlich über dem See ragen zwei »Uhrzeiger« in den Himmel, der Peña de las Once (»Elfer«, 2650 m) und der Peña de Mediodia (»Zwölfer«, 2427 m); rund um den »Einser« (Peña de la Una) ging die Abenteuerrunde im Norden des Cotiella-Massivs. Sie schließt mit dem Weg vom Plan-See zurück zum Ausgangspunkt, zuletzt nochmals kurz ansteigend.

Nützliche Informationen

Ausgangspunkt: Forsthaus (ca. 1940 m) am *Collado del Ibón* (1911 m). Anfahrt von Salinas (780 m) an der Straße zum *Bielsatunnel* Richtung Plan, dann rechts (Hinweistafel) hinauf zu dem Dörfchen *Saravillo*. Durch

Folgende Abbildung:
Exotisches Gebirge, fremde Welt:
Felsenwüste im Ribereta-Kar.

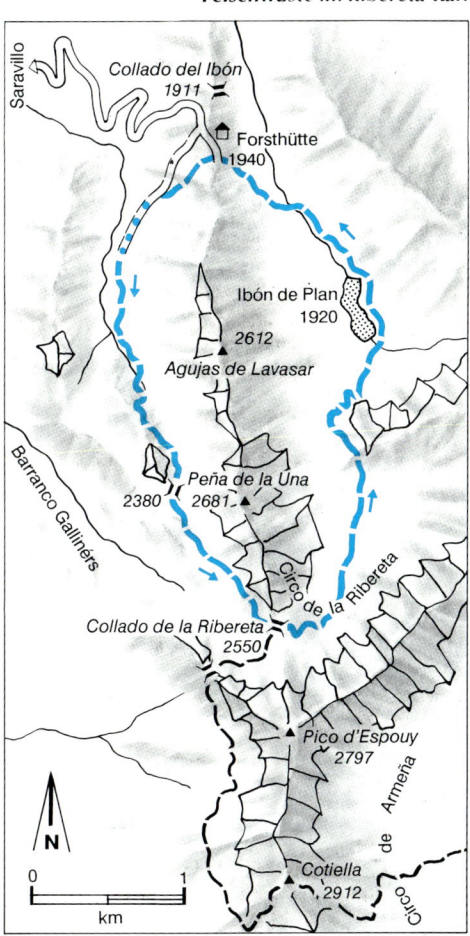

den Ort (1,5 km), dann in einer gegen Süden ausholenden Schleife aufwärts, bei einer Doppelverzweigung (3,5 km) geradeaus, an einer weiteren Abzweigung links, in östlicher Richtung durch die Nordabstürze des Cotiella-Massivs, eine wilde Schlucht querend, zuletzt über zehn Serpentinen hinauf zu einer Forsthütte wenig oberhalb des Collado del Ibón. Hier endet das zuletzt ziemlich rauhe Sträßchen (ca. 1940 m, 13,6 km).
Anstiegsleistung: Straßenendpunkt – Collado de la Ribereta: 620 m.

Gehzeiten: Insgesamt: 5½ Std.
Aufstieg zum Collado de la Ribereta: 3 Std., Abstieg aus dem Circo de la Ribereta: etwa 2½ Std.
Verkehrsverbindungen: Die spanische Buslinie endet im Städtchen Ainsa, wo man ein Taxi für die Weiterfahrt mieten kann.
Unterkunft: Im Norden der Cotiella gibt es weder eine bewirtschaftete Hütte noch Biwaks. – Günstiger Standort für Touren in diesem Teil der spanischen Pyrenäen ist *Bielsa* (1023 m; Hotels).

Verpflegung: Unterwegs aus dem Rucksack.
Weitere Tourenvorschläge: Natürlich lockt der Gipfel der *Cotiella* (2912 m), fast ein Dreitausender, auf dem bereits skizzierten Anstieg aber sehr lang, mit einigen leichten Kletterstellen (I-II). Orientierung nicht einfach. Vom Straßenendpunkt (ca. 1940 m) via Collado de la Ribereta zum Gipfel etwa 6 Std., mit Rückweg 10 Std.
Karte: Editorial Alpina, »Bachimela/Cotiella«, 1:25000/1:40000, mit kleinem Führer (spanisch).

27 Balcón de Pineta, 2540 m

Die schönste Terrasse der Pyrenäen

Tourencharakter: Lange, anstrengende Wanderung mit großem Höhenunterschied. Früher Aufbruch (Hitze!) ratsam. – Tagestour.
Reine Gehzeit: 6 Std.
Beste Jahreszeit: Ende Juni bis Anfang Oktober.
Markierung: Kaum Markierungen, aber Wegzeiger an den Abzweigungen. Keinerlei Orientierungsprobleme, deutlicher, schön angelegter Weg.

Neben den berühmten Cirques von Gavarnie, Troumouse und Ordesa wirkt der Talschluß von Pineta eher »hausbacken«, riesig zwar, ein weites Halbrund, felsumrahmt, auch der Wasserfall fehlt nicht, schon eher die dramatische Attitüde. Immerhin überragt der Perdido den Talboden um zwei Kilometer, und bis zum Rand des *Balcón de Pineta* hat man einen Höhenunterschied von gut 1200 Meter zu überwinden, mit der Sonne im Rücken und kaum Schatten rundum. Wenigstens gibt es ab und zu etwas Wasser, nicht nur an der großen Cascada, deren Rauschen den Wanderer längere Zeit begleitet. Der kunstvoll angelegte Pfad schlängelt sich über (exakte) 217 Kehren bergwärts, umgeht listig alle Steilaufschwünge, schlüpft über ein felsiges Eck in einen Karwinkel: noch ein paar Serpentinen, ein Band, dann ist man (endlich!) oben, vom Rand des »Balkons« grüßt ein großes Eisenkreuz.

Szenenwechsel. Die Mauern sind verschwunden, der Horizont plötzlich wieder offen. Ein Bild wie aus dem Cinéma phantastique, zu schön, um real zu sein: der weite, von Bergsturztrümmern übersäte Boden, gelb, braun, weiß und grau der Stein, im Talhintergrund Wüstensand und senkrechte Kalkschichten, bizarr zersägt, gegenüber die

Endlich! Nach gut 1200 Steigungsmetern ist der obere Rand des Circo de Pineta erreicht.

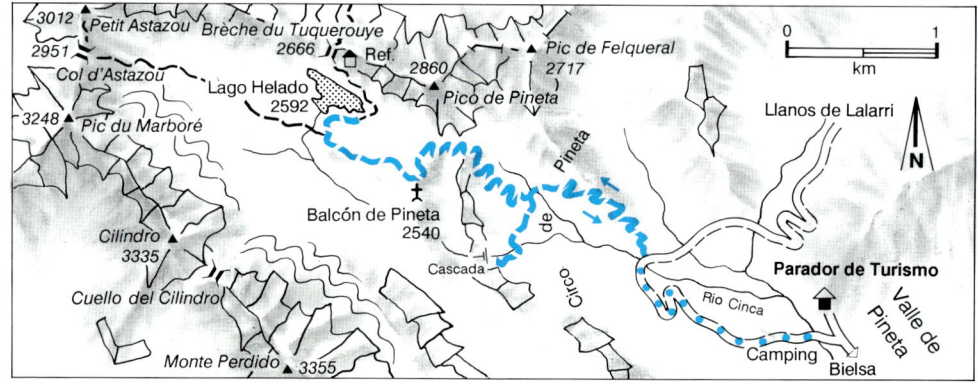

»Drei Schwestern«, Sum de Ramond (3254 m), Perdido (3355 m), Cilindro (3335 m), mit dem Pic du Marboré (3248 m) eine graue Riesenmauer, an die sich zwei kleine Hängegletscher klammern. Und überspannt wird diese unglaubliche Kulisse von einem azurblauen Himmel – Zauber der Berge.

Sogar einen See gibt's auf dem Balcón de Pineta, den *Lago Helado de Pineta* (2592 m). Er ist allerdings grün, nicht blau, und Eis konnten wir an diesem Augusttag auch keines mehr entdecken. Dafür eine Pfadspur, die um den See herum in die Brèche du Tuquerouye (2666 m) führt. In dieser extrem engen Scharte steht eine kleine Hütte, genau auf der Grenze zwischen Frankreich und Spanien, das *Refuge de Tuquerouye*, ältestes Schutzhaus des CAF in den gesamten Pyrenäen, bereits 1890 erbaut.

Der Wegverlauf

Ausgangspunkt für den 1200-Höhenmeter-Anstieg ist der *Campingplatz* (ca. 1330 m) im Talschluß des Valle de Pineta. Man folgt zunächst dem Sträßchen, das hinauf in die Llanos de Lalarrí führt, bis zur Brücke (ca. 1470 m) über den *Rio Cinca*. Im Vorblick zeigt sich sehr schön der Pico de Pineta (2860 m) mit seinen schräggestellten Sedimentschichten. Gleich jenseits der Brücke weist ein Wegzeiger links zum *Balcón de Pineta*, es beginnt das Kurvenkarussell. In bequemen Schleifen wandert man bergwärts, hinein in die große Kulisse. Zur Linken wird der Wasserfall sichtbar. Ein Steig führt hinauf zu der über 50 Meter hohen Kaskade (hin und zurück etwa 30 Min.). Da kann man sich in die kühlende Gischt stellen, im Hochsommer durchaus empfehlenswert, denn der Weiterweg kostet mit Sicherheit noch einige Schweißtropfen. In schier endlosem Zickzack geht's durch den Circo aufwärts, schließlich um ein felsiges Eck herum in ein kleines Tälchen. Es folgt eine letzte Serpentinengruppe, dann leitet der Pfad auf ein leicht ansteigendes Felsband und zum Rand der Terrasse.

Vom *Cruz de Pineta* (ca. 2540 m) führt der Weg schließlich ohne nennenswerte Steigung zum *Lago Helado* (2592 m), den Planer aus dem fernen Madrid wohl vor Zeiten in ein Speicherbecken zu verwandeln gedachten. Die Ruinen der zwei Staumauern stehen längst im Trockenen, sinnlos...

Nützliche Informationen

Ausgangspunkt: *Valle de Pineta*, ordentliche Zufahrt von Bielsa (1024 m) bis in den Talschluß, 14 km. Am Straßenende großer Parador Nacional (staatliches Touristenhotel) und ein Campingplatz (ca. 1330 m). Parkmöglichkeit an der Brücke über den Rio Cinca.
Anstiegsleistung: Valle de Pineta – Balcón de Pineta: 1310 m.
Gehzeiten: Valle de Pineta – Balcón de Pineta: 3½ Std., Abstecher zum Wasserfall: 30 Min., Balcón de Pineta – Lago Helado: 20 Min., Abstieg auf dem gleichen Weg: 2¼ Std.

Welt in Aufruhr. Von Titanenkräften verformte Schichtpakete am Cilindro (3335 m), gesehen vom Balcón de Pineta aus.

Über dem Circo de Pineta bauen sich die Grenzgipfel zu Frankreich auf (von links): Pico de Pineta (2860 m), Pic de Felqueral (2717 m).

Verkehrsverbindungen: Keine Buslinie, eventuell mit dem Taxi von Bielsa ins Valle de Pineta.
Unterkunft: *Refuge de Tuquerouye* (2666 m) in der gleichnamigen Scharte; Selbstversorgerhütte, ziemlich spartanisch eingerichtet, stets zugänglich.
Verpflegung: Unterwegs aus dem Rucksack.
Weitere Tourenvorschläge: *Llanos de Lalarrí* (ca. 1600 m), kleine Wanderung aus dem Talschluß, etwa 1¼ Std., rot-weiß markierter Weg. Man kann die Tour bis zu den malerisch gelegenen *Lagos de la Munia* (2530 m) ausdehnen, gut 3 Std. vom Valle de Pineta.
Petit Astazou (3012 m): Konditionsriesen können den Aufstieg zum Balcón de Pineta mit der Besteigung eines Dreitausenders verbinden. Markierter Weg vom Lago Helado bis zum Col d'Astazou (2951 m), dann über den leichten Südgrat zum Gipfel, 2 Std. vom Lago Helado. Die Gesamtgehzeit vom Tal aus liegt bei knapp 10 Std. – ein volles Tagespensum mit 1700 Steigungsmetern!
Collado de Añisclo (2460 m): Markierter Weg aus dem Valle de Pineta (beschilderte Abzweigung 2 km vor dem Straßenende), etwa 3½ Std. Sehr schöner Aussichtspunkt, Abstieg in den Añisclo-Canyon und Übergang zur Goriz-Hütte möglich. Eine Wegverbindung zwischen dem Collado de Añisclo und dem Balcon de Pineta existiert nicht (obwohl in der Karte eingezeichnet); es handelt sich um eine spärlich markierte Route mit einigen Kletterstellen im II. Schwierigkeitsgrad. Für erfahrene Bergsteiger bestimmt sehr lohnend, 4 bis 5 Std.
Informationen: Auskünfte über den Ordesa-Nationalpark erhält man bei der Delegación Provincial de Turismo, Avenida Santo Grial 6, Huesca.
Karte: Editorial Alpina, »Ordesa«, 1:40 000, mit kleinem Führer (spanisch).

Licht- und Schattenspiel.
Abend im Cirque de Troumouse.

28 Piméné, 2801 m

Das »Belvédère« von Gavarnie

> *Tourencharakter:* Recht lange, aber wenig schwierige Gipfeltour auf guten Wegen. – Tagespensum.
> *Reine Gehzeit:* 7½ Std.
> *Beste Jahreszeit:* Ende Juni bis Anfang Oktober.
> *Markierung:* Vielbegangene Wege, markiert, keine Orientierungsprobleme.

Man kann sich Gavarnie natürlich von unten anschauen; Tausende tun's alljährlich, denn der Abstecher in den berühmten Talschluß gehört einfach zu jeder Pyrenäenreise. Gavarnie von oben: Da muß man hinaufsteigen zum Piméné, zu dem schönsten »Belvédère« des großen Cirque, einem Aussichtspunkt ersten Ranges. Doch vor dem Preis steht bekanntlich der Schweiß, und das darf in diesem Fall wörtlich genommen werden. 1300 Höhenmeter sind kein Pappenstiel, ein gut vierstündiger Aufstieg steht uns bevor.

Der Auftakt ist recht gemütlich, der Pfad steigt nur leicht an, im Talhintergrund zeigen sich die Felsen des Cirque d'Estaubé, an den senkrechten Felsen unter dem Montagne de Larrue ziehen zwei Adler ihre Kreise, die Aufwinde spielerisch nutzend. Der Talboden liegt noch im Schatten, erst beim Anstieg zur *Hourquette d'Alans* (2430 m) holt uns die Hitze ein. Dafür gibt's auf dem Paß eine wohlverdiente Rast – mit Blick gleich in zwei Cirques, jenen von Gavarnie und den von Estaubé. Der anschließende Zwischenabstieg mit gut 150 »verlorenen« Höhenmetern weckt zwar wenig Freude, doch keine zwei Stunden später ist er längst vergessen: Man steht oben, Gipfel und Täler rundum, eine Aussicht wie aus dem Pyrenäen-Bilderbuch. Blickfang ist natürlich zunächst einmal das riesige Felshalbrund des *Cirque de Gavarnie* mit seinen treppenartig abfallenden Mauern: rechts der Taillon (3144 m), ein leichter Dreitausender (siehe Tour 30), davor der Pic des Sarradets (2739 m), Hüttenberg des gleichnamigen Refuge mit einigen schönen Kletter-

Vom Weg zum Refuge des Sarradets hat man einen besonders schönen Blick auf den Piméné (2801 m).

routen, dann – unübersehbar – die *Brèche de Roland* (2807 m), an die links ein hoher Kamm mit dem »Helm« (Casque, 3006 m), dem »Turm« (Tour, 3009 m) und der »Schulter« (Epaule, 3073 m), dem Pic du Marboré (3248 m) und dem Grand Astazou (3071 m) anschließt; dahinter stehen die beiden höchsten Erhebungen des Massivs, der Cilindro (3335 m) und der Monte Perdido (3355 m),

bereits zum Gipfelrahmen des spanischen Ordesatals gehörend.
Was für ein Szenarium! Daneben wirkt der *Cirque d'Estaubé* recht harmlos, und vom *Cirque de Troumouse*, der die Reihe der Talabschlüsse nach Osten hin fortsetzt, lugen nur ein paar Gipfel herüber (Pic de Gerbats, 2904 m; Pic de la Munia, 3133 m). Herrlich frei dagegen der Blick nach Westen, durch das Tal des Gave d'Ossoue zum *Vignemale* (3298 m), dessen Firnschild hell in der Sonne gleißt. Ein markanter Zacken im Nordwesten ist der Pic d'Ardiden (2988 m), im Nordosten ragen die Dreitausender des Néouvielle-Massivs in den Himmel (Pic Long, 3192 m), und nach Norden schaut man hinaus bis in die wellige Hügellandschaft des Ger.

Der Wegverlauf

Die ersten 100 Meter des Weges zum Piméné sind betoniert: Sie führen über die Krone der Staumauer (1668 m) ans linke Ufer des *Lac des Gloriettes*. Dann geht es taleinwärts, auf ordentlichem Weg. Im Vorblick hat man die Felsbarriere des *Cirque d'Estaubé* (Pico de Pineda, 2860 m). Knapp vor dem Pont d'Estaubé (1765 m) beginnt der Anstieg zur *Hourquette d'Alans*; er vermittelt prächtige Aussicht auf die Gipfelumrahmung des Cirque. Bei der 2200-Meter-Marke passiert man die Abzweigung zum Refuge de Tuquerouye. Wenig später, knapp oberhalb der großen Linkskehre an dem kunstvoll angelegten Weg, geht rechts ein schmaler Schafsteig ab (ca. 2240 m). Wer den Höhenverlust jenseits der *Hourquette d'Alans* vermeiden möchte, kann hier über Wiesenhänge direkt zum Kamm aufsteigen (nur bei guter Sicht ratsam; ein Abirren in die Felsen von Pouey Arrabi ist gefährlich!). Ein paar hundert Meter weiter nördlich, am *Col du Piméné* (2522 m), stößt man wieder auf den »Originalweg«. Er leitet fast eben durch die Ostflanke des Petit Piméné (2667 m), dann in kurzem Schrofenanstieg in den Sattel (2647 m) unter dem »Kleinen« und über den gutmütigen Südgrat zum Gipfel des »Großen« Piméné.

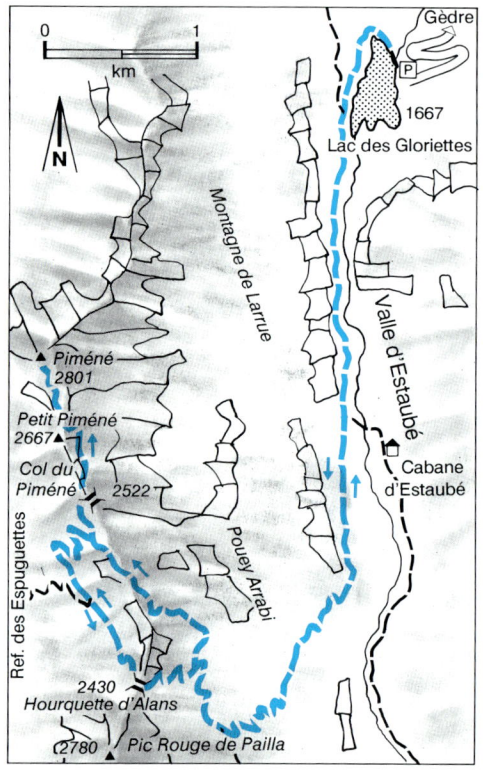

Nützliche Informationen

Ausgangspunkt: *Lac des Gloriettes* (1667 m), über die ehemalige Werkstraße erreichbar, Abzweigung oberhalb von Gèdre (1011 m), dann auf der D 922 Richtung Cirque de Troumouse bis zum Pont de l'Arraillé (1459 m), schließlich in ein paar Serpentinen zur Krone der Staumauer, 8 km. Parkplatz.
Anstiegsleistung: Lac des Gloriettes – Piméné: 1300 m. Beim Abstieg hat man zur Hourquette d'Alans dann nochmals etwa 150 m Gegensteigung.
Gehzeiten: Insgesamt: 7½ Std. Lac des Gloriettes – Pont d'Estaubé: 1 Std., Pont d'Estaubé – Hourquette d'Alans: 2 Std., Hourquette d'Alans – Piméné: 1½ Std., Abstieg auf dem gleichen Weg: 3 Std. Wählt man den (unmarkierten) Direktanstieg zum Col du Piméné, verkürzt sich die Gehzeit um etwa 20 Min.
Verkehrsverbindungen: Buslinie Luz-St-Sauveur – Gèdre – Gavarnie.
Unterkunft: *Refuge des Espuguettes* (2027 m) am Anstieg von Gavarnie zum Piméné, im Sommer bewirtschaftet. – *Cabane d' Estaubé* (1765 m), im Estaubétal, 5 Min. vom Anstiegsweg auf den Piméné, Notunterkunft, stets zugänglich.
Verpflegung: Unterwegs aus dem Rucksack.

Weitere Tourenmöglichkeiten: Den *Piméné* (2801 m) kann man auch von Gavarnie (1365 m) aus besteigen. Vielbegangener Weg, ordentlich markiert, via Refuge des Espuguettes (2027 m) 4½ Std. Dabei stößt man etwa 40 Min. oberhalb der Hütte auf den in Tour 28 beschriebenen Anstieg. Nicht versäumen sollte man einen Besuch des *Cirque de Troumouse*, gebührenpflichtige Zufahrt, 15 km ab Gèdre. Prächtiger Talschluß, von ganz anderer Wirkung als der (viel tiefere) Cirque de Gavarnie; besonders schön am Spätnachmittag (wenn die vielen Ausflügler schon wieder im Tal sind). Empfehlenswerter Spaziergang vom Straßenende (2100 m) zu den Lacs des Aires (2089 m), etwa 30 Min.
Informationen: Office du Tourisme in 65120 Gèdre. Wissenswertes über den Pyrenäen-Nationalpark erfährt man im Maison du Parc, 65120 Gavarnie.
Karten: IGN-Karte Pyrénées, carte de randonnées 4, »Bigorre«, 1:50 000. – IGN-Karte »Top 25« 1748 OT, »Gavarnie«, 1:25 000.

29 Cirque de Gavarnie, 1570 m

Das schönste Stück der Pyrenäen

> **Tourencharakter:** Leichte Talwanderung, im Hochsommer großer Andrang. – Halbtagestour.
> **Reine Gehzeit:** 3¼ Std., mit dem Abstecher zum großen Wasserfall etwa 4 Std.
> **Beste Jahreszeit:** Ende Mai bis Mitte Oktober.
> **Markierung:** Vielbegangene Pfade, gut markiert.

Irgendwie mag ich *Gavarnie*, es ist mir zigmal lieber als Lourdes und Andorra zusammen. Trotz der Besuchermassen, die es alljährlich heimsuchen, trotz des unverwechselbaren Duftes nach Pferdemist, trotz des Mistes, der in den Souvenirläden angeboten und von den Touristen gekauft wird, trotz Parkplatznot und Wanderkarawanen. Gavarnie ist ein Dorf geblieben, so klein wie das Naturwunder seines *Cirque* riesig: ein Halbrund, zwei Kilometer im Durchmesser und fast so hoch, von der Natur gemauert für die Ewigkeit. Tucholsky nannte es despektierlich eine »nationale Zwangsvorstellung«, aber das mindert die Wirkung dieses Monumentes nicht im geringsten. Am schönsten ist Gavarnie abends, wenn die Sonne hinter dem Tal des Gave d'Osseau schon verschwunden ist, die Touristen von ihren Ausritten zurück sind, Pferde und Esel auf die umliegenden Weiden getrieben werden, der letzte Bus sich auf die Talfahrt macht. Dann spazieren wir taleinwärts, ein Stück weit nur, bis die abgetreppten Mauern ins Blickfeld kommen. Der riesige Kessel liegt schon längst im Schatten, auch die Grande Cascade, deren Wasser 422 Meter in die Tiefe stürzen, nur die Gipfelhaube des Marboré (3246 m) leuchtet noch im letzten Sonnenlicht. Morgen geht's hinauf, zur Brèche de Roland und zum Perdido, abgemacht!?

Gavarnie, das ist natürlich auch Geschichte, »histoire pyrénéenne«, geschrieben von vielen, Besuchern wie Einheimischen. Victor Hugo und George Sand waren hier, tausend andere wurden von den *Guides* in die Berge geführt. Die berühmtesten stammten aus der Familie Passet: Laurent, Hippolyte, Célestin und Henri Passet. Als eigentlicher Entdecker von Gavarnie gilt Ramond de Carbonnières (1755–1827), naturwissenschaftlich gebildet, ein Anhänger Rousseaus, in den Schweizer Alpen »auf den Geschmack gekommen«. Ein großer Bewunderer der faszinierenden Kulisse von Gavarnie war auch *Henry Russell*, in Toulouse als Sohn einer Französin und eines irischen Grafen geboren, neben Packe und Schrader der große Pionier der Pyrenäen – und ein großer Exzentriker dazu. Sein Berg war der Vignemale, und das darf man durchaus wörtlich nehmen; immerhin pachtete er den Gipfel, den er als erster im Winter bestieg (1869), gleich für 99 Jahre, um seine Ruhe zu haben... Am Eingang zum Ort steht seine Bronzestatue.

Der Wegverlauf

Von *Gavarnie* (1365 m) führt ein breiter Weg zum Talschluß; ein Trampelpfad, gleichermaßen frequentiert von Zwei- und Vierbeinern. (Die Ausritte – eigentlich ein Relikt aus der Anfangszeit des Fremdenverkehrs – erfreuen sich ungebrochener Beliebtheit.) Bis

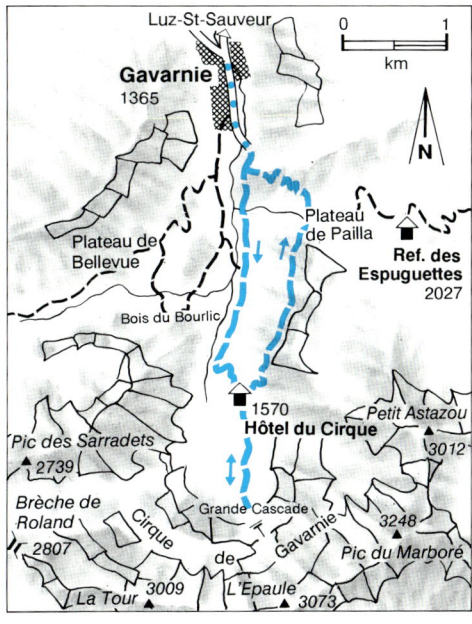

hinauf zum *Hôtel du Cirque* (1570 m) sind folgerichtig Pferdeäpfel die zuverlässigen Wegmarkierungen. Der weitere Aufstieg zur *Grande Cascade* ist aber auch ohne diese duftenden Wegmarken nicht zu verfehlen. Er führt in den innersten Winkel des *Cirque de Gavarnie*; die Felsen rundum ragen scheinbar himmelhoch auf, nur der Blick talauswärts rückt die Perspektive wieder einigermaßen zurecht.

Und für den Rückweg ins Tal bietet sich der Höhenweg zum *Plateau de Pailla* (1800 m) an; er läuft, leicht steigend, am orographisch rechten Hang entlang: ein richtiger Panoramapfad, der zum Schlendern und Schlumpern einlädt. Wer's nicht eilig hat, kann vom Pailleboden noch zum *Refuge des Espuguettes* (2027 m) aufsteigen – hin und zurück zusätzlich 1¼ Std.

Nützliche Informationen

Ausgangspunkt: *Gavarnie* (1365 m), Zufahrt von Luz-St-Sauveur über Gèdre, 20 km. Mehrere Parkplätze.
Anstiegsleistung: Gavarnie – Hotel du Cirque: 200 m.
Gehzeiten: Insgesamt: 3¼ Std. bzw. 4 Std. (mit Abstecher zum Wasserfall). Gavarnie – Hotel du Cirque: 1¼ Std., Hotel du Cirque – Plateau de Pailla: 1¼ Std., Abstieg nach Gavarnie: ¾ Std.
Verkehrsverbindungen: Buslinie Luz-St-Sauveur – Gèdre – Gavarnie.
Unterkunft: In Gavarnie gibt es mehrere Hotels und einen Campingplatz.
Verpflegung: Unterwegs aus dem Rucksack.
Weitere Tourenmöglichkeiten: Eine lohnende Rundwanderung auf markierten Wegen ist auch auf der westlichen Talseite möglich; Anstieg auf dem alten Weg zum Refuge des Sarradets über die Entortes (ca. 1720 m), Abstieg zum Bois du Bourlic und ins Tal, etwa 3 Std.
Sehenswürdigkeiten: Botanischer Garten am Eingang in den Cirque, 20 Min. hinter dem Ort.

Blick von »oben« in den berühmten Cirque de Gavarnie. Aus dem Schneekar unter dem Pic du Marboré (3246 m) stürzen die Wasser der Grande Cascade 422 Meter in die Tiefe.

Informationen: Office du Tourisme, 65120 Gavarnie. – Wissenswertes über den Pyrenäen-Nationalpark erfährt man im *Maison du Parc.*
Karten: IGN-Karte Pyrénées, carte de randonnées 4, »Bigorre«, 1:50000. – IGN-Karte »Top 25« 1748 OT, »Gavarnie«, 1:25000.

30 Brèche de Roland und Taillon

Die Natur als Künstlerin

Tourencharakter: Schönste Gipfelwanderung im Umkreis von Gavarnie. Wenig schwierig, unterhalb der Brèche de Roland im Spätsommer Blankeis; Steigeisen oder zumindest Stöcke erleichtern Auf- und Abstieg.
Reine Gehzeit: 3½ Std. (Brèche de Roland) bzw. 5¼ Std. (Taillon).
Beste Jahreszeit: Ende Juni bis Anfang Oktober.
Markierung: Anstieg zum Refuge des Sarradets markiert, im weiteren Verlauf kaum Bezeichnungen, aber keine Orientierungsprobleme.

Magie der Form: die *Brèche de Roland*. Keine Scharte, wie man sie von der Natur erwartet, weder V-förmig noch abgetreppt die Silhouette. Und darin liegt wohl die Einmaligkeit dieser Bresche, rund 100 Meter hoch, vielleicht halb so breit. Es fehlt nur die Türe, um die Illusion eines vom Menschen geschaffenen Durchgangs perfekt zu machen... Kein Wunder, daß dieses Tor die Phantasie seit jeher beflügelte, und was läge in den Pyrenäen näher, als den Helden Roland zu bemühen, von dessen Schwert man sich ja ohnehin Wunderdinge erzählte?

Unsere Zeit hält es eher mit der Wissenschaft, aber die entdeckt hier wenig Aufregendes, lediglich einen Abtragungsprozeß, wie er für Kalkschichten ganz typisch ist. Doch das tut der Faszination der Brèche keinerlei Abbruch; man merkt's am »Verkehr« herauf vom Refuge des Sarradets. Der hat in den letzten zwei Jahrzehnten mächtig zuge-

Frequentierter Tourenstützpunkt: das Refuge des Sarradets (2587 m) unterhalb der Brèche de Roland.

nommen, seit dem Bau der Straße zum *Port de Boucharo* (2270 m). Früher mußte man von Gavarnie aus aufsteigen, 5 Stunden weit; heute ist es gerade noch eine zweistündige Wanderung zur Brèche de Roland. Und entsprechend nähergerückt ist auch der *Taillon* (3144 m), einer der leichtesten Dreitausender der Pyrenäen, ein Berg für (fast) jedermann. So trifft sich »toute la France« am Weg zur Brèche, was am winzigen Gletscher unterhalb der Scharte für zahllose unfreiwillige Rutschpartien sorgt. Eiertanz für manche(n), Stöcke oder sogar Steigeisen wären hier durchaus nützlich, doch entdeckt man weit mehr bunte Turnschuhe als solch »alpines« Gerät. Entsprechend lustig geht's am eisigglatten Hang zu, aber kaum jemand zeigt Ärger, und der Blick durch das »Portal« entschädigt für alle Mühen (und den nassen Hosenboden…). Auf einmal sind die Mauern verschwunden, ein neuer, weiter Horizont liegt vor einem, eine ganz andere Landschaft, sanfter modelliert, aber von riesigen Gräben aufgerissen: Ordesa. Oben am Taillon verbinden sich die Bilder der Wanderung schließlich zum großen Panorama.

Schlicht phantastisch: die Brèche de Roland (2807 m) am Gipfelkamm über dem Cirque de Gavarnie.

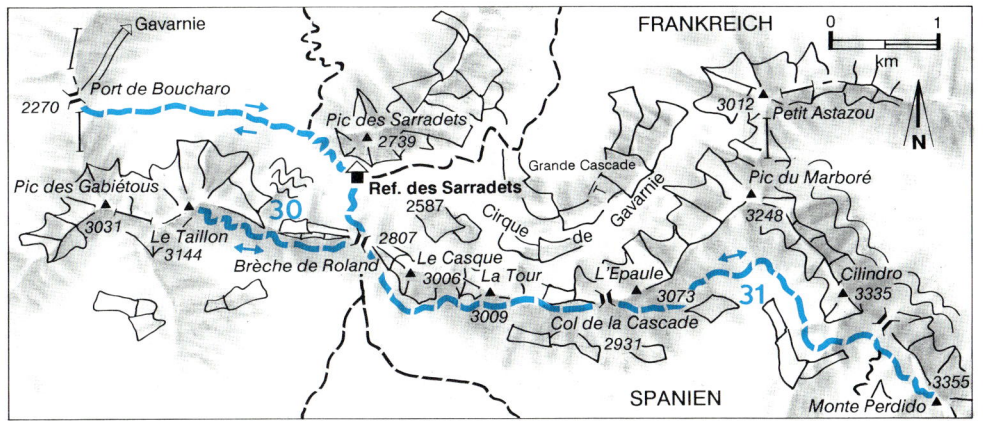

Der Wegverlauf

Der Weg zur *Brèche de Roland* beginnt recht gemütlich, mit wenig Höhengewinn, dafür viel Aussicht auf die Gipfel rund um Gavarnie. Ein paar Eilige überholen uns; wir haben Zeit, genießen die Morgenstimmung. Erst unterhalb des kleinen Glacier du Taillon setzt die Steigung zum Col des Sarradets (2589 m) ein. Im Hochsommer, wenn der Gletscher so richtig »schwitzt«, verwandelt sich der vielbegangene Pfad hier in einen veritablen Sturzbach. Da gibt's dann leicht nasse Füße!

Am Col des Sarradets öffnet sich der Blick nach Osten, in den *Cirque de Gavarnie*, dessen Dimensionen aus dieser Perspektive aber nur schwer zu erfassen sind. Dann kommt das *Refuge des Sarradets* (2587 m) ins Bild; links hat man die hochgestellten Kalkschichten des Pic des Sarradets (2739 m). Doch da guckt schon niemand mehr hin, aller Augen richten sich nur noch auf die gigantische »Pforte« in der Felsmauer zur Rechten: die *Brèche de Roland*.

Allzu weit ist es nicht mehr; eine Dreiviertelstunde über einen steilen Geröllhang, zuletzt – je nach Jahreszeit – über Schnee oder Eis. Bevor man den Minigletscher betritt, lohnt es sich, auf der breiten Terrasse ein Stück weit nach links zu queren. Für die (geringen) Mühen dieses Abstechers entschädigt der Prachtblick in den Cirque de Gavarnie. Beim Anblick der von Titanenkräften verformten Schichtpakete wird Erdgeschichte lebendig; der Wassersturz der *Grande Cascade* erinnert daran, daß Berge nicht nur aufgetürmt, sondern auch wieder abgetragen werden.

Von der Brèche de Roland ist es dann noch eine gute Stunde zum *Taillon* (3144 m), am Kamm entlang auf vielbegangenem Weg, zuletzt über einen Schutthang, der sich (je nach Kondition) mehr oder weniger zieht.

Nützliche Informationen

Ausgangspunkt: *Port de Boucharo* (2270 m), 13 km ab Gavarnie (1365 m). Parkplatz am Paß.

Anstiegsleistung: Port de Boucharo – Brèche de Roland: 540 m, Brèche de Roland – Taillon 340 m.

Gehzeiten: Insgesamt: 3½ Std. (Brèche de Roland) bzw. 5¼ Std. Port de Boucharo – Refuge des Sarradets: 1½ Std., Refuge des Sarradets – Brèche de Roland: ¾ Std., Brèche de Roland – Taillon: 1¼ Std., Taillon – Brèche de Roland – Port de Boucharo: 2 Std.

Verkehrsverbindungen: Buslinie Luz-St-Sauveur – Gèdre – Gavarnie.

Unterkunft: *Refuge des Sarradets* (2587 m), im Sommer bewirtschaftet.

Verpflegung: Unterwegs aus dem Rucksack.

Informationen: Office du Tourisme, 65120 Gavarnie.

Karten: IGN-Karte Pyrénées, carte de randonnées 4, »Bigorre«, 1:50 000. – IGN-Karte »Top 25« 1748 OI, »Gavarnie«, 1:25 000.

Beim Anstieg von der Brèche de Roland zum Taillon (3144 m) zeigt sich sehr schön der »Helm« (Le Casque, 3009 m). Am Felsfuß entlang verläuft die Höhenroute Richtung Monte Perdido (Tour 31).

31 Monte Perdido, 3355 m

Höhenrausch am »Verlorenen Berg«

> **Tourencharakter:** Sehr lange, anspruchsvolle Tour mit leichten Kletterpassagen (I-II). Bergerfahrung und eine gute Kondition sind unerläßlich, Steigeisen und Pickel (oder Stöcke) können unter Umständen nützlich sein.
> **Reine Gehzeit:** 11 Std., bei Nächtigung im Refuge des Sarradets verringert sich das Tagespensum auf 9½ Std.
> **Beste Jahreszeit:** Mitte Juli bis Ende September.
> **Markierung:** Bis in die Brèche de Roland vielbegangener Weg (siehe Tour 30). Höhenroute mit Steinmännchen bezeichnet, aber dennoch nicht ganz einfach zu finden, Aufstieg zum Gipfel auf ausgetretener Geröllspur, zuletzt meist Schnee.

Im Panorama des Taillon (Tour 30) stehen zwei ganz große Berge: westlich, zum Atlantik hin, der Vignemale (3298 m) mit seinem auffallenden Firnschild, im Osten der *Perdido* als »Morgenberg«, ein abweisend wirkender, grauer Koloß. Wer ihn zum Ziel nimmt, tut gut daran, frühmorgens aufzubrechen, sind doch alle Anstiege lang und anstrengend: der Normalweg aus dem Ordesatal herauf, der Zugang vom Valle de Pineta und die »obere Route« über die Brèche de Roland. Letztere ist eigentlich mehr Höhen- als Gipfelweg, landschaftlich einmalig: Pyrenäen total. Als Wanderung kann man sie allerdings nicht mehr bezeichnen; Bergerfahrung und eine untadelige Kondition sind hier unerläßlich, sicheres Wetter eine weitere Vorbedingung. Wer sich den Anforderungen einer Zwölfstundentour in teils weglosem Felsgelände nicht gewachsen fühlt, steuert besser den *Taillon* an – auch ein Dreitausender und bestimmt kein »verlorener« (perdido) Tag!

Kernstück der großen Gipfeltour ist die Überschreitung von der Brèche de Roland zum kleinen Eissee unter dem Perdido: etwa 3 Stunden in Höhen zwischen 2700 und 3100 Meter auf dem Hinweg, kaum weniger beim Rückweg. Man bewegt sich am Rand einer riesigen steinernen Schüssel, über Schrofen, Geröll und Schnee. Die Kulisse ist von beispielloser Wildheit, ohne Gegenstück in den Pyrenäen, Trümmer, blanker Fels, furchig und von scheinbar ins Bodenlose abfallenden Canyons zersägt. Und wenn die Wol-

Felsen, Geröll, Schnee: auf der »Haute Route« von der Brèche de Roland zum Monte Perdido (3355 m).

kentürme über dem Valle de Ordesa immer höher in den Himmel steigen, der Perdido sich in Grau hüllt und erste Windböen über dem Kamm jagen, gewinnt die Szenerie fast danteske Züge. Kleiner Mensch am großen Berg…

Der Wegverlauf

Port de Boucharo – Brèche de Roland:
siehe Tour 30.
Unmittelbar jenseits der »Bresche« hält man sich links und steigt auf einem Geröllpfad ab zu einem schmalen, exponierten Band (»Pas des Isards«; Drahtseil). Nun wieder aufwärts, stets knapp unter den Felsen, um den »Helm« (Casque, 3009 m) herum und in die Karmulde zwischen ihm und der nächsten Graterhebung, dem »Turm« (Tour, 3009 m). Steinmännchen leiten östlich über Geröll und Blockwerk in eine winzige Scharte (ca. 2880 m). Hier kann man geradeaus weitergehen; lohnender aber ist es, in leichter Kletterei (I-II) zu einer Geröllterrasse aufzusteigen,

gelangt man auf diese Weise doch nach kurzer Querung auf die Kammhöhe (2933 m). Den erhofften Tiefblick in den Cirque de Gavarnie gibt's allerdings noch nicht; dazu muß man dem bequemen Grat ein Stück nach Westen folgen (lohnt sich allemal!).

Einen halben Kilometer weiter östlich, am *Col de la Cascade* (2931 m), bietet sich dann nochmals Aussicht nach Norden. Aus der Scharte steigt man kurz ab zu einem Ewigschneefeld am Fuß der »Schulter« (Epaule, 3073 m). Steinmännchen leiten vorbei an einem winzigen See in eine schmale, meist schneegefüllte Mulde und links aufwärts über leichte Felsen (I) zu einem großen Steinmann. Danach kurz hinab, dann in eine enge Scharte unter der Südostwand der Epaule. Dahinter wieder Blockwerk; anschließend spaziert man über eine riesige zerfurchte Karrenplatte leicht abwärts in einen flachen Boden (ca. 2870 m). Über einen harmlosen Felsriegel (I) gelangt man in kurzem Anstieg in das zwischen Pic du Marboré (3248 m) und Cilindro (3335 m) eingelagerte Kar. Hier rechts (südlich) auf die mächtige Geröllterrasse, die den »Zylinder« umzieht und zum Ansatzpunkt des Südwestgrates ansteigt (ca. 3130 m). Dahinter abwärts zum *Lago Helado* (ca. 2990 m), 3 Std.

Der Weiterweg zum Perdido läßt sich vom Südhang des Cilindro aus bereits gut überblicken; er folgt im wesentlichen der mar-

Jenseits der Brèche de Roland öffnet sich die von tiefen Canyons durchfurchte Welt des Ordesaparks. Links der »Wollmützchenberg« – auf der Landkarte Pico del Descargador (2601 m).

Nach dem Unwetter. Blick vom Port de Boucharo zum Pic des Sarradets (2739 m) und zum Grand Astazou (3071 m), den beiden »Eckpfeilern« des Cirque de Gavarnie.

kanten Nordwestrinne. Die Spur verspricht eher Mühsal als Vergnügen: viel Geröll und lockeres Gestein, zum Gipfel hin Schneereste. Nach gut einer Stunde steht man oben, und in die Freude über das immense Panorama mischt sich auch Genugtuung über die eigene Leistung. Und die ist durchaus gerechtfertigt, auch wenn man den Rückweg noch vor sich hat…

Nützliche Informationen

Ausgangspunkt: *Port de Boucharo* (2270 m), alter Übergang von Gavarnie nach Ordesa, heute (noch) Endpunkt der von Gavarnie (1365 m) heraufführenden, breiten Straße (13 km). Parkplatz am Paß.
Anstiegsleistung: Hin- und Rückweg insgesamt: ca. 1800 m. Port de Boucharo – Brèche de Roland: 540 m, Brèche de Roland – Monte Perdido: 1000 m.
Gehzeiten: Insgesamt: 11 Std.
Port de Boucharo – Brèche de Roland: 2 Std., Brèche de Roland – Lago Helado: 3 Std., Lago Helado – Monte Perdido: 1¼ Std., Rückweg bis Brèche de Roland: 3½ Std., Brèche de Roland – Port de Boucharo: 1¼ Std.
Verkehrsverbindungen: Buslinie Luz-St-Sauveur – Gèdre – Gavarnie.
Unterkunft: *Refuge des Sarradets* (Refuge de la Brèche de Roland, 2587 m), im Sommer bewirtschaftet. – *Refugio Goriz* (2160 m), ganzjährig bewirtschaftet, am Weg vom Valle de Ordesa zum Perdido, 1½ Std. vom Lago Helado im Abstieg (bei Wetterverschlechterung wichtig!).

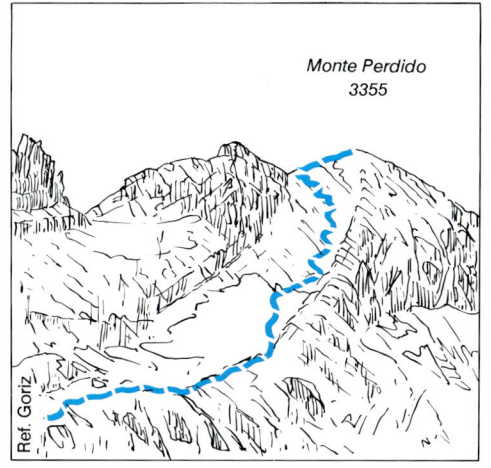

32 Pic de la Bernatoire, 2516 m

Im Schatten der »Großen«

Tourencharakter: Leichte Gipfelwanderung. – Tagestour.
Reine Gehzeit: 4¼ Std.
Beste Jahreszeit: Mitte Juni bis Mitte Oktober.
Markierung: Bis zur Cabane de Lourdes rot-weiß markiert, am Weiterweg nur mehr einige Steinmännchen. Orientierung einfach.

Verpflegung: Unterwegs aus dem Rucksack.
Weitere Tourenmöglichkeiten: Die Gipfel im Grenzkamm zwischen der Brèche und dem Pic du Marboré sind von der Höhenroute aus verhältnismäßig leicht zu besteigen; Wegspuren und Steinmännchen als Markierung: *Casque* (3006 m), 30 Min. von Südosten; *Tour* (3009 m), 30 Min. über den gutmütigen Ostgrat; *Pic du Marboré* (3248 m), aus dem Hochkar unter dem Cilindro, knapp 1 Std.
Vom Lago Helado, dem winzigen Eissee zwischen Cilindro und Perdido, kann man auf vielbegangenem Weg zum *Refugio Goriz* (2160 m) absteigen. Mit Ausgangspunkt am Port de Boucharo ergibt sich dann eine Gehzeit von 8½ Std. Rückweg am nächsten Tag über den Cuello de Millaris (2413 m) und die Brèche de Roland, zum Port de Boucharo etwa 4½ Std.
Informationen: Office du Tourisme in 65120 Gavarnie. Wissenswertes über den Pyrenäen-Nationalpark erfährt man im Maison du Parc in Gavarnie.
Karten: IGN-Karte Pyrénées, carte de randonnées 4, »Bigorre«, 1:50 000. – IGN-Karte »Top 25« 1748 OT, »Gavarnie«, 1:25 000. – Editorial Alpina, »Ordesa«, 1:40 000, mit kleinem Führer (in spanisch).
Kartenskizze zu Tour 31: siehe S. 123.

Von der Faja de Pelay (Tour 33) hat man einen Prachtblick auf den Monte Perdido (3355 m), der sich mächtig über dem Circo de Soaso aufbaut.

Rund um Gavarnie gibt es – keine Frage – weit berühmtere Adressen für Bergsteiger: Taillon, Marboré, Piméné, Pic Long, Vignemale. Der *Pic de la Bernatoire* gehört ins Heer der »Namenlosen«, und seine Höhe ist nur braver Durchschnitt: keine Drei vorn, auch kein markantes Profil. Trotzdem, die Wanderung auf den Schieferberg machte uns viel Freude; ein verlorener Tag war es jedenfalls nicht. Eigentlich wollten wir ja zum Vignemale, doch die

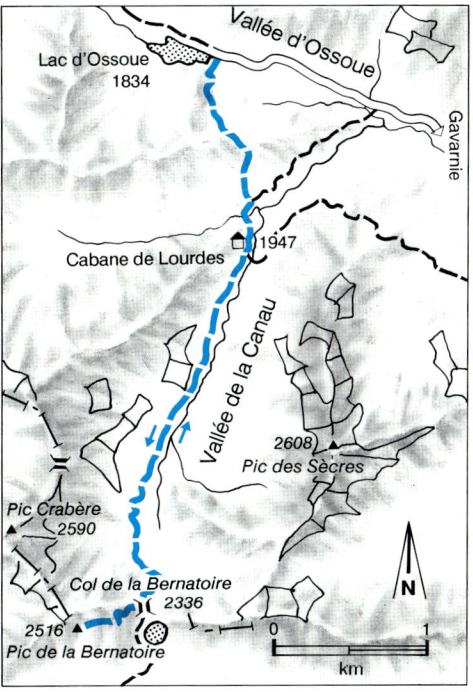

bereits früh am Tag aufziehenden Wolken brachten uns vom ursprünglichen Kurs ab: Süd statt West, 2516 Meter statt 3298 Meter. Keine Riesentour also, eine gemütliche Gipfelwanderung, statt Kalkmauern nur Schieferhänge, dafür eine putzige Murmeltierkolonie, schöne Rastplätze am Bach, Blumen und jede Menge Einsamkeit, Ruhe. Den Gletscher des Vignemale haben wir nur von der Ferne gesehen; den Gegenpol im Panorama markiert der Perdido (3355 m), noch etwas höher, und im Nordosten baut sich das Massif du Néouvielle auf (Pic Long, 3192 m).

Besonders fasziniert hat uns aber der Blick nach Westen, in die spanische Nachbarschaft. Da stehen sie, Gipfel neben Gipfel, mehrfach hintereinander gestaffelt, über menschenleeren, kargen Tälern. Die Karte verzeichnet Namen wie Tendenera (2853 m), Escarra (2760 m), Baldairan (2702 m), Bacias (2760 m), In-

fierno (3082 m) – wer kennt sie schon. Ein richtiges »Niemandsland«, Ziele für mehr als nur einen Sommer: Abenteuer Pyrenäen! Die Stille, die Ruhe am Weg und auf dem Gipfel hat uns gut getan. So wurde die Fahrt am späten Nachmittag hinab nach Gavarnie zu einer kleinen Rückkehr, wieder unter Menschen, in der Zivilisation. Dabei liegen keine 10 Kilometer Luftlinie zwischen dem Pic de la Bernatoire und dem berühmten »Cirque«…

Der Wegverlauf

Von der Sperre des *Lac d'Ossoue* (1834 m) führt ein deutlicher Weg, rot-weiß markiert, zunächst fast eben, dann ansteigend nach Süden. Bald kommt die *Vallée de la Canau* ins Blickfeld. An ihrer Mündung steht die spartanisch eingerichtete *Cabane de Lourdes* (1947 m). Hier verläßt man die nach Gavarnie weiterführende »Grande Randonnée 10« und folgt der Pfadspur taleinwärts. Links ragt über mächtigen Felsen der Pic des Secres (2608 m) in den grauen Himmel. Am *Col de la Bernatoire* (2336 m) zogen Nebel herein. Unmittelbar jenseits des Passes, über den die französisch-spanische Grenze geht, liegt in einer tiefen Mulde der Lac de la Bernatoire (2275 m), kreisrund, ohne sichtbaren Abfluß. Die Sonne kam kurz heraus, ließ ein paar Sterne auf der dunklen Wasserfläche tanzen, und oben am Gipfel – eine Halbstunde über den gutmütigen Ostgrat – konnten wir die überraschend weite Aussicht ohne mißtrauischen Blick auf anrückende Gewitterwolken genießen. Pyrenäenwetter, Lektion eins: Es kommt (fast) immer anders, als der Alpenwanderer glaubt…

Nützliche Informationen

Ausgangspunkt: *Lac d'Ossoue* (1834 m), Zufahrt von Gavarnie (1365 m) durch das malerische Tal des Gave d'Ossoue, zu drei Vierteln asphaltiert, zuletzt rauh und holperig, bis zum kleinen Stausee 9 km. Parkplatz.
Anstiegsleistung: Lac d'Ossoue – Pic de la Bernatoire: 680 m.
Gehzeiten: Insgesamt: 4¼ Std. Lac d'Ossoue – Cabane de Lourdes: ½ Std., Cabane de Lourdes – Col de la Bernatoire: 1½ Std., Col de la Bernatoire – Pic de la Bernatoire: ½ Std., Abstieg auf dem gleichen Weg: 1¾ Std.
Verkehrsverbindungen: Buslinie Luz – Gèdre – Gavarnie.
Unterkunft: Am Eingang in die Vallée de la Canau steht die *Cabane de Lourdes* (1947 m),

Murmeltierrevier und Blumenparadies: die Vallée de la Canau.

Selbstversorgerhütte, einfach eingerichtet, stets zugänglich.
Verpflegung: Unterwegs aus dem Rucksack.
Weitere Tourenvorschläge: *Refuge Bayssellance* (2651 m), Stützpunkt für die Besteigung des Vignemale. Schöne Tal- und Hüttenwanderung auf gut markiertem Weg, 3½ Std. Von dem Schutzhaus besteigt man in 1½ Std. über die Hourquette d'Ossoue (2734 m) leicht den *Petit Vignemale* (3032 m), von dem sich ein Prachtblick auf den Hauptgipfel, die Nordwand des Bergstocks und seinen Gletscher bietet.
Informationen: Office du Tourisme, 65120 Gavarnie.
Karten: IGN-Karte Pyrénées, carte de randonnées 4, »Bigorre«, 1:50 000. – IGN-Karte »Top 25« 1748 OT, »Gavarnie«, 1:25 000.

33 Faja de Pelay, 1950 m

Naturwunder Ordesatal

Tourencharakter: Recht lange, aber unschwierige Wanderung auf guten Wegen. Landschaftlich einmalig. – Tagestour.
Reine Gehzeit: 7 Std.
Beste Jahreszeit: Von Anfang Juni bis Ende Oktober; während der Sommerferienzeit ist das Ordesatal total überlaufen. An der Faja de Pelay allerdings auch dann mäßiger »Verkehr«.
Markierung: Wegzeiger an den Verzweigungen, ansonsten kaum Markierungen, aber keinerlei Orientierungsprobleme.

Mit den Nationalparks in den Pyrenäen hat es so seine Bewandtnis. Der eine (französische) ist zwar recht groß, aber extrem

Fast kreisrund und ohne sichtbaren Abfluß: der Lac de la Bernatoire.

Aussichtspromenade über dem Ordesatal: die Faja de Pelay. Blick auf den Grenzkamm zu Frankreich, links die Brèche de Roland.

schlank, zudem an einigen Stellen von Straßen zerschnitten, also mehr Haut als Fleisch am Knochen; der *Ordesapark* ist zum Wallfahrtsort für Bergfreunde aus aller Welt geworden, und der Aigües-Tortes-Park brachte es nie zu internationaler Anerkennung: zu viele Eingriffe wie Straßen, Stauseen – und es wird munter weitergebaut.

Wer im Hochsommer, wenn beiderseits der Pyrenäen Ferienzeit ist, das Ordesatal ansteuert, braucht ein dickes Fell: Staus auf der Zufahrt, Chaos am Straßenende, wo einem angesichts des Riesenparkplatzes dann halt die Engalm im Karwendel einfällt. Doch nicht verzweifeln: Wie im bayrisch-tirolischen Grenzgebirge beschränkt sich das Gewusel auch hier weitgehend auf die Talwege; Wanderziel Nummer eins sind natürlich die berühmten Wasserfälle, die *Gradas de Soaso*. Ein oder zwei Etagen höher, etwa an der *Faja de Pelay*, ist man fast schon allein, allein mit einer phantastischen Kulisse. Da wird der Weg zum Ziel, wir bleiben immer öfters stehen, um zu schauen, nur die Zeit läuft weiter. Zunächst ist der gleich einem Schiffsbug vorspringende *Tozal del Mallo* (2280 m) Blickfang, dann der wilde Circo de Cotatuero, ein gigantisches mauerumschlossenes Halbrund, über dem erst die tiefe Kerbe der *Brèche de Roland* (2807 m), später dann auch der zum Taillon (3144 m) ansteigende Grat sichtbar wird.

Man schaut in die riesigen Wandfluchten unter der Punta Gallinero, entdeckt Schutterrassen und Bänder, eines ganz hoch in der Vertikalen: die *Faja de las Flores*, Traumtour im Ordesapark (siehe Tour 34). Das »Blumenband« ist schmaler, aber auch nicht so lang wie die Faja de Pelay, die sich als mächtige Terrasse fast 8 Kilometer weit taleinwärts zieht und erst im Circo de Soaso ausläuft: mindestens zwei Wanderstunden, vollgepackt mit Kalenderbildern. Bald kommen die unteren Wasserfälle des Rio Arazas ins Blickfeld, hinter den nordseitigen Canyonmauern dann der *Monte Perdido* (3355 m) mit seinen Trabanten, und schließlich die berühmten, über mehrere Stufen abfallenden Wasserfälle im innersten Ordesatal, die *Gradas de Soaso*. Lauter Sujets, die süchtig machen: das Brentaband über dem Abgrund, die Brèche und der Perdido. Also gerade die richtige Wanderung, um sich auf den Zauber, die Faszination dieser Landschaft einzustimmen. Und morgen…

Der Wegverlauf

Man kann die Runde gemütlich – mit der Talwanderung – oder rasant beginnen, mit dem Steilanstieg hinauf zum *Mirador de Calcilarruego*. Wir wollten hinauf, wo die Aussicht weit und (der Tag versprach heiß zu werden) die Luft etwas dünner ist, aber auch weg von dem Rummel am Talweg. Also hinter dem Parkplatz über das Bachbett (Brücke) und in vielen kurzen Serpentinen steil bergan. Die südliche Talflanke lag zwar noch größtenteils im Schatten, bewaldet ist sie auch, doch geschwitzt haben wir dennoch ganz schön. Zu sehen gibt es zunächst wenig, nur gelegentlich bietet sich kurz ein Blick auf die gegenüberliegende Talseite, zum markant vorspringenden *Tozal del Mallo*, einem Kletterberg par excellence. Klettern muß man am »Jägersteig« (Sende de Cazadores) nicht; der Weg umgeht elegant alle Felsaufschwünge.

Bei einer Verzweigung hält man sich links; eine Viertelstunde später wird der *Mirador de Calcilarruego* (ca. 1920 m) erreicht. Die betonierte Plattform ist schlicht gräßlich, die Aussicht dafür überwältigend. Von keiner anderen Stelle aus zeigt sich die Topographie des Canyons so lehrbuchmäßig. Wie die Schichten einer Torte sind die Sedimente aufeinandergetürmt, abgelagert vor vielen Jahrmillionen im Tethysmeer, dann hochgehoben und schließlich vom Wasser zernagt, abgetragen, fortgeschwemmt. Besonders schön ist der Blick in den Circo de Cotatuero, dem man unmittelbar gegenübersteht, ein Halbrund senkrechter Felsen. Darüber der Hauptkamm des Gebirges; »Helm« (Casque, 3006 m) und »Turm« (Tour, 3009 m) sind auszumachen, die *Brèche de Roland* (2807 m) tritt auf dem Weiterweg ins Blickfeld.

Und der führt ohne nennenswerte Höhenunterschiede über die breite, teilweise sogar licht bewaldete Terrasse der *Faja de Pelay* taleinwärts. Hinter den senkrechten Südabstürzen der Punta Tobacor (2760 m) kommt der Monte Perdido (3355 m) ins Bild. Am Fuß des wuchtigen Berges, etwas oberhalb des Circo de Soaso, liegt das *Refugio Goriz* (2160 m), frequentierter Stützpunkt für Gipfelanwärter. Gut auszumachen ist der Weg, der in einer Schleife diese Höhenstufe überwindet, über die links der »Pferdeschweif-Wasserfall« (Cascada de Cola de Caballo) herabstiebt. Das Pelay-Band läuft hier aus; nach leichtem Abstieg betritt man den flachen Talboden (ca. 1740 m).

Die erste längere Pause beim Rückweg wird natürlich an den *Gradas de Soaso* fällig. Das Wasser des Rio Arazas stürzt über eine breite Treppe herab, Stufe um Stufe – ein bezauberndes Naturschauspiel, das durch die wildromantische Umgebung noch zusätzlich an Reiz gewinnt. Zwischen den Absätzen bildet der Bach kleinere und größere Gumpen, die zu einem erfrischenden Fußbad einladen. Natürlich ist man hier nicht allein, wie auf dem ganzen Talweg. Die Leute haben uns weniger gestört, eher schon die Abfälle, die sie – in Spanien offenbar noch unvermeidlich – überall zurücklassen…

Die Abzweigung des Verbindungsweges zum Circo de Cotatuero bleibt rechts; durch schönen Mischwald wandert man auf dem breiten Weg talauswärts. Bald kündigt Rauschen die Nähe der unteren Arazas-Fälle an; zwei »Miradores« vermitteln freie Sicht auf

Die berühmten Treppenwasserfälle im inneren Ordesatal, die Gradas de Soaso.

die stiebenden Wasser. Vom *Puente de Arripas* (ca. 1410 m), zu dem man, dem Hinweis »Cascada« folgend, absteigt, führt ein Weglein zur mächtigen *Cascada de la Cueva* (»Höhlenfall«). Wenig unterhalb der Brücke plätschern die Wasser auf breiter Front über eine letzte Schwelle (Cascada del Abanico), ehe sie im geröllgen Talboden versickern. Beim Parkplatz ist aus dem Gebirgsfluß ein trockenes Bachbett geworden: Steine, Sand, dazwischen ein paar leere Aludosen, ein Abfallsack...

Nützliche Informationen

Ausgangspunkt: Parkplatz (ca. 1310 m) im *Valle de Ordesa*, 11 km von Broto (905 m). Restaurant wenig oberhalb vom Parkplatz.
Anstiegsleistung: Valle de Ordesa – Faja de Pelay: 650 m.
Gehzeiten: Insgesamt: 7 Std.
Parkplatz – Mirador Calcilarruego: 1 3/4 Std.,
Mirador – Circo de Soaso: 2 1/2 Std.,
Circo de Soaso – Parkplatz: 2 3/4 Std.
Verkehrsverbindungen: Busverbindung von Ainsa bis Torla; ins Valle de Ordesa (7,5 km) eventuell mit einem Taxi.
Unterkunft: *Refugio Calcilarruego* (ca. 1920 m) beim gleichnamigen Aussichtspunkt; offene, gemauerte Hütte mit Feuerstelle.
Verpflegung: Unterwegs aus dem Rucksack.
Weitere Tourenmöglichkeiten: Talwanderung mit Abstecher in den wildromantischen *Circo de Cotatuero*. Vom Parkplatz taleinwärts bis in den Circo de Soaso, beim Rückweg über hübschen Hangweg (Abzweigung beschildert) in den Circo de Cotatuero und zurück zum Ausgangspunkt, insgesamt etwa 6 1/2 Std., leicht.
Monte Perdido (3355 m) auf dem Normalweg, mit Nächtigung im *Refugio Goriz* (2160 m): bis zur Hütte 4 1/2 Std., zum Gipfel weitere 4 Std., Abstieg bis ins Valle de Ordesa etwa 5 1/2 Std. Nur für erfahrene Berggänger, Kondition und Trittsicherheit unerläßlich.
Informationen: Oficina de Turismo in Torla.
Karten: Editorial Alpina, »Ordesa«, 1:40000, mit kleinem Führer (in spanisch). –
IGN-Karte Pyrénées, carte de randonnées 4, »Bigorre«, 1:50000.

An der Faja de las Flores bieten sich faszinierende Aus- und Tiefblicke, hinab ins Ordesatal und auf die mächtigen Mauern des Canyons.

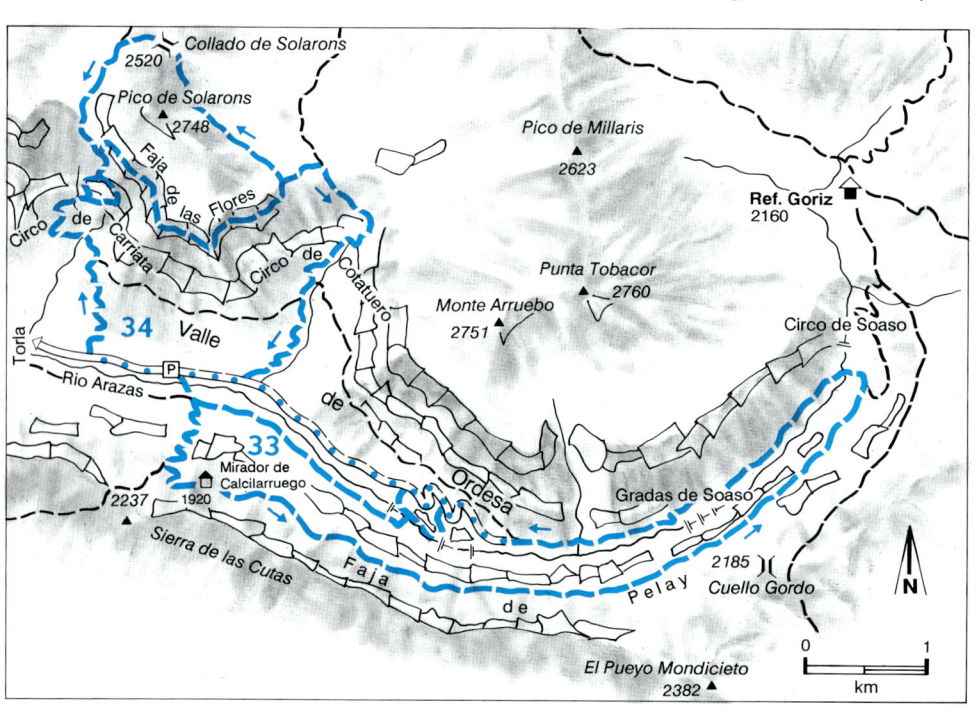

34 Faja de las Flores, 2350 m

Ein »Bocchetteweg« in den Pyrenäen

> **Tourencharakter:** Anspruchsvolle Runde, die gute Kondition und etwas Bergerfahrung verlangt. Im Auf- und Abstieg jeweils kurze, mit Eisenstiften gesicherte Passagen, exponiert.
> An der Faja de las Flores keinerlei Schwierigkeiten.
> **Reine Gehzeit:** 6½ Std.
> **Beste Jahreszeit:** Mitte Juni bis Mitte Oktober.
> **Markierung:** An den Verzweigungen Schilder, sonst nur vereinzelt Steinmännchen. Abstieg in den Circo de Cotatuero bei Nebel schlecht zu finden; Überschreitung des Collado de Solarons nur bei sicherem Wetter ratsam.

Keine zwei Kilometer Luftlinie liegen zwischen dem Straßenende im Ordesatal und der *Faja de las Flores*, gut drei Wanderstunden – und ganze Welten. Menschenmassen drunten, Einsamkeit heroben, Stille auch; weder Straßenlärm noch Discosound stören die Ruhe. Der Blick geht weit über den Canyon, hinüber zur Faja de Pelay, auf der wir vor ein paar Tagen waren, hinab in den gigantischen Trichter des Circo de Cotatuero; er folgt dem markanten Absatz des »Blumenbandes« bis zum nächsten Eck. Bequem breit ist es, nirgends abschüssig, beinahe eine Promenade. Beim Aufstieg durch den *Circo de Carriata* kann man es kaum glauben; die Mauer, die sich über einem auftürmt, scheint unüberwindlich. Erst allmählich bekommt der Fels Struktur, zeigt sich eine horizontal verlaufende Linie: die Faja, ein »Bocchetteweg«? Der Vergleich liegt nahe: senkrechter Kalkfels hier wie in der Brenta, horizontal geschichtet; und auch im spanischen Ordesa laufen die schönsten Wege auf diesen natürlichen Terrassen. Sogar ein bißchen »Ferrata-Feeling« kommt auf, denn im Auf- wie im Abstieg ist jeweils eine steile Felsstufe zu meistern, was durch ein paar Eisenstifte erleichtert wird – fast wie auf den Eisenwegen der Dolomiten. Jene im Circo de Cotatuero erfüllen ihren Zweck immerhin schon seit über einem Jahrhundert; sie wurden 1881 von Leuten aus Torla angebracht, um einem englischen Lord den Zustieg zu dem Jagdgebiet unterhalb der Brèche de Roland zu erleichtern...

Wir waren bloß auf der Jagd nach schönen Bildern. Und davon gibt's auf dieser Runde mehr als genug, vor dem Abstieg in den Circo de Cotatuero schließlich – nomen est omen – auch noch eine üppige Edelweißwiese. An den Südhängen über dem Ordesatal blüht im Frühsommer eine artenreiche Flora; die unzähligen Pyrenäen-Schwertlilien (*Iris latifolia*) waren Ende August bereits verwelkt, im Gegensatz zu den Blauen Disteln (*Eryngium bourgatii Gouan*), beides übrigens Endemiten, nur auf der iberischen Halbinsel vorkommend. In der Mondlandschaft über dem Circo de Cotatuero zeigten sich ein paar Gemsen, und über den Felsen zogen zwei Gänsegeier ihre Kreise in den blauen Himmel. Was für ein Tag!

Der Wegverlauf

Der Weg in den *Circo de Carriata* beginnt bei der »Caseta de recepción del Parque« (ca. 1300 m), ein paar hundert Meter vor dem großen Parkplatz an der Talstraße. Ein Schild weist in den Wald: aufwärts! Das gilt nun für die nächsten drei Stunden, für immerhin

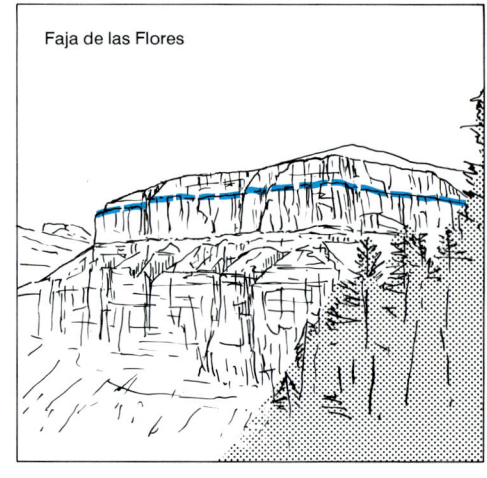

Faja de las Flores

rund 1000 Steigungsmeter. Wer früh losgeht, ist vor der Sonne im Kessel, spart sich so ein paar Schweißtropfen, denn Schatten gibt es sonst nur auf dem ersten Wegdrittel. Links ragt der Bugfelsen des *Tozal del Mallo* (2280 m) in den Himmel, die Felsen zur Rechten rücken allmählich näher. Man passiert die Abzweigung (ca. 1800 m) des Verbindungssteiges zum Circo de Cotatuero, überquert das (im Hochsommer meist ausgetrocknete) Geröllbett des *Solarons-Bachs* und kommt nach einer weiten Schleife zu den ersten Felsstufen. Wenig höher gabelt sich der Weg; im Frühsommer, wenn da und dort noch Schneereste liegen, hält man sich hier mit Vorteil links und steigt über zwei weitere fel-

Die schönste Höhenroute im Ordesatal führt über das »Blumenband« (Faja de las Flores).

sige Aufschwünge (einige Eisenhaken) direkt hinauf in den oberen Teil des Kessels.
Weit spektakulärer ist allerdings das untere Weglein, das über schmale, luftige Bänder (Drahtseil) in den innersten Winkel der riesigen Arena führt, dann – man fragt sich schon: wie weiter? – um ein exponiertes Eck herum in einen steilen Schrofenhang leitet. Die Kulisse ist von grandioser Wildheit; man steht der ins Bodenlose abfallenden, rötlichen Ostwand des Circo unmittelbar gegenüber.
Oberhalb der Rampe treffen die beiden Wegvarianten wieder zusammen; man hat nun die Höhe der mächtigen Geröllterrasse (ca. 2200 m) erreicht, die sich auf der Nordseite des Ordesatals von seiner Mündung bis zum Circo de Soaso hinzieht und auch den Gipfel des Tozal del Mallo bildet. Die »Faja de las Flores«, allmählich im senkrechten Fels erkennbar, verläuft noch gute 100 Meter höher; zum Einstieg muß eine Felsbarriere links umgangen werden (Steinmännchen).
Die nächste Stunde ist dann vor allem Schauen und Staunen. Teilweise überdacht, gelegentlich an die 10 Meter breit und selbst an der schmalsten Stelle noch komfortabel, zieht das Band quer durch die senkrechten Felsabstürze (ca. 2350 m): phantastisch! Man schaut hinab auf die tieferliegenden Geröllterrassen und in den Talboden, hinüber zur »Faja de Pelay«. An der Punta Gallinero, einem bekannten Kletterturm (den der Wanderer allerdings nur als Wandvorsprung wahrnimmt), öffnet sich der Blick in den *Circo de Cotatuero*, durch den der Abstiegsweg geht. Seine Topographie ähnelt jener des Carriata-Kessels; deutlich zu erkennen ist bereits von dieser hohen Warte aus die Wegspur, die, von der Brèche de Roland kommend, hinableitet in den flachen Boden (ca. 2000 m), an dem die Schlucht ansetzt. Bei gutem Wetter kann man sich also kaum verlaufen, trotz mangelhafter Markierung (wenige Steinmännchen).
Der Abstieg über den steilen Rand des Cotatuero-Kessels gestaltet sich recht spannend: schmale Bänder, kurze, aber steile Felsstufen (Haken), dann hat man wieder festen Boden unter den Füßen. Der Rest ist gemütliches Bergabwandern, zuletzt im Wald – Gelegenheit, einen unvergleichlichen Tag, den Gang am Saum des Himmels, nochmals Revue passieren zu lassen...
Als Alternative zu einem Abstieg durch den Circo de Cotatuero kann man auch den *Pico de Solarons* (2748 m) umrunden, um die »Mondlandschaft« zwischen dem Ordesatal und dem Grenzkamm kennenzulernen: von Wind und Wetter zernagter, von der Sonne ausgebleichter Stein, Ödnis, lebensfeindlich. Man steigt vom Ende des »Blumenbandes« über Karrenplatten und Schutt nordwestlich an zum *Collado de Solarons* (ca. 2520 m) im Rücken des gleichnamigen Gipfels. Dahinter stößt man bald auf den Weg, der aus dem Circo de Carriata zur Brèche de Roland führt (Steinmännchen) und die Abstiegsrichtung vorgibt. Eine interessante Variante, aber nur bei sicherem Wetter empfehlenswert.

Nützliche Informationen

Ausgangspunkt: Parkplatz (ca. 1310 m) im *Valle de Ordesa*, 11 km von Broto (905 m). Restaurant wenig oberhalb.
Anstiegsleistung: Valle de Ordesa – Faja de las Flores: 1050 m; Faja de las Flores – Collado de Solarons: 170 m.
Gehzeiten: Insgesamt: 6½ Std.
Ordesatal – Einstieg zum Band: 3 Std., Faja de las Flores: 1½ Std., Abstieg durch den Circo de Cotatuero: 2 Std. Bei einer Umrundung des Pico de Solarons und Abstieg durch den Circo de Carriata erhöht sich die Gesamtgehzeit auf 7½ Std. Faja de las Flores – Collado de Solarons: ¾ Std., Abstieg: 2¼ Std.
Verkehrsverbindungen: Busverbindung von Ainsa bis Torla; ins Valle de Ordesa (7,5 km) eventuell mit einem Taxi.
Unterkunft: Am Weg in den Circo de Carriata gemauerter, offener Unterstand.
Verpflegung: Unterwegs aus dem Rucksack.
Weitere Tourenmöglichkeiten: *Tozal de Mallo* (2280 m). Aus dem Circo de Carriata leitet eine Wegspur hinüber zu dem markanten »Mauervorsprung«, ½ Std., leicht, mit phantastischen Tiefblicken.
Informationen: Oficina de Turismo in Torla.
Karten: Editorial Alpina, »Ordesa«, 1:40000, mit kleinem Führer (in spanisch). – IGN-Karte Pyrénées, carte de randonnées 4, »Bigorre«, 1:50000.
Kartenskizze zu Tour 34: siehe S. 136.

35 Die Canyons von Añisclo und Escuaín

Wie im »Wilden Westen«

Tourencharakter: Cañon de Añisclo: recht lange, aber problemlose Wanderung. Gargantas de Escuaín: »Abenteuertrip«, nasse Füße und leichte Kraxelei inbegriffen.
Reine Gehzeit: Cañon de Añisclo 5 Std., Gargantas de Escuaín knapp 3 Std.
Beste Jahreszeit: Praktisch das ganze Jahr über möglich, im Sommer herrscht in den Schluchten oft eine fast unerträgliche Hitze.
Markierung: Einige Wegweiser, im Añisclo-Canyon guter Weg, Orientierung einfach.

Die Szenerie erinnert an John-Ford-Filme, doch der Canyon liegt nicht im Südwesten der USA, sondern in den Pyrenäen: himmelhoch aufragend die abgestuften Flanken – senkrechter Fels, dazwischen bewachsene Terrassen –, tief im Schluchtgrund ein Bach, ein kleiner Weg. Indianer sind keine zu sehen, dafür zahlreiche Ausflügler, die den gigantischen *Cañon de Añisclo* kennenlernen wollen. Im Gegensatz zum benachbarten Ordesatal hält sich der Andrang aber einigermaßen in Grenzen, und in den *Gargantas de Escuaín* ist man fast immer allein, allein mit einer überwältigenden Kulisse. Das liegt wohl vor allem an der mörderischen Anfahrt auf einer mit Löchern übersäten Schotterpiste.

Doch ein wenig Abenteuer paßt ganz gut zu dieser Art des Bergsteigens, zur ungebärdig-wilden Kulisse auch: Hier ist der Weg das Ziel, und die Frage »wie weiter?« macht das Ganze nur spannender. Vor allem die Escuaín-Schlucht mit ihren Seitencanyons lädt ein zum ziellosen Herumstreunen, Kraxeln und Entdecken. Dabei bleibt man allerdings auf sich allein gestellt, Orientierungskrücken, wie sie Ostalpenwanderer gewohnt sind, fehlen weitgehend. Uns hat gerade das gefallen: Erziehung zur Selbständigkeit; man lernt wieder, ins Gelände zu schauen und nicht bloß auf die bunten Farbkleckse...

Erdgeschichtlich betrachtet sind die Schluchten des Ordesa-Nationalparks keineswegs alt; Gletscher der Eiszeiten schürften die Talbecken aus, nach ihrem Rückzug besorgte das Wasser den Rest. Heute ist der Añisclo-Canyon um bis zu 1100 Meter eingetieft; der

Keine Angst vor nassen Füßen! Im Sommer ist das Wasser des Rio Yaga angenehm warm.

Höhenunterschied zwischen den Gipfeln der Sierra Revilla und dem Rio Yaga (Gargantas de Escuaín) beträgt rund eineinhalb Kilometer! Im Schluchtgrund wächst, begünstigt durch das warme, aber nicht zu trockene Klima, ein artenreicher Mischwald. Man entdeckt hier neben Tannen und Buchen auch Bergulmen (*Ulmus glabra*), Eschen (*Fraxinus excelsior*) und Sommerlinden (*Tilia platyphyllos*).

Der Wegverlauf

Cañon de Añisclo

Der eigentliche Schluchtweg beginnt bei der Einsiedelei *San Urbano* (980 m), die man von der Talstraße auf einer (für den öffentlichen Verkehr gesperrten) Zufahrt rasch erreicht. Die Kapelle – unter einen Felsüberhang gebaut – könnte gar nicht besser in diese Kulisse passen. Und die macht den Weg zum Talboden von *Ripareta* (ca. 1410 m) zu einem richtigen Erlebnispfad: die riesigen Mauern, das Spiel des Wassers, das da und dort über hohe Kaskaden herabstürzt, sich dann wieder in kleinen Gumpen sammelt, liebliche Wiesenflecken, ein paar recht »alpine« Wegpassagen, die Blumenpracht. Bei Ripareta mündet der Barranco de la Pardina; hier ist für Ausflügler Endstation. Der Weg hinauf zum *Collado de Añisclo* (2460 m), dem Übergang ins Valle de Pineta, ist noch sehr weit, erheblich anspruchsvoller, wie auch der Aufstieg zum Collado de Goriz (2329 m).

Gargantas de Escuaín

Man läßt die wenigen, teilweise schon verfallenen Häuser von *Escuaín* (1209 m) hinter sich und folgt einem breiten Plattenweg kurz taleinwärts. Ein Schild zeigt die Grenze des Ordesa-Nationalparks an, wenig später weist eine Tafel rechts hinab in die Schlucht. Zunehmend steiler geht's abwärts, bei Nässe bestimmt nicht sehr angenehm, dann folgt eine Querung am Hang. Man passiert eine natürliche Höhle (Holzleiter, Stufen) und kommt zu einer Weggabelung. Hier rechts

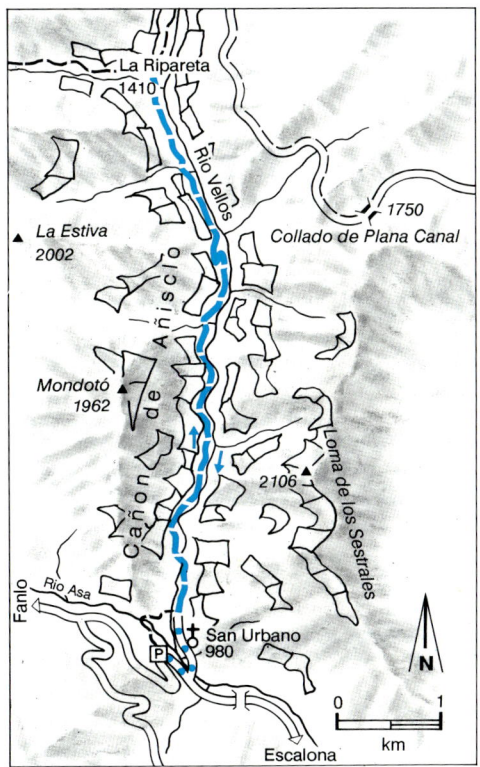

hinab zum Rio Yaga (ca. 1050 m), der etwa 20 Minuten weiter talaufwärts entspringt: eine gewaltige Karstquelle, aus der sich das Wasser über einen prächtigen Wasserfall di-

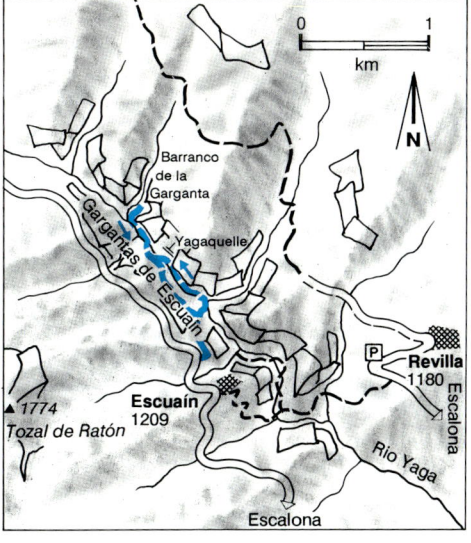

Nicht so berühmt wie die Canyons von Ordesa und Añisclo, aber ebenfalls sehr eindrucksvoll sind die Gargantas de Escuaín.

rekt in das Flußbett ergießt. Um zur Yagaquelle zu kommen, muß man allerdings den Bach zweimal überqueren, was im Frühsommer, wenn im Gebirge Schneeschmelze ist, problematisch werden dürfte. In diesem Fall nimmt man bei der genannten Verzweigung den geradeaus weiterführenden Weg. Er zieht am Hang entlang und mündet oberhalb des Wasserfalls in den Schluchtgrund.

Man kann nun fast beliebig weiter talaufwärts vorstoßen; bei trockenem Wetter gibt's kaum nasse Füße. Über Felsplatten, Geröll und Blockwerk erreicht man bald einmal die Mündung des *Barranco de la Garganta*: ein unglaublich schmaler Schlund, ein paar Felsblöcke am Eingang – und natürlich die Versuchung, hineinzusteigen. In leichter Kletterei gelangt man bis zu einem kreisrunden Tümpel, zu dem über eine etwa 30 Meter hohe, senkrechte Wand das Wasser herabtropft. Fini!

Nützliche Informationen

Ausgangspunkte: *Cañon de Añisclo*; Zufahrt zur Schluchtmündung vom Valle de Broto über Fanlo (1342 m), etwa 20 km, von Escalona talaufwärts, 13 km. Schmale Straßen, die Ostzufahrt ist etwas besser, auch durchgehend asphaltiert. Parkplatz in der Serpentine gegenüber vom Klammeingang. Zur Einsiedelei kurz auf der Straße abwärts, bis links der Weg spitzwinklig abgeht.
Escuaín (1209 m): Von Escalona ordentliches Sträßchen bis Puertolas (1169 m), dann Fahrweg, der östlich um den Castillo Mayor (2009 m) herum zu dem verlassenen Nest führt, auf der zweiten Streckenhälfte in jämmerlichem Zustand, eine üble Schüttelfahrt, 15,2 km von Escalona. – Kürzer und nicht ganz so miserabel ist die Zufahrt nach *Revilla* (1180 m), das Escuaín direkt gegenüberliegt. Ein alter Weg verbindet die beiden Weiler, 1 Std.
Anstiegsleistungen: Cañon de Añisclo (bis Riparetá): 450 m, Gargantas de Escuaín (bis Barranco de la Garganta und zurück): 450 m.
Gehzeiten: Cañon de Añisclo, insgesamt: 5 Std. (Hinweg bis Riparetá: 3 Std., Rückweg: 2 Std.). Gargantas de Escuaín, insgesamt: 3 Std. (Hin- und Rückweg: je 1½ Std.).
Verkehrsverbindungen: Keine.

Unterkunft: Keine.
Verpflegung: Unterwegs aus dem Rucksack.
Weitere Tourenvorschläge: Großartige Canyons gibt es auch in der *Sierra de Guara* südwestlich von Ainsa. Detaillierte Informationen finden sich in dem (französischen) Führer »Canyons et Barrancos du Haut-Aragon« von Jean-Paul Pontroué und Fernando Biarge.
Informationen: Auskünfte über den Ordesa-Nationalpark erhält man bei der Delegación Provincial de Turismo, Avenida Santo Grial 6, Huesca.
Karte: Editorial Alpina, »Ordesa«, 1:40 000, mit kleinem Führer (spanisch).

36 Refuge des Oulettes de Gaube, 2151 m

Ein Talschluß wie aus dem »Pyrenäen-Bilderbuch«

> *Tourencharakter:* Recht lange, aber harmlose Talwanderung auf guten Wegen. Im Hochsommer oft Stelldichein der Massen rund um den Lac de Gaube. – Leichte Tagestour.
> *Reine Gehzeit:* 5 Std.
> *Beste Jahreszeit:* Juni bis Oktober.
> *Markierung:* Breiter Talweg, rot-weiße Markierungen.

Der *Pont d'Espagne* (1496 m) oberhalb von Cauterets kündigt noch keineswegs die Grenze zu Spanien an; die liegt ein ganzes Stück weiter südlich. Immerhin weist der Name der Brücke darauf hin, daß hier ein alter (Fuß-)Weg über den Pyrenäen-Hauptkamm ins benachbarte Spanien führt. Doch der Übergang liegt weiter westlich (Col du Marcadau, 2541 m), denn im Süden ragt über den Quellbächen des Gave de Gaube ein unüberwindliches Hindernis auf, der *Vignemale*. Das wird sich auch im »grenzenlosen« Europa – nach 1992 – nicht ändern, sehr zur Freude zahllo-

Vielbesuchtes Ausflugsziel in den zentralen Pyrenäen: der Lac de Gaube.

ser Wanderer und Ausflügler. Letztere beschränken sich allerdings meist auf den Abstecher zum *Lac de Gaube* (1725 m), keine Stunde von der Straße und bei Benützung des Sessellifts nurmehr ein Höhenspaziergang. Vom Seeufer aus bietet sich zwar gerade ein erster (knapper) Blick auf die wuchtigen Nordabstürze des stolzen Dreitausenders; wer den herrlichen Talschluß aber wirklich vor sich haben möchte, muß schon etwas weiter gehen – und das lohnt sich allemal. Anders als im Cirque de Gavarnie hat die Natur hier keinen Kessel, kein Halbrund hoher Felsmauern geformt; ein Berg dominiert, ist Blickfang: der *Vignemale* (3298 m), unverwechselbar mit seiner rund 800 Meter hohen Nordwand und dem düsteren Eiscouloir, immerhin höchste Erhebung im Hauptkamm der Pyrenäen.

Überhaupt ist der Vignemale ein Berg der Superlative, der Rekordmarken. Er soll als erster europäischer Dreitausender im Winter erstiegen worden sein, 1869 von Henry Russell. Und daß die Rekordsucht schon früher seltsame Blüten trieb, belegt die Leistung eines Jean-Marie Bordenave, der 1904 den Vignemale in gerade 5 Stunden und 37 Minuten bestieg – von Cauterets aus, immerhin!

Und etwas fürs Guinness-Buch wäre auch die Geschichte der Erst-, Zweit- und Drittbesteigung während des Sommers 1838, alles in weniger als einer Woche, mit – zumindest teilweise – den gleichen Akteuren: Henry Cazaux (3x), Bernard Guillembet (2x), einer Lady Lister und einem Prinz von Moskau (je 1x).

Der heute übliche Normalweg verläuft über den ostseitigen Glacier d'Ossoue, den größten Gletscher der Pyrenäen, nach alpinen Maßstäben eine eher leichte Eistour, ab Refuge Bayssellance (2651 m) etwa 3 Stunden. Vom Hüttenweg zum Refuge des Oulettes bekommt man den Gletscher nicht zu Gesicht; er liegt hinter dem hohen Felskamm, der sich vom Petit Vignemale (3032 m) zur Brèche de Gaube (3152 m) zieht. Dafür zeigt sich die Nordwand, über eine messerscharfe Kante ins Couloir de Gaube abstürzend, besonders schön; die etwa 500 Meter hohe Vertikale wurde 1964 erstmals durchstiegen – eine tolle Leistung! Doch fast höher einzustufen ist die Erstbegehung des großen Eis-

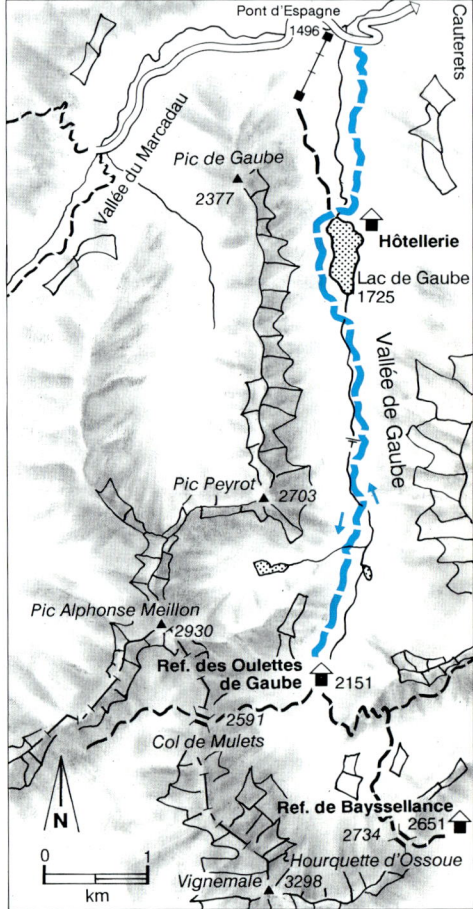

couloirs vor knapp einem Jahrhundert (1899), heute noch als sehr schwierig bewertet (V), eine objektiv enorm gefährliche Tour, erst recht mit der vergleichsweise primitiven Ausrüstung jener Zeit!

Für die Wanderung zum Refuge des Oulettes de Gaube braucht man weder Seil noch Pikkel, ordentliche Schuhe und einen Regenschutz aber schon. Gerade im Westteil der Pyrenäen sind abrupte Wetterstürze recht häufig (wir haben's erlebt!), und da die Unwetter von Westen oder Südwesten kommen, wird man in einem langgestreckten, engen Talschlauch leicht überrascht. Wir haben un-

Nur für Bergsteiger! Der Vignemale (3298 m), höchste Erhebung im Hauptkamm der Pyrenäen, von der innersten Vallée de Gaube aus gesehen.

sere Wanderung ins Tal des Gave de Gaube auch im Laufschritt beendet, aber immerhin einigermaßen trocken, ganz im Gegensatz zu vielen Franzosen...

Der Wegverlauf

»Ein See, drei Wasserfälle, ein Berg – und jede Menge Ausflügler« – so ließe sich die Talwanderung zum Refuge des Oulettes de Gaube ganz kurz umschreiben. Aber selbstverständlich gibt es mehr zu sehen auf dem Weg vom *Pont d'Espagne* (1496 m) bis zum Fuß des Vignemale. Zu erwähnen sind etwa die herrlichen Rastplätze rund um den *Lac de Gaube* (1725 m), nach knapp einer Wanderstunde, am Weiterweg die Rückblicke an den See, über dem sich der Pic de Péguère (2316 m) zeigt, und der stimmungsvolle Talboden oberhalb der *Cascade Esplumouse* (1949 m). Da hat man bereits etwa zwei Drittel der Wegstrecke hinter sich, den Vignemale mit seinem Nordabsturz dafür direkt vor sich. Eine letzte Höhenstufe noch, mit dekorativem Wasserfall natürlich (Cascade Darré Splumouse), dann ist das im Sommer bewirtschaftete *Refuge des Oulettes de Gaube* (2151 m) erreicht.

Nützliche Informationen

Ausgangspunkt: *Pont d'Espagne* (1496 m), 8 km von dem bekannten Ferienort Cauterets (930 m); gut ausgebaute Straße. Erster Parkplatz knapp unterhalb der Brücke, ein weiterer gleich dahinter bei der Talstation des *Gaube-Sessellifts* (von der Bergstation in 20 Min. eben zum See).
Anstiegsleistung: Pont d'Espagne – Refuge des Oulettes de Gaube: 680 m.
Gehzeiten: Insgesamt: 5 Std.
Pont d'Espagne – Lac de Gaube: 1 Std., Lac de Gaube – Refuge des Oulettes de Gaube: 2 Std., Abstieg auf dem gleichen Weg: 2 Std.
Verkehrsverbindungen: Von Argelès-Gazost verkehren Linienbusse bis Cauterets.
Unterkunft: *Refuge des Oulettes de Gaube* (2151 m) des CAF, im Sommer bewirtschaftet.
Verpflegung: Gaststätte am Lac de Gaube.
Weitere Tourenmöglichkeiten: Eine lohnende Talwanderung führt in die *Vallée du Marcadau*, vom Pont d'Espagne bis zum Refuge Wallon (1865 m) etwa 3 Std. – Schönster, zudem leicht erreichbarer Aussichtspunkt in der Gegend von Cauterets ist der *Pic de Péguère* (2316 m), 3¼ Std. vom Pont du Ceriset (1263 m) an der Straße Cauterets – Pont d'Espagne. Markierter Weg.
Informationen: Office du Tourisme, 65110 Cauterets. Im Ort gibt es auch eine Maison du Parc (Informationen über den Pyrenäen-Nationalpark).
Karten: IGN-Karte Pyrénées, carte de randonnées 4, »Bigorre«, 1:50000. – IGN-Karte »Top 25« 1647 OT, »Vignemale«, 1:25000.

37 Lacs de Batcrabère, 2180 m

Zwischen Palas und Balaïtous

> *Tourencharakter:* Landschaftlich großartige Hütten- und Seenwanderung. – Tagestour.
> *Reine Gehzeit:* 5¼ Std.
> *Beste Jahreszeit:* Mitte Juni bis Mitte Oktober.
> *Markierung:* Rot-weiß markierte Wege, keine Orientierungsprobleme.

Was für ein Kontrast zum Lac de Gaube, der doch nur ein paar Kilometer weiter östlich liegt! Dort ein freundliches, von lichtem Wald gesäumtes Gewässer, hier zwei dunkle Seeaugen, eingezwängt zwischen hohen Felsmauern, dort viel Volk, umlagert der Ufersaum, an den *Lacs de Batcrabère* dagegen Stille, höchstens kurz vom Warnpfiff eines Murmeltiers durchbrochen. Auch im Hochsommer verirren sich nur wenige Besucher in diesen abgelegen-großartigen Winkel, dem selbst strahlender Sonnenschein kaum etwas von seiner Strenge zu nehmen vermag. Und ziehen gar schwarze Gewitterwolken über dem Palas auf, hallt Donnergrollen von der mächtigen Nordwestwand des Balaïtous wider, fühlt man sich ganz winzig, schutzlos den Elementen ausgeliefert. Da ist wohl schon manchen die kleine Hütte am Nordfuß des Balaïtous, das Refuge de Larri-

Eine Granitlandschaft wie in den Zentralalpen: am Weg zu den Lacs de Batcrabère im Balaïtous-Massiv.

bet, zu einem echten Refugium geworden (uns auch!)...

Eine Parallele allerdings besteht zwischen den beiden Seenwanderungen: Sie sind Auftakt zu großen Gipfeltouren, vom Lac de Gaube zum Vignemale (3298 m), hier zum Balaïtous (3144 m), dem westlichsten Dreitausender der Pyrenäen. Seine Besteigung ist nicht ganz einfach, für einen Berg dieses Formats aber doch vergleichsweise leicht. Der Normalweg weist nur wenige Kletterstellen (I+) auf; er verläuft über die »Grande Diagonale«, ein markantes Geröllband hoch in der Nordwestwand. Um seinen Ansatzpunkt zu erreichen, muß erst der *Col Noir* (2625 m) überquert werden, bei fortgeschrittener Ausaperung mitunter etwas heikel (Eis). Am Gipfel genießt man – natürlich – ein riesiges Panorama, das tief nach Spanien hineinreicht, sich über dem Atlantik im Wasser-Himmelsblau verliert. Noch mehr fasziniert aber die Innenansicht des Balaïtous mit seinen nach allen Seiten ausgreifenden, zersplitterten Graten, zwischen denen düstere Karwinkel und kleine Gletscher eingelagert sind. Ein Blickfang ist dabei der Teufelsgrat (Crête du Diable, 2911 m), dessen Überschreitung gemeinhin als schönste Granitkletterei in den Pyrenäen gilt.

Östlich unter dem Hauptgipfel, zwischen Cap Peytier-Hossard (2995 m) und der Crête de Costerillou (3049 m), liegt der kleine Balaïtousgletscher (Glacier de les Néous); ein zweites, winziges Eisfeld, Glacier du Pabat genannt, schmiegt sich in einen Schattenwinkel zwischen Cap Peytier-Hossard und dem »Boulevard Packe«, einem abgeflachten Rücken, der seinerseits in die Crête de la Garenère (2673 m) ausläuft.

Am Fuß dieses Kamms steht das *Refuge de Larribet* (2060 m), erstes Ziel beim Anstieg aus der Vallée d'Arrens. Der führt, gut markiert, in das kleine Larribet-Tal: ein echtes Kleinod, mit Wasserfall an der Mündung und einem von Bergsturztrümmern übersäten, langgestreckten Boden. Da haben wir natürlich Rast gemacht, und dabei einem Gemsrudel zugeschaut, das uns die »Leichtigkeit der Bewegung« demonstrierte, im Steilfels notabene! Armes, unbeholfenes Menschlein.

Zwei Stunden später entwickelten dann auch wir – unfreiwillig – beachtliche Behendigkeit. Blitz und Donner schlugen uns in die Flucht, Balaïtous ade. Ein anderes Mal, dann aber bitte ohne Unwetter...

Der Wegverlauf

Der Zugang zum Refuge de Larribet hat seinen Ausgangspunkt am *Weg zum Port de la Peyre-St-Martin* (2295 m), gerade 20 Minuten vom Straßenendpunkt in der Vallée d'Arrens. Hinter dem kleinen *Lac de Suyen* weist ein Schild nach rechts. Man überquert den Bach und steigt dann, von rot-weißen Markierungen geleitet, über einen Wiesenhang aufwärts. Die Cascade de Larribet bleibt rechts, ebenso ein kleiner Waldweiher.

Im Westen zeigt sich die markante Spitze des Pic de la Lie (2673 m), bald auch das Refuge de Larribet. In dem flachen Talboden quert man wiederholt den mäandernden Bach; bei »Hochwasser« kann's dabei leicht einmal nasse Füße geben. Die kleine Hütte, eine Dreiviertelstunde höher, erfreut sich einer prächtigen Lage unter der Crête de Garenère; über dem Taleingang steht der Soum de Bassia du Hoo (2571 m). Das Auge sucht natürlich den Balaïtous, doch bei dem Gipfel, der sich über dem winzigen Glacier du Pabat zeigt, handelt es sich um den Cap Peytier-Hossard (2995 m).

Hinter der Hütte leiten die Farbtupfer hinauf in die *Brèche de la Garenère* (2189 m), eine echte Pforte, denn ganz unvermittelt wird hier der Blick auf die *Lacs de Batcrabère* frei. Was für eine Szenerie! Ein überraschend weiter Kessel, zwei Seen, Blockwerk und ein Kranz hoher Granitberge, rechts der Pic d'Artouste (2816 m), durch einen hohen Grat mit dem Palas (2974 m) verbunden, links die Crête de la Garenère. Vom oberen See steigt man in einer knappen halben Stunde hinauf zu den winzigen *Lacs de Micoulaou* (2333 m): nicht mehr als ein paar eiskalte Tümpel zwischen Granitblöcken, genau südlich der Col Noir (2625 m), links darüber die düstere Batcrabèrewand des Balaïtous.

Nützliche Informationen

Ausgangspunkt: *Maison du Parc* (1470 m) in der Vallée d'Arrens; asphaltierte Zufahrt von Arrens, 9,5 km. Parkplatz am Straßenende.
Anstiegsleistung: Vallée d'Arrens – Lacs de Batcrabère: 700 m.
Gehzeiten: Insgesamt 5¼ Std. Maison du Parc – Refuge de Larribet: 2½ Std., Refuge de Larribet – Lacs de Batcrabère: ¾ Std., Abstieg auf dem gleichen Weg: 2 Std. Steigt man hinauf zu den *Lacs de Micoulaou*, erhöht sich die Gesamtgehzeit um etwa ¾ Std.

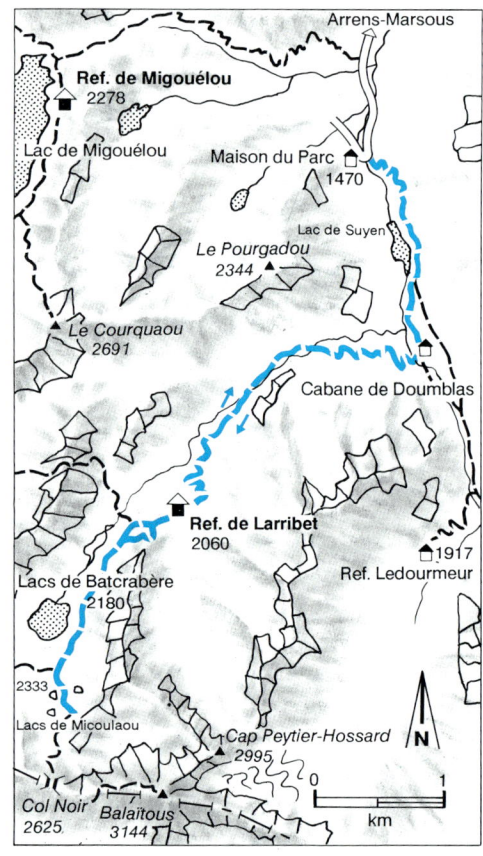

Verkehrsverbindungen: Arrens (878 m) hat Busverbindung mit Argelès-Gazost.
Unterkunft: *Refuge de Larribet* (2060 m), im Sommer bewirtschaftet; Winterraum stets zugänglich.
Verpflegung: Unterwegs aus dem Rucksack.
Weitere Tourenmöglichkeiten: *Balaïtous* (3144 m), mit Nächtigung im Refuge de Larribet. Aufstieg über den Col Noir und den Abri Michaud (Behelfsunterstand, 2698 m) zur »Großen Diagonale«, etwa 4 Std.; Abstieg bis ins Tal ca. 5 Std. Nur für erfahrene Berggänger!
Refuge de Migouélou (2278 m) am gleichnamigen Stausee, 2½ Std. von der Vallée d'Arrens. Beschilderte Abzweigung des Hüttenwegs am Pla d'Arrens (1398 m), knapp 1 km vor dem Straßenendpunkt bei der Maison du Parc. Von der Hütte aus läßt sich der *Courquaou* (2691 m) in 1¾ Std. besteigen (teilweise weglos, aber leicht). Sein Gipfel bietet eine hervorragende Aussicht, faszinierend der Blick auf das Balaïtous-Massiv.
Informationen: Office du Tourisme, 65400 Arrens-Marsous. Maison du Parc, am Endpunkt der Straße ins Arrenstal (permanente Ausstellung).
Karten: IGN-Karte Pyrénées, carte de randonnées 3, »Béarn«, 1:50000. – IGN-Karte »Top 25« 1647 OT, »Vignemale«, 1:25000.

38 Pau, une ville sympathique

Die Stadt vor den Bergen

> Stadtspaziergang.
> **Zeitaufwand:** Beliebig, mit Museumsbesuch und einem guten Essen wird's zur »Tagestour«.

Pau: der *Boulevard des Pyrénées*, die Stadt vor den Bergen, mit fast 100 000 Einwohnern, Verwaltungssitz des Departements Pyrénées-Atlantiques. Wie schrieb Tucholsky: »Von der Terrasse der Place Royale über die Ebene zu sehen – auf die Gebirgskette der Pyrenäen: das ist wie eine Symphonie in A-Dur. Mit Graten und Spitzen, hohen Nasen und graden Linien, mit den geschwungenen Vorbergen steht weit die große Wand der Berge und davor die kerzengraden Pappeln. Vom Gebirge her weht der Wind. Das ist schön.«

Doch von der Palisade (Pau = »Pfahl« im Dialekt des Béarn) an einer Furt über den Gave de Pau bis zum »Boulevard« war es ein langer, steiniger Weg: Erster Hauptort der Grafschaft Béarn wurde Lescar, vom 13. bis zum 15. Jahrhundert war es Orthez, und erst 1464 kam dann Pau an die Reihe. Das machte aus dem wenig bedeutenden Nest noch keine Stadt von Rang, doch immerhin ließ Henri d'Albret, König von Navarra und Graf von Foix und Béarn, das Schloß zum Renaissancepalast umbauen. Hier erblickte am 13. Dezember 1553 der spätere König Henri IV. das Licht der Welt. Frankreich bot zu jener Zeit ein wenig friedliches Bild; Glaubenskriege erschütterten das Land, auch den überwiegend hugenottischen Südwesten. Kaum auf dem Thron (1593), konvertierte der Calvinist (»Paris ist eine Messe wert!«), um seine Macht zu erhalten. Die verwaltete und mehrte er dann aber sehr geschickt. Den Spaniern trieb er Gebietsansprüche mit dem Schwert aus, die Hugenotten erhielten die Glaubensfreiheit (Edikt von Nantes, 1598), und in Kanada entstanden die ersten Kolonien der Krone (1603).

Im Château de Pau, das erst unter Napoleon III. seine heutige Gestalt erhielt, gibt es neben allerlei Erinnerungen an den Franzosenkönig (u.a. den Panzer einer Riesenschildkröte, die ihm als Wiege gedient haben soll) kostbare Interieurs des 17. bis 19. Jahrhunderts (herrliche Gobelins) zu sehen. Und wer sich für Traditionelles aus der Region – alte Möbel, Trachten, Handwerk und Landwirtschaft – interessiert, darf einen Besuch des *Musée Béarn* nicht versäumen: Eingang im Schloßhof, dann über Treppen hinauf ins dritte Geschoß. Alles wirkt leicht angestaubt, aber liebevoll gepflegt, der Pyrenäenbär fehlt ebensowenig wie die Baskenmütze, und durch die Südfenster genießt man – bei entsprechendem Wetter notabene – einen prächtigen Pyrenäenblick.

Aus Pau stammt noch ein König, ein schwedischer dazu: Jean Baptiste Bernadotte, Marschall unter Napoleon, der 1818 als Karl XIV.

Hauptsehenswürdigkeit von Pau ist sein mächtiges Schloß, im wesentlichen ein Renaissancebau.

den Thron in Stockholm bestieg. Sein Geburtshaus ist heute ein kleines Museum mit Erinnerungsstücken an den berühmten Sohn der Stadt.

Doch weder Henri noch Bernadotte vermochten aus Pau eine Stadt von Rang zu machen; das besorgten *les anglais*, die Engländer, denen man ja nachsagt, sie hätten das Reisen »for pleasure« erfunden. Und in die aufkeimende Naturbegeisterung anfangs des 19. Jahrhunderts paßte das Städtchen am Fuß der Berge ganz ausgezeichnet; möglicherweise trug neben dem angenehmen Klima auch die südfranzösische Küche ihr Teil zum Aufschwung bei... Der Andrang muß recht groß gewesen sein; immerhin hat Pau den ältesten Golfclub des Kontinents. Five o'clock tea und Rugby gehörten zu den Vergnügungen, denen sich die (betuchte) Klientel hingab; bei den Bällen im Palais d'Hiver dürfte wohl auch manche Romanze ihren Anfang genommen haben... Die Belle Epoque war längst dahin, als Tucholsky Pau besuchte, Europa befand sich im Umbruch, das Gespenst des Faschismus ging bereits um.

Tempi passati. Aus dem Palais d'Hiver im Parc Beaumont ist inzwischen ein Casino geworden, und Pau hat heute dreimal so viel Einwohner wie 1925. Der Grund dafür liegt ein paar Kilometer weiter westlich, in *Lacq*, genauer bei dem riesigen Erdgasvorkommen, dem vermutlich größten in Europa. Es hat Pau den bisher letzten Boom beschert, es endgültig aus seiner Provinzialität gehoben. Ein bißchen von dem anglophilen Flair ist geblieben, Internationalität dazugekommen: Pau, une ville sympathique.

Ein kleiner Stadtbummel

Wer mit der Bahn in Pau ankommt, hat das erste Ziel gleich vor Augen: den *Boulevard des Pyrénées*, die unter Napoléon III. angelegte Terrasse vor der Stadt. Um die 25 Meter dürfte sie hoch sein, und für einen bequemen »Aufstieg« sorgt ein Mini-Standseilbähnchen. Kleiner als die Strecke dieser Funiculaire ist nur der Obolus, den man zu entrichten hat: Die Fahrt ist nämlich gratis. Umsonst gibt es auch den berühmten Pyrenäenblick – wenn das Wetter mitspielt. Und wer es gleich ganz genau wissen will, der findet auf der Orientierungstafel Namen und Höhenquoten. Ein Gipfel ist allerdings auch ohne diese Hilfestellung unschwer zu erkennen: der Pic du Midi d'Ossau (2884 m), dessen markante Silhouette sich deutlich aus der vielgebrochenen Horizontlinie abhebt.

Der Boulevard ist ziemlich genau einen Kilometer lang, vom *Château* bis zum *Parc de Beaumont*. Dahinter liegt die Cité: recht wenig Historisches, sieht man einmal vom Schloß und ein paar alten Gassen ab, aber viel Leben. Dazu passend haben sich Antiquitätenläden vor allem in der Umgebung des Schlosses eingenistet, auch ein paar kleine Restaurants. Hauptanziehungspunkt ist natürlich das mächtige *Château de Pau*, im Kern aus dem 12. Jahrhundert stammend. Doch davon sieht man heute nichts mehr; der doppelflüglige Bau wurde von Marguerite d'Angoulême – mit Hilfe italienischer Architekten – zum prunkvollen Renaissanceschloß um- und ausgebaut. Später verfiel es zusehens; zur Zeit der französischen Revolution war es kaum mehr als eine Ruine. Unter Napoleon III. entstand das Schloß dann wieder in altem Glanz (Besichtigung möglich).

Als schickste Einkaufsstraße gilt die *Rue des Cordeliers* (Fußgängerzone). Von ihr geht die Rue Tran ab, an der das Geburtshaus von Jean Baptiste Bernadotte steht, heute ein Museum. Nicht nur »alte Schinken«, sondern auch zeitgenössische Kunst zeigt das *Musée des Beaux-Arts* am Cours Bosquet. Überhaupt gibt sich Pau gerne modern bis futuristisch, ohne seine Wurzeln zu vergessen. Rund um den Stadtkern wird fleißig gebaut; zwei Beispiele für gewagt-gelungene Architekturkonzepte sind die Sporthalle und die Salle Zenith. Und natürlich hat die Pyrenäenstadt nicht nur einen Flugplatz (der immerhin gut eine halbe Million Passagiere pro Jahr verzeichnet), sondern auch TGV-Bahnanschluß: 5 Stunden von bzw. nach Paris.

Nützliche Informationen

Verkehrsverbindungen: Bahnlinien nach Lourdes – Tarbes, Oloron-Ste-Marie, Orthez. Busverbindungen mit den Ortschaften der Umgebung.

Unterkunft: Großes Angebot an Hotels aller Kategorien; mehrere Campingplätze in der Umgebung.

Museen: *Château de Pau*, geöffnet Mitte April bis Mitte Oktober täglich 9.30–11.45 Uhr, 14–17.45 Uhr, im Winter 9.30–11 Uhr, 14–16.45 Uhr.
Musée Bernadotte, geöffnet täglich außer Montag 10–12, 14–18 Uhr.
Musée des Beaux-Arts, geöffnet täglich außer Dienstag 10–12, 14–18 Uhr.

Ausflüge: *Lescar:* Das römische Beneharnum, knapp 10 km nordwestlich von Pau gelegen, besitzt in der alten Kathedrale (12. Jahrhundert) ein Kunstdenkmal von Rang. –

Jurançon, Nachbarort am linken Ufer des Gave de Pau, ist berühmt für seinen Wein. Zentrum des Anbaugebietes ist Monein (154 m), etwa 20 km westlich von Pau. Winzer, bei denen man die Weine auch probie-

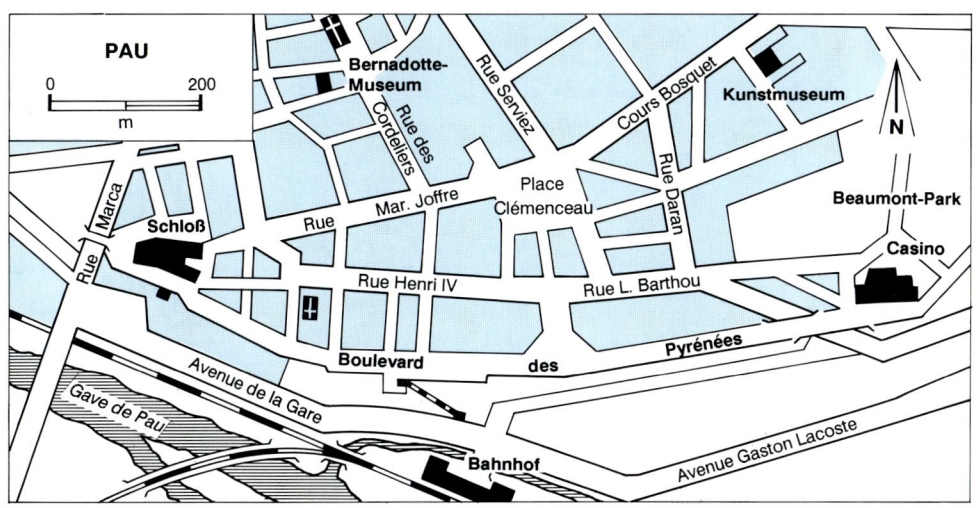

ren darf, gibt es hier überall. Bei manchen Bauern kann man auch Obst, Gemüse, Schinken, hausgemachte Confits und Foie gras kaufen. – *Grottes de Bétharram*: berühmte Tropfsteinhöhle an der Straße nach Lourdes (ca. 30 km); täglich Führungen.
Informationen: Office du Tourisme, Place Royale, 64000 Pau.
Karte: Für Ausflüge in die Umgebung von Pau empfiehlt sich die Mitnahme der Michelin-Straßenkarte, Blatt 85, »Biarritz/ Lourdes/ Luchon«, 1:200 000.

39 Rund um den Pic du Midi d'Ossau

Wandern am »Matterhorn der Pyrenäen«

Tourencharakter: Recht lange, aber unschwierige Wanderungen, Ausdauer erforderlich. »Kleine« Runde um den Pic du Midi Tagestour, ebenso die Rundwanderung zu den Seen um das Refuge d'Ayous. Kombination zur großen Rundwanderung: Zweitagetour.
Reine Gehzeit: »Kleine« Runde 6½ Std., Seenrunde 5 Std., große Rundtour 8½ Std.
Beste Jahreszeit: Juni bis Mitte Oktober; Mitte Juli bis Ende August ziemlich überlaufen.
Markierung: Alle Wege mit guten Farbmarkierungen; keine Orientierungsprobleme.

Eine Wanderung am Pic du Midi d'Ossau (2884 m) gehört zu einer Pyrenäenreise wie ein Besuch des Eiffelturms zur Parisvisite. Und manche meinen, man müßte dem Berg gleich auf's Haupt steigen. Recht haben sie, doch dies ist dann keine Wanderung mehr, sondern eine Klettertour, auch wenn sich die Anforderungen am Normalweg in Grenzen halten. Das würde man beim ersten Augenschein nicht unbedingt glauben, wenn bei der Anfahrt von Norden die markante doppelgipflige Silhouette unvermittelt über dem Talinnern auftaucht, freistehend, abweisendgrandios. Und so erlebt man ihn auf allen Wanderwegen zwischen dem aufgestauten Lac de Bious-Artigues, den Lacs d'Ayous (2288 m) und den Almböden des Col du Pourtalet (1794 m), am schönsten natürlich bei einer Umwanderung. Und da ist der »Schlenker« über die zauberhaften Seen um das *Refuge d'Ayous* (1980 m) das berühmte Tüpfchen aufs »I«, die Runde dann allerdings zu lang für bloß einen Tag: also Aufstieg zur Ayoushütte am Nachmittag, anderntags im Gegenuhrzeigersinn um das »Matterhorn der Pyrenäen« herum; immer noch gute 6 Wanderstunden. Und dazu kommen ja doch einige Pausen, denn zum Schauen (und natürlich Fotografieren) gibt es auf dieser Tour mehr als nur *den* Berg: stimmungsvolle Seen, die weiten Almböden rund um den Pourtaletpaß, der Blick nach Süden, wo jenseits der Grenze hohe Kalkgipfel aufragen, »terra incognita« für die meisten. Nicht zu vergessen die kleinen Sehenswürdigkeiten am Weg: die Pyrenäenflora, meist ab Mitte Juni in Blüte.

Die ganz große Sehenswürdigkeit bleibt natürlich der Pic du Midi d'Ossau; er ist auch ein geologisches Phänomen, Überrest eines Vulkans, und in seiner Umgebung finden sich die verschiedenartigsten Gesteine, Schiefer, Serpentin, »Grès rouge« aus dem Perm, sogar Kalkschichten, in der Umgebung der Lacs d'Ayous zu schönen Karstformationen verwittert.

Für den Wanderer bieten sich im Umfeld des Pic du Midi d'Ossau mehrere Tourenmöglichkeiten, alle auf gut markierten Wegen. Wer sich für die »klassische« Runde entscheidet, beginnt vorteilhaft mit dem Aufstieg zum Col de Suzon, absolviert die Tour also im Uhrzeigersinn. Will man die zauberhaften Lacs d'Ayous mit einbeziehen, empfiehlt sich eine Übernachtung in der gleichnamigen Hütte, Sonnenuntergang am Pic inklusive.

Der Wegverlauf

Lac de Bious-Artigues – Refuge d'Ayous
Vom Parkplatz am *Lac de Bious-Artigues* (1417 m) wandert man östlich um den See

Er steht im Mittelpunkt einer großen Rundwanderung: der Pic du Midi d'Ossau (2884 m).

herum und dann auf dem Almsträßchen taleinwärts zum Pont de Bious (ca. 1530 m). Hier gabelt sich der Weg: Über die Brücke geht die »kleine« Runde, rechts weist ein Schild zum Refuge d'Ayous. Der bestens markierte Pfad steigt im Wald an. Zunächst zeigt sich der Pic du Midi nur gelegentlich zwischen den Wipfeln, doch oberhalb der Baumwuchsgrenze ist er wieder präsent, übergroßes Gegenüber und attraktiver Kulissenberg der Lacs d'Ayous. Der Hüttenweg führt nördlich um den ersten See, den Lac Roumassot (1845 m) herum; auch der winzige Lac du Miey bleibt links. Am Westufer des größten der drei Seen, dem Lac Gentau (1947 m), steht das *Refuge d'Ayous* (1980 m).

Auf den Almen rund um den Col du Pourtalet (1794 m) begegnet man großen Schafherden.

Refuge d'Ayous – Refuge de Pombie – Lac de Bious-Artigues

Am nächsten Morgen gibt's gleich zum Auftakt noch mehr Seen: zuerst ist es der *Lac Bersau* (2082 m), an dessen Ostufer man entlangwandert, dann der kleinere Lac Casterau (1943 m), malerisch zwischen grauen Kalkfelsen gelegen. Unterhalb der Cabanes de la Hosse betritt man den Talboden. Wenig weiter, bei der *Cap-de-Pount-Hütte* (1942 m), beginnt der Anstieg zum *Col de l'Iou* (2194 m); auf halber Strecke kommt von links der direkte Zugang vom Pont de Bious (siehe oben). Am Sattel verabschiedet sich der Pic du Midi vorübergehend aus der Gebirgskulisse; dafür wird der Blick nach Süden frei, wo über weiten Almböden – jenseits der französisch-spanischen Grenze – mächtige Kalkgipfel stehen. Fast eben leitet der Weg nun hinüber in den *Col de Soum de Pombie*

(2129 m); hier mündet der Zustieg vom Col du Pourtalet. Jenseits der Scharte liegt ein riesiger, von Bergsturztrümmern übersäter Karboden, darüber thront der »Vulkan«. Gut zu überblicken ist auch der Weiterweg bis in den *Col de Suzon* (2127 m); auf einer kleinen Anhöhe steht das *Refuge de Pombie* (2031 m), von Weitwanderern, Ausflüglern und Kletterern gleichermaßen frequentiert. Daß wir auf dem Dach und vor der Hütte sogar Sonnenkollektoren entdeckten, hat uns besonders gefreut – im sonnenverwöhnten Midi unverständlicherweise noch eine Seltenheit (1991)!

Hinter dem Schutzhaus liegt ein kleiner See; der Weiterweg schlängelt sich quer durch das Blockwerk und steigt dann leicht an zum Suzonpaß. Gipfelstürmer wenden sich hier nach links; der Normalweg zum Pic du Midi d'Ossau (2884 m) geht über den Grasrücken zum Fuß der Felsen, wo ein recht steiler Kamin (II) die Anwärter gleich auf ihre Tauglichkeit prüft.

Das Gros der Wanderer folgt dem bequemen Weg, der nördlich hinableitet in das Magnabaigt-Tal. Wenig unterhalb vom Pla de la Quebe wendet man sich nach links und steuert den Col Long de Magnabaigt (ca. 1650 m) an, der überleitet in die Vallée de Bious. Eine halbe Stunde noch, dann ist man unten am *Lac de Bious-Artigues* (1417 m), wo sich die große Runde um den schönsten Pyrenäenberg schließt.

Nützliche Informationen

Ausgangspunkt: *Lac de Bious-Artigues* (1417 m). Zufahrt aus dem Ossau über den Weiler Gabas, zuletzt auf der schmalen und ziemlich steilen D 231. Parkplatz am Ostufer des Stausees, 17,5 km von Laruns. – Alternativ kommt als Ausgangspunkt auch der *Col du Pourtalet* (1794 m) in Frage; man stellt sein Fahrzeug auf dem Parkplatz nördlich unterhalb der Paßhöhe (1709 m) ab. Die Gesamtgehzeit für die Runde erhöht sich in diesem Fall um etwa 2 Std.

Anstiegsleistungen: Rund um den Pic du Midi d'Ossau (Tagestour): 980 m. Lacs d'Ayous: 700 m. Große Runde mit Nächtigung im Refuge d'Ayous: ca. 1500 m.

Gehzeiten: Insgesamt: 5 Std. (Seenrunde), 6½ Std. (rund um den Pic du Midi), 8½ Std. (Zweitagetour).
Lac de Bious-Artigues – Refuge d'Ayous: 2 Std., Refuge d'Ayous – Col de l'Iou: 2¾ Std. (Direktaufstieg vom Stausee: 2¾ Std.), Col de l'Iou – Refuge de Pombie: 1¼ Std., Refuge de Pombie – Col de Suzon – Lac de Bious-Artigues: 2½ Std.

Verkehrsverbindungen: Buslinie in der Vallée d'Ossau, bis Gabas.

Unterkunft: *Refuge Pyrénéa Sports* (1422 m) am Ostufer des Lac de Bious-Artigues, *Refuge d'Ayous* (1980 m), *Refuge de Pombie* (2031 m), alle im Sommer bewirtschaftet, meist von Mitte Juni bis Anfang Oktober.

Verpflegung: In den Hütten; unterwegs aus dem Rucksack.

Weitere Tourenvorschläge: *Pic d'Ayous* (2288 m), besserer »Abendspaziergang« bei Nächtigung auf dem Refuge d'Ayous, etwa 1¼ Std. über den Col d'Ayous, markiert.

Informationen: Office du Tourisme, 64440 Laruns.

Karten: IGN-Karte Pyrénées, carte de randonnées 3, »Béarn«, 1:50000. – IGN-Karte »Top 25« 1547 OT, »Ossau«, 1:25000.

Kartenskizze zu Tour 39: siehe S. 160.

40 Soum d'Aas, 2427 m

Im Banne des Pic du Midi

Tourencharakter: Wenig schwierige Gipfelüberschreitung, Trittsicherheit erforderlich. – Tagestour.
Reine Gehzeit: 5 Std.
Beste Jahreszeit: Mitte Juni bis Ende Oktober.
Markierung: Bis zur Cabane d'Aule sparsam gesetzte Farbmarkierungen, im weiteren außer ein paar Steinmännchen keine Markierungen.

Es ist ziemlich früh im Jahr, die Abende sind auch im Süden Frankreichs noch recht kühl: zu früh für den Berg des Ossau, den Pic du Midi. Also versuchen wir es mit einer Annäherung. Ein »kleiner« Gipfel soll es sein, gut 1000 m Steigung; die Karte zeigt wenig felsiges Gelände, dafür ein paar winzige Seen, eine rot gestrichelte Linie, was soviel heißt wie *Itinéraire hors sentier*, also weglos und wohl auch ohne Markierungen. Das hat dann aber kaum gestört; daß außer uns an diesem herrlichen Tag am Pic d'Aas keine Menschenseele unterwegs war, schon gar nicht. Und auch nicht, daß sich die Tour schließlich als Volltreffer entpuppte. Da kommt unterwegs nie Langeweile auf, zu viel gibt's zu sehen, große Landschaft und kleine Sehenswürdigkeiten am Weg, vor allem am Abstieg zum Stausee von Bious-Artigues: ganze Wiesen voller Narzissen, dazwischen die fein gezeichneten Glockenblüten der *Fritillaire des Pyrénées* (Schachbrettblume), eines Endemiten, der im westlichen Teil des Gebirges recht häufig anzutreffen ist.

Das Panorama ist trotz vergleichsweise geringer Gipfelhöhe immens, mit einigen auffallenden Zacken in der Horizontlinie: im Nordwesten, den Auftakt machend, der Pic d'Anie (2504 m), weiter links die »Dolomitzinnen« von Lescun, die Aiguilles d'Ansabère, im Südwesten die Berge über dem Col du Somport (Pic d'Aspe, 2645 m), westlich der breiten Senke dann »terra incognita« mit Collarda (2886 m) und Trabanten, bereits drüben in Spanien. Nur im Südosten stellt sich der Pic du Midi d'Ossau ins Bild, versperrt den Blick in die Ferne. Neben ihm nehmen sich zwei stattliche Dreitausender, die sozusagen über seine Schulter gucken — Balaïtous und Vignemale — recht bescheiden aus. Er allein ist es, der diese Tour beherrscht, ein Gigant aus Lava, über grünen Almböden in den Himmel ragend. So empfanden wir das bereits auf der Anfahrt, wie er am Eingang ins Vallée d'Ossau plötzlich über dem Talinnern stand. Beinahe hätten wir da unsere Vorsätze über den Haufen geworfen; vielleicht — träumten wir — sind die Steilrinnen in der Ostflanke, durch die der Normalweg verläuft, doch schon schneefrei, könnte man den Versuch wagen. Wir haben's gewagt, aber drei Monate später — A (wie »Aas«) kommt schließlich vor M (für »Midi d'Ossau«)...

Der Wegverlauf

Der Aufstieg wird vorgezeichnet durch das Tälchen des Aule-Bachs, der am Col de Turon Garié (2265 m) entspringt und im Mündungsbereich eine malerische Klamm (Was-

Die schönste Berggestalt der Pyrenäen: der Pic du Midi d'Ossau (2884 m), Überrest eines mächtigen Vulkans.

serfall) durchläuft. Entsprechend steil ist der Auftakt, eine gute Halbstunde schweißtreibender Muskelarbeit, aus dem Boden unterhalb des Bious-Artigues-Stausees (Cabane de Bious-Oumette, 1302 m) im Wald bergan. Dann öffnet sich das Tal, zeigt sich seine Gipfelumrahmung. Dafür verliert man (vorübergehend) den Pic du Midi d'Ossau aus dem Blickfeld. Bei einer Wegteilung kann man links oder rechts vom Bach weitergehen; beide Steige führen zur *Cabane d'Aule* (1711 m), einer gemauerten Hütte, die als Biwak eingerichtet ist.

Die nächste Wegetappe leitet in Serpentinen über einen steilen Hang hinauf zum *Lac d'Aule* (2042 m), von dem man erst seinen unterirdischen Abfluß (als mächtige Quelle), dann die – meist bis in den Sommer hinein vereiste – Wasserfläche zu Gesicht bekommt. Südöstlich über dem See steht der Pic du Midi, nun wieder verläßlicher Begleiter auf dem Weiterweg. Der ist nun nicht

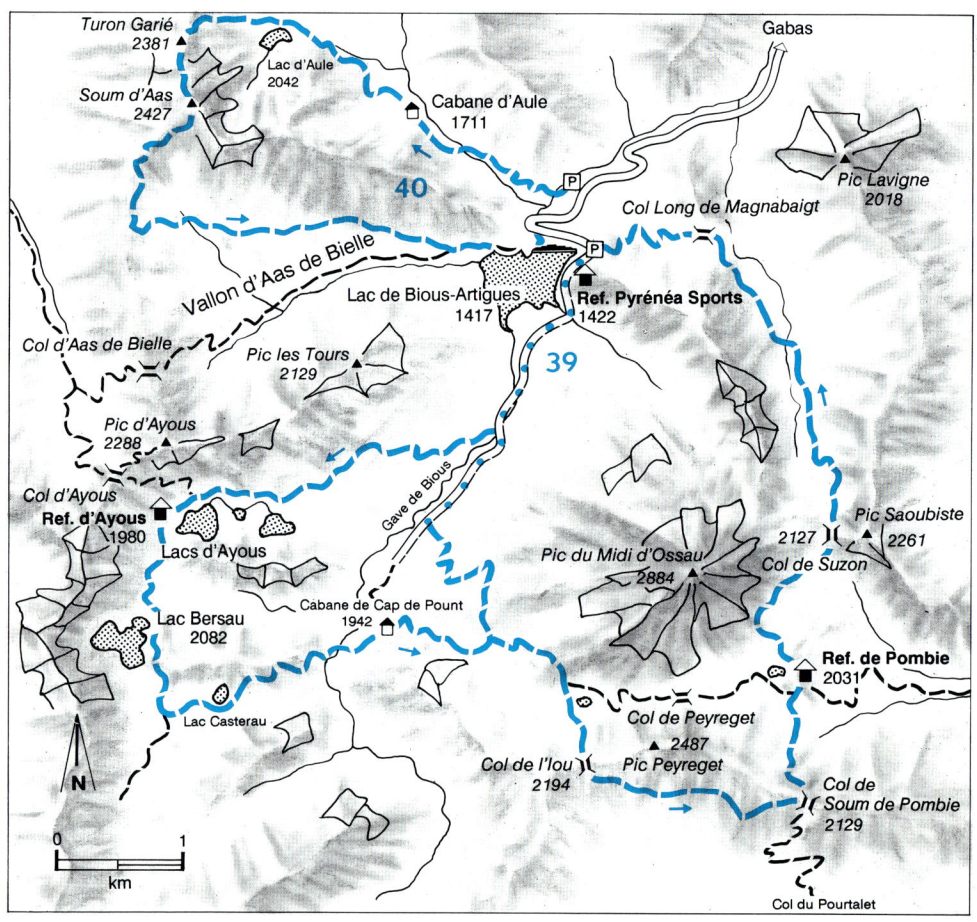

mehr markiert, bei ordentlichem Wetter aber kaum zu verfehlen; er geht in einem Linksbogen über mäßig steile Grashänge hinauf zum *Turon Garié*, einer Kuppe im Nordgrat des Soum d'Aas. Der Col de Turon Garié bleibt rechts, wird also nicht betreten. Am Turon stößt man auf eine ordentliche Wegspur, die nun, dem recht schmalen Kamm gelegentlich in die Westflanke ausweichend (östlich steile Abbrüche), zum höchsten Punkt leitet.

Der Abstieg führt zunächst kurz über den Südgrat, dann wendet man sich in die Südwestflanke und steigt über den kümmerlich begrünten Hang ab. Der Wegverlauf entspricht hier in etwa der (deutlich markierten) Grenze des Pyrenäen-Nationalparks. Die Begehungsspuren gehen bald in ein Weglein über, das dem nach Süden umbiegenden Graskamm folgt. An einem wenig ausgeprägten »Col« (2102 m) verläßt man ihn und steigt über Almböden ab in den *Vallon d'Aas de Bielle*. Ein alter Alpweg gibt dabei die Richtung an: östlich, links über dem Talgrund verbleibend. Immer wieder schaut man natürlich hinüber zum Pic du Midi, der nun wirklich – alles in den Hintergrund drängend – im Zentrum steht. Um fast anderthalb Kilometer überragt er den Stausee von *Bious-Artigues* (1417 m), an dessen Mauer die Runde schließt: auf breitem Weg zum Barrage, dann über einen Wiesenhang, eine Straßenserpentine abkürzend.

Nützliche Informationen

Ausgangspunkt: *Lac de Bious-Artigues* (1417 m). Zufahrt aus dem Ossau über den Weiler Gabes, zuletzt auf der schmalen und

ziemlich steilen D 231. Man stellt sein Fahrzeug auf dem Talboden unterhalb des Stausees (ca. 1300 m) ab, 16,5 km ab Laruns (531 m).
Anstiegsleistung: Cabane de Bious-Oumette – Soum d'Aas: 1130 m.
Gehzeiten: Insgesamt 5 Std. Cabane de Bious-Oumette – Cabane d'Aule: 1 Std., Cabane d'Aule – Lac d'Aule: 1 Std., Lac d'Aule – Soum d'Aas: 1 Std.; Abstieg: etwa 2 Std.
Verkehrsverbindungen: Buslinie in der Vallée d'Ossau, bis Gabas. Weiterfahrt zum Lac Bious-Artigues nur mit Taxi (Laruns) oder dem eigenen Fahrzeug. Gut trainierte Mountainbiker schaffen die 4 km in knapp 30 Minuten.
Unterkunft: *Refuge Pyrénéa Sports* am Ostufer des Lac de Bious-Artigues, im Sommer bewirtschaftet. – *Cabane d'Aule* (1711 m), gemauerte Hütte, für Selbstversorger gut eingerichtet.
Verpflegung: Unterwegs aus dem Rucksack.
Weitere Tourenvorschläge: Rund um das Tal des Aulebachs gibt es noch zwei weitere leichte Gipfelziele: den *Pic Gaziès* (2457 m) und den *Pic d'Aule* (2392 m), beide gut 2 Std. von der Cabane d'Aule.
Informationen: Office du Tourisme, 64440 Laruns, Place de la Mairie. In dem Ort gibt es auch mehrere Hotels und Campingplätze. Spezialitäten der Region ißt man in der Auberge Bellevue; von der Terrasse bietet sich ein hübscher Tal- und Bergblick.
Karte: IGN-Karte Pyrénées, carte de randonnées 3, »Béarn«, 1:50000. – IGN-Karte »Top 25« 1547 OT, »Ossau«, 1:25000.

41 Ibones Azules, 2405 m

Seenwanderung unter den »Teufelsspitzen«

> *Tourencharakter:* Lohnende Seenwanderung auf guten Wegen. Leichtes Tagespensum.
> *Reine Gehzeit:* 5 Std.
> *Beste Jahreszeit:* Mitte Juni bis Mitte Oktober.
> *Markierung:* Rot-weiße Farbmarkierungen.

Die Baños de Panticosa sind nicht gerade das, was man als modernes Thermalbad bezeichnen würde; immerhin atmet der Ort wenigstens nicht jene krankmachende Tri-

Leuchtendes Blumenpolster im Schutt: die Leimprimel (Primula hirsuta), *der man auch in unseren Alpen begegnet.*

stesse wie Les Eaux-Chaudes jenseits des Col du Pourtalet (1794 m). Wer von Norden kommt und ins Hochtal des Riu Caldares möchte, muß zuerst den Grenzpaß überqueren: eine Fahrt der Kontraste, durch die Enge der Vallée d'Ossau herauf zu den weiten Almböden um den Pourtalet, mit Blick auf das »Matterhorn« der Pyrenäen, den Pic du Midi d'Ossau (2884 m) notabene. Bei der anschließenden Talfahrt darf man dann einen Ausblick in die Zukunft tun: Jaca 1998 läßt grüßen, dem Traum von den Olympischen Winterspielen in Spanien wird mit viel Beton Gestalt verliehen.

Mit reichlich Beton soll auch die Zufahrt zu den Baños de Panticosa in eine normalbreite und wintersichere Straße verwandelt werden: »stop and go« auf der Bergstrecke durch die *Garganta del Escalar*. Oberhalb der »Treppenklamm« weitet sich das Tal zu einem hübschen Boden, wie man ihn hier nicht unbedingt erwarten würde, mit einem kleinen See und etwas Grün rundum. Dem Kurort sieht man allerdings an, daß seine beste Zeit schon recht weit zurückliegt. Immerhin, das Grand Hotel, Baujahr 1895, ist in Würde gealtert, und die Bergkulisse hat sich gar nicht verändert. Dazugekommen ist die Kraftwerkszentrale, bereits wieder Ruine dagegen die Werkseilbahn. Also auch hier Betonmauern, halbvolle Speicher. Doch das mindert den Reiz dieser Seenwanderung nur wenig; der aufgestaute untere *Ibon Azul* (»Blausee«, 2380 m) bietet sogar ein beson-

Die »Elefantenbuckel« am Weg zu den Ibones Azules.

Nur selten sind die Wege in den Pyrenäen so komfortabel. Im Tal des Riu Caldares, oberhalb der Baños de Panticosa.

ders schönes Farbenspiel, ganz anders als der obere See, zu dem die Picos de Pecho (2916 m) einen attraktiven Hintergrund abgeben. Überhaupt ist die Kulisse von eigenwilliger Schönheit, rauh, fast etwas schwermütig wirkend: dunkle Granitgrate und mächtige Geröllteppiche, ein paar Schneeflecke. Da bilden auch die *Picos del Infierno* (3082 m) keine Ausnahme. Von den Ibones Azules aus zeigt sich der mächtige Bergstock sehr abweisend, macht er seinem Namen alle Ehre (»Höllenspitzen«). Der Normalanstieg verläuft über die Südostflanke, zum Collado de Pondiellos, etwa 5 Stunden von Baños de Panticosa – bestimmt eine tolle Tour, absolute Einsamkeit und (bei schönem Wetter) ein immenses Panorama garantiert.

Der Wegverlauf

Gleich hinter dem Elektrizitätswerk von Baños de Panticosa (1640 m) beginnt der Anstieg zum *Bachimaña-Stausee*; ein paar Wegserpentinen bringen raschen Höhengewinn und einen hübschen Rückblick auf die Dächer des Kurortes. Dann wendet sich der Pfad in das zur Klamm verengte Tal. Zwischen Bergsturztrümmern und riesigen, vom Gletschereis rundgeschliffenen »Elefantenbuckeln« geht es bergauf; die Wasser des Riu Caldares nehmen, zahlreiche Kaskaden bildend, die entgegengesetzte Richtung. Ein Weg, bei dem man – vor allem mit Kindern – jede Menge Zeit vertrödeln kann. Da gibt es Rastplätze, einer schöner als der andere, kleine Gumpen am Bach; weiter oben, bei der Cascada del Fraile, sogar einen winzigen Badesee. Baden läßt es sich auch im unteren *Embalse de Bachimaña* (ca. 2170 m),

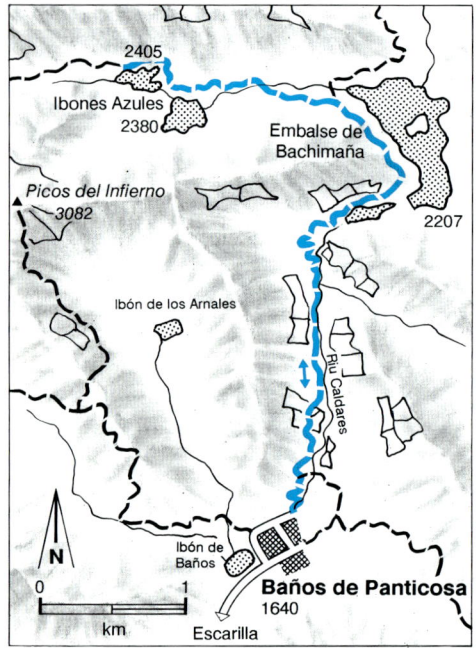

dessen Höhe man nach einem schweißtreibenden Serpentinenanstieg gewinnt – einladend warm ist das Wasser allerdings nicht. Dies gilt auch für den großen Speicher (Embalse de Bachimaña alto, 2207 m). Wer allerdings zum Inselchen will, das mitten aus dem See ragt, muß schon eintauchen in das (sehr) kühle Naß. Wir haben darauf verzichtet und sind weitergewandert, auf dem Plattenweg, der hoch über dem Westufer verläuft und gute Aussicht auf die Bergumrahmung bietet.

Genau nördlich zeigt sich ein markanter Einschnitt: der Port du Marcadau (2541 m), ein seit alters her benützter Übergang im Pyrenäen-Hauptkamm. Nicht sichtbar ist die *Grande Fache* (Gran Faxa, 3005 m), ein beliebtes Gipfelziel; sie versteckt sich hinter dem von der Punta Zarre (2947 m) nach Osten abstreichenden Kamm. Sehr schön dafür der Blick in den Circo de Bramatuero mit dem zersplitterten Grat von Arratille und dem Grand Pic d'Arratille (2900 m).

Bei einem kleinen Tümpel oberhalb des Bachimaña-Stausees gabelt sich der Weg: rechts geht es zum Port du Marcadau, links weiter taleinwärts zu den Ibones Azules, gerade noch eine halbe Stunde bis zum oberen See. Doch erst ist noch ein Halt fällig, denn

das kleine Gewässer erweist sich als veritables Biotop: Frösche, allerhand Insekten, Kaulquappen. Da kann Hildegard nicht einfach weitergehen...

Nützliche Informationen

Ausgangspunkt: *Baños de Panticosa* (1640 m), Zufahrt von Escarrilla (1189 m) an der Südrampe der Pourtalet-Straße, 10 km. Parkmöglichkeit im Ort und am See.
Anstiegsleistung: Baños de Panticosa – Ibones Azules: 770 m.
Gehzeiten: Insgesamt: 5 Std. Baños de Panticosa – Embalse Bachimaña: 1 ¾ Std., Embalse Bachimaña – Ibones Azules: 1 ¼ Std., Abstieg auf dem gleichen Weg: 2 Std.
Verkehrsverbindungen: Baños de Panticosa hat Busverbindung mit den Ortschaften im Valle de Tena.
Unterkunft: Keine. In Baños de Panticosa gibt es mehrere Hotels.
Verpflegung: Unterwegs aus dem Rucksack.
Weitere Tourenvorschläge: Die Seentour läßt sich fast beliebig erweitern, etwa um den Abstecher zum *Port du Marcadau* (2541 m) und den Ibones de Pecico, dadurch erhöht sich die Gesamtgehzeit auf etwa 7 Std. Auch zu den *Ibones de Bramatuero* (2293 m/ 2505 m) kann man vom Embalse de Bachimaña wandern, hin und zurück etwa 2 Std. Die meisten Gipfelbesteigungen verlangen zumindest einen sicheren Tritt und Erfahrung in unwegsamem Gelände. Ein dankbares, mäßig schwieriges Ziel ist die *Punta Zarre* (2947 m), etwa 1 ½ Std. vom oberen »Blausee«.
Picos del Infierno (3082 m): 5 Std. von Baños de Panticosa, nur teilweise markiert, mühsamer Anstieg zum Collado de Pondiellos, dann über den Südgrat.
Information: Oficina de Turismo in Escarrilla (an der Straße zum Col du Pourtalet).
Karten: Editorial Alpina, »Panticosa/Formigal«, 1:25000, mit kleinem Führer (spanisch). – IGN-Karte Pyrénées, carte de randonnées 3, »Béarn«, 1:50000. – IGN-Karte »Top 25« 1647 OT, »Vignemale«, 1:25000.

Kulissenberg des oberen der beiden »Blauseen« (Ibones Azules) ist der Pico de Piedrafita (2916 m).

42 Circo de Olibon, 2135 m

Am End' der Welt

> **Tourencharakter:** Leichte, landschaftlich großartige Wanderung. Tagestour.
> **Reine Gehzeit:** 5 Std.
> **Beste Jahreszeit:** Juni bis Oktober.
> **Markierung:** Auf dem ersten Teilstück und am Ibón de Estanes rot-weiße Markierungen, sonst nur Steinmännchen. Bei Nebel ist der »Einstieg« in den Circo de Olibon nicht leicht zu finden.

Es gibt sie noch, die »letzten Paradiese«, und nicht nur in jenen exotisch-fernen Regionen unseres Urlaubsplaneten, wo sie von Globetrottern jeweils aufgestöbert, von Tourismusmagnaten erschlossen und schließlich von den Massen niedergetrampelt werden.

Das kann dem *Circo de Olibon* wohl kaum passieren; ein Schneeloch, umrahmt von ein paar bizarren Felsen, ein mäandernder Bach, etwa 3 Wanderstunden von der (französischen) Vallée d'Aspe in der (spanischen) Sierra de Bernera: auch am »End' der Welt«.

Was für ein Kontrast zum nahen *Col du Somport* (1632 m), wo Candanchú und Astun um die Krone der häßlichsten Skistation der Region wetteifern – mit ungewissem Ausgang. Ganz anders dagegen die *Vallée d'Aspe*, die sich einem sanften Tourismus verschrieben hat, wo der Versuch unternommen wird, bäuerliche Interessen, Fremdenverkehr und Naturschutz unter einen Hut zu bringen. Den Plan, die Somport-Straße zur Gütertransitroute samt Scheiteltunnel auszubauen, hat man in Paris inzwischen (nach heftigen Protesten) ad acta gelegt. Und eine Wiederbelebung der alten Bahnlinie ist in absehbarer Zeit wohl auch nicht zu erwarten. Zwanzig Jahre nach ihrer Stillegung wachsen zwischen den Geleisen schon stattliche Bäume – die Natur holt sich ihr Terrain zurück. Vom »internationalen« Bahnhof *Canfranc* (1090 m) am Südeingang des 7,9 Kilometer langen Tunnels fahren täglich gerade noch drei Züge Richtung Zaragoza…

Viel mehr »Verkehr« erwartet auch den Wanderer auf dem Weg in den Circo de Olibon nicht; wir sind – im Frühsommer – keiner Menschenseele begegnet, an einem unvergleichlich klaren Tag, wie man ihn zu dieser Jahreszeit in den atlantischen Pyrenäen öfter erleben kann, vor allem nach heftigen Regenfällen. Über dem Ibón de Estanes, zu

Zu den schönsten Winkeln der westlichen Pyrenäen gehört die Vallée d'Aspe.

dem bunte Gesteinsschichten einen farbenprächtigen Rahmen bilden, spannte sich ein tiefblauer Himmel, im Valle de los Sarrios lag noch Schnee, gleißendes Weiß: ein starker Kontrast zu den braunen, grauen und schwarzen Felsen, die sich rundum auftürmen. Was für eine Szenerie! Da glaubt man sich wirklich ans End' der Welt versetzt, kaum ein Laut, nur das Gurgeln des Schmelzwassers, das sich unter dem Schnee seinen Weg bahnt, ist schwach zu hören. Ein paar Geier kreisen über den zerklüfteten Graten – Winnetou kann nicht weit sein...

Oben am *Puerto de Bernera* (2135 m) wird der Blick nach Westen frei, zum Bisaurin (2670 m), der massig über dem Plan Mistresa steht: Da kommt man schon in Versuchung. Ob wir's heute noch packen, 2½ Stunden immerhin bis zum Gipfel. Zu weit, sagt Hildegard, und natürlich hat sie recht, aber dennoch...

An einem Tag wie diesem muß der *Bisaurin*

eine immense Rundschau bieten, weit nach Spanien hinein, bis in die Gegend von Pau und ins Baskenland, über tausend Höhen und Täler. Es ist aber gleichzeitig ein Blick in die Geschichte, verlief doch hier, mehrfach verästelt, der große mittelalterliche Jakobsweg über die Pyrenäen, vom Südwesten Frankreichs nach Galizien: Santiago de Compostela war das ferne Ziel. Einer dieser Wege ging auch über den Col du Somport, von Oloron-Ste-Marie nach Jaca. Entsprechend reich ist das historische Erbe.

Oloron-Ste-Marie (221 m; 14000 Einwohner) beeindruckt schon durch seine malerische Silhouette über dem Zusammenfluß der beiden Pyrenäenbäche Gave d'Aspe und Gave d'Ossau. Den höchsten Punkt des Stadthügels nimmt die befestigte Kirche Ste-Croix ein, im Kern aus dem 11. Jahrhundert stammend und stilistisch spanisch-maurischen Vorbildern verwandt. Als ein Meisterwerk romanischer Bildhauerei gilt das figurenreiche Portal der ehemaligen Kathedrale Ste-Marie. Romanik gibt es auch jenseits der Grenze, im spanischen *Jaca*, einem lebhaften Kleinstädtchen, dessen Hauptsehenswürdigkeit neben der großen Zitadelle die Kathedrale ist, möglicherweise die älteste Bischofskirche ganz Spaniens. Noch weiter in der Vergangenheit verlieren sich die Ursprünge des berühmten Felsenklosters *San Juan de la Peña*, das über Jahrhunderte hinweg Zentrum und Symbol des Widerstands gegen die Mauren war (etwa 20 km südwestlich von Jaca).

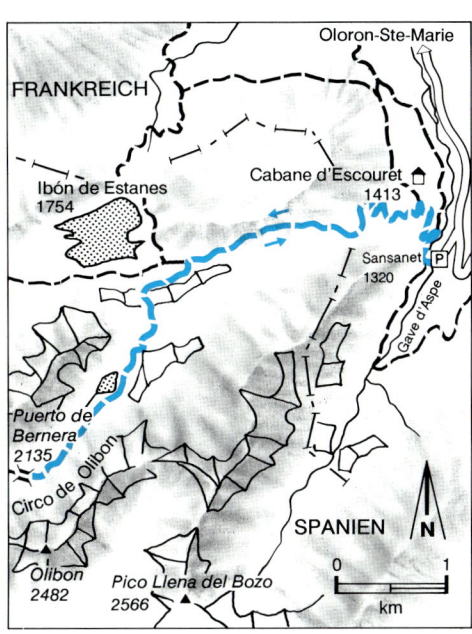

Der Wegverlauf

Vom *Parkplatz* (ca. 1320 m) knapp unterhalb der Somportstraße führt der Weg zunächst über den *Gave d'Aspe (Brücke)*, dann an der bewaldeten westlichen Talflanke im Zickzack aufwärts. Man folgt den rot-weißen Markierungen bis zu einer Lichtung (ca. 1430 m). Hier nicht geradeaus zur Cabane d'Escouret (1413 m), sondern links in Serpentinen weiter aufwärts. An der Waldgrenze überschreitet man auch die Staatsgrenze; im Süden zeigt sich sehr schön der Pic d'Aspe (Pico de la Garganta, 2645 m), durch die Brecha de Aspe von dem nicht ganz so hohen Pico Llena de la Garganta (2599 m) abgesetzt. Der Weg steuert, durch eine Talmulde ansteigend, einen kleinen Wiesensattel (ca. 1820 m) an. Unter der Grasnarbe liegt hier rote Erde, in den Pyrenäen als »grès rouge« bekannt und mit dem Grödner Sandstein der Südostalpen verwandt. Jenseits der Senke liegt der *Ibón de Estanes* (1754 m); nach Westen bilden die Steilabstürze der Sierra de Bernera (2512 m) eine graue Mauer, im Norden steht der »grüne« Pic de Gabedaille (2258 m). Links entdeckt man am Hang ein paar Steinmännchen; sie leiten bergan zu dem abgeflachten Karrenrücken, der dem Eingang ins *Valle de los Sarrios* vorgelagert ist. In leichtem Abstieg über die vom Wasser zernagten blanken Felsen steuert man den Wasserfall an, der über eine Steilstufe an der Talmündung herabstürzt. Ein ordentliches Serpentinenweglein hilft über die gut 100 Höhenmeter hinweg; dann steht man unvermittelt vor dem *Circo de Olibon*: ein flacher Boden, in dem ein paar Rinnsale Schlangenlinien ins Grün ziehen und in einer seichten Lacke zusammenlaufen, Geröllhalden, Felsschichten, grotesk verformt und in bizarre Gratlinien auslaufend. Kein Cirque de Gavarnie, aber dennoch grandios!

Auch ein »End' der Welt«: der Circo de Olibon.

Den markanten Talschluß der Vallée d'Aspe bilden der Pic d'Aspe (2645 m) und der Pico Llena de la Garganta (2599 m).

Nützliche Informationen

Ausgangspunkt: *Parkplatz Sansanet* (ca. 1320 m) im »Parc National des Pyrénées«, nördlich unterhalb vom Col du Somport (1632 m), 51 km von Oloron-Ste-Marie, 36 km von Jaca.
Anstiegsleistung: Sansanet – Circo de Olibon: 800 m.
Gehzeiten: Insgesamt: 5 Std. Somportstraße – Ibón de Estanes: 1¾ Std., Ibón de Estanes – Circo de Olibon: 1¼ Std., Abstieg auf dem gleichen Weg: 2 Std.
Verkehrsverbindungen: Eine Buslinie verbindet die Ortschaften in der Vallée d'Aspe.
Unterkunft: Keine.
Verpflegung: Unterwegs aus dem Rucksack.
Weitere Tourenvorschläge: Die Wanderung wird zur tollen Gipfeltour, wenn man sie zum *Bisaurin* (2670 m) ausdehnt; Gesamtgehzeit dann etwa 9 Std. Trittsicherheit und Bergerfahrung notwendig.
Ein dankbares, leichtes Gipfelziel ist der *Pic de Gabedaille* (2258 m); Ausgangspunkt im Bois d'Espélunguère (ca. 1350 m), etwa 5 km von der Somportstraße, Abzweigung bei Les Forges-d'Abel (1068 m). Aufstieg über den Col de la Contende (2019 m), Abstieg südlich zur Escalé d'Aigue Torte (1635 m), insgesamt etwa 4½ Std.
Informationen: Syndicat d'Initiative, 64490 Accous.
Karten: Daß der Circo d'Olibon »Niemandsland« ist, kann man auch an den Karten ablesen; fast durchwegs liegt diese Wanderung knapp am Blattrand. IGN-Karte Pyrénées, carte de randonnées 3, »Béarn«. – IGN-Karte »Série bleu« 1547 ouest, »accous«, 1:25 000. – Editorial Alpina, »Candanchú/Canfranc«, 1:25 000 (nur Ostteil). Editorial Alpina, »Ansó/Hecho«, 1:40 000 (nur Westteil).

43 Pic d'Ansabère, 2365 m

Die »Dolomiten« von Lescun

Tourencharakter: Mäßig schwierige Gipfeltour, Schlußanstieg recht mühsam. – Tagestour.
Reine Gehzeit: 7 Std.
Beste Jahreszeit: Mitte Juni bis Ende Oktober.
Markierung: Ein paar Farbtupfer und Steinmännchen, aber dennoch keine Probleme mit der Route.

Was für ein perfekt inszeniertes Schauspiel! Da fährt man ins Tal der Aspe, passiert zunächst das Défilé d'Escot, dann die freundliche Weitung von Accous (504 m) und biegt schließlich rechts auf die D 239 ein, 5 km noch bis Lescun (900 m). Vorhang auf! Und da stehen sie, die Kalkriffe des Cirque Dolomieu: Le Billare (2309 m), Dec de Lhurs (2176 m) und Pic Bacqué (2093 m) in der ersten Reihe, die Grenzberge wie Pic d'Anie (2504 m), Table des Trois Rois (2421 m) und Aiguilles d'Ansabère (2377 m) etwas zurück. Heller Kalk über grünen Matten – die »Bleichen Berge« lassen grüßen.

Sirenenklang für jeden Bergsteiger; hinauf soll's gehen, zu den Gipfeln. Und da steht – zumindest höhenmäßig – der Pic d'Anie an erster Stelle, gerade 3 Stunden vom Refuge de Labérouat (1450 m). Im senkrechten Fels der Aiguilles d'Ansabère fühlen sich nur die Extremen der Zunft wohl; wer gut zu Fuß ist, kann sich den Pic d'Ansabère zum Ziel nehmen: ein vierstündiger Aufstieg, recht lang zwar, aber nie langweilig, mit faszinierenden »Dolomiten«-Bildern und einem Gipfelpan-

Beim Anstieg zum Col de Petragème (2082 m) hat man Aussicht auf die Bergketten der Vallée d'Aspe.

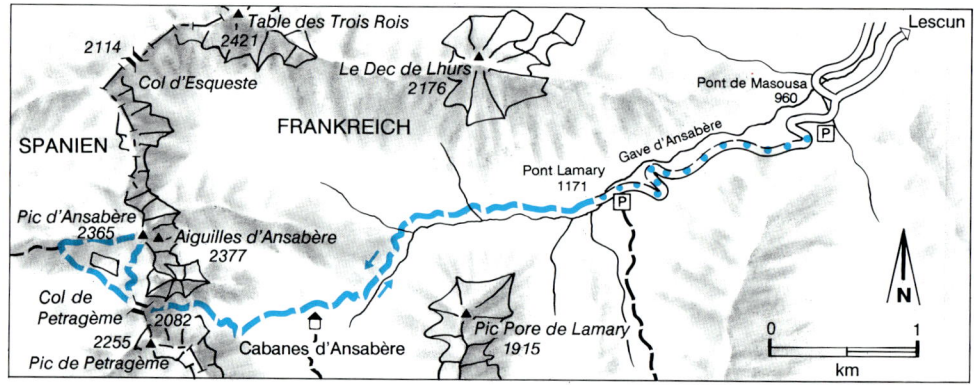

orama, das weite Teile der westlichen Pyrenäen umfaßt und tief hinein ins Baskenland reicht. Blickfang im Osten ist der Pic du Midi d'Ossau (2884 m). Links lugt hinter ihm ein anderer ganz »Großer« hervor, der Balaïtous (3146 m).

Lescun und seine Kulisse: zauberhafte Bergwelt, aber halt nur die Außenansicht; hinter den malerischen alten Steinmauern verbirgt sich vielfach Armut, Zukunftslosigkeit. Wie sich die Bilder doch gleichen, in den Alpen und hier; die Glitzerwelt lockt sie (fast) alle ins Tal, in die Städte, wo Unruhe Normalzustand ist, Ruhe oft mit Langeweile verwechselt wird...

Der Wegverlauf

Wer das Fahrverbot oberhalb der *Masousa-Brücke* (960 m) nicht mißachtet (und welcher Naturfreund täte das!?), hat bis zum Straßenendpunkt beim Pont Lamary (1171 m) eine halbe Stunde zu Fuß zu gehen. Rechts in der Tiefe rauscht der Ansabèrebach, im Talinnern wird zwischen den Baumwipfeln heller Kalk sichtbar, links öffnet sich ein kleines Seitental, über dem der Pic de Laraille (2147 m) steht. Einen Prachtblick auf die Aiguilles d'Ansabère (2377 m) bietet dann der idyllische Talboden 30 Minuten nach der Lamary-Brücke – ideal für's zweite Frühstück. Wer ein Fernglas dabei hat, kann in den himmelwärts weisenden Felsflanken der »Nadeln« nach bunten Punkten suchen: Extremkletterer, die sich an der Ostwand der Grande Aiguille, in einer Route des V. oder VI. Schwierigkeitsgrades, versuchen.

Ganz ohne Hilfsmittel ist der Weiterweg zu den Cabanes d'Ansabère (1570 m) auszumachen: eine deutliche Pfadspur, kaum zu übersehen. Bei den Schäferhütten (Wasser) läßt man die Baumwuchsgrenze bereits zurück; auffallend, aber für die Nordseite der atlantischen Pyrenäen nicht untypisch, daß Buchen die Waldgrenze bilden, der Krummholzgürtel völlig fehlt. Dafür wird's bald geröllig; der Anstieg zum *Col de Petragème* (2082 m) gestaltet sich entsprechend mühsam. Im Frühsommer liegt hier meist noch Schnee. Blickfang ist die überhängende Südwand der Petite Aiguille zur Rechten; im Rückblick taucht das unverkennbare Gipfelprofil des Pic du Midi d'Ossau (2884 m) über vorgelagerten Höhenzügen auf. Am Grenzpaß wendet man sich nach rechts und steigt über den steilen, schrofigen Hang auf zum Gipfel: trotz Spur eine ziemliche Plackerei.

Eine tiefe Scharte trennt den Pic von der Grande Aiguille, die ihn um ein paar Meter überragt; dem Panorama tut das aber keinen Abbruch. Nach Westen ist es sowieso fast »grenzenlos«, schaut man tief hinein ins französische und spanische Baskenland, wo sich all die Gipfel und Gipfelchen mit ihren (für schwere deutsche Zungen) unaussprechlichen Namen aneinanderreihen: Orzanzurieta, Otchogorrigagna, Chardekagagna, Bohorcortia. Da ist der Blick nach Osten fast eine Erholung, die Bezeichnungen sind geläufi-

»Dolomitenzauber« in den Westpyrenäen: die Aiguilles d'Ansabère (2377 m), veritable Kletterzacken.

ger, die Gipfel haben mehr Profil, vor allem einer: der Pic du Midi d'Ossau (2884 m). Auffallend auch der Pic des Sesques (2606 m), weiter links; in der zweiten Reihe Balaïtous (3146 m) und Palas (2974 m).
Statt den Südrücken des Pic d'Ansabère direkt anzugehen, kann man alternativ auch zum spanischen Westgrat hinüberqueren (Weglein), der einen vergleichsweise bequemen Zugang zum Gipfel vermittelt.

Nützliche Informationen

Ausgangspunkt: Auf der N 134 von Oloron-Ste-Marie (221 m) in Richtung Col du Somport, hinter Accous rechts Abzweigung hinauf nach *Lescun* (900 m), insgesamt 36 km. Knapp vor dem Ort links ab, über den Gave d'Ansabère, dann am Camping vorbei taleinwärts. Wenig oberhalb vom Pont de Masousa Fahrverbot (ca. 1000 m), 5,5 km ab Lescun. Parkmöglichkeit.
Anstiegsleistung: Pont de Masousa – Pic d'Ansabère: 1400 m.
Gehzeiten: Insgesamt 7 Std. Pont de Masousa – Cabanes d'Ansabère: 2 Std., Cabanes d'Ansabère – Col de Petragème: 1½ Std., Paß – Pic d'Ansabère: ½ Std. Abstieg auf dem gleichen Weg: knapp 3 Std.
Verkehrsverbindungen: Busverbindung von Oloron-Ste-Marie zum Col du Somport; Haltestelle Cette-Eygun (7 km von Lescun).
Verpflegung: Unterwegs aus dem Rucksack.
Unterkunft: In *Lescun* gibt es neben einem Gîte d'Etape auch ein Hotel (**Pic d'Anie) und einen Campingplatz.
Weitere Tourenvorschläge: *Pic d'Anie* (2504 m): schmale Zufahrt von Lescun hinauf zum Refuge de Labérouat (1442 m), Anstieg 3 Std., markiert. – *Table des Trois Rois* (2421 m): mit ähnlicher Aussicht wie der Pic d'Ansabère, 4 Std. von Lescun über Lac und Col de Lhurs, spärliche Markierungen. – *Ibón de Acherito* (1875 m): prächtiger Bergsee auf spanischem Boden. Lohnende Rundwanderung, bei der zweimal der Grenzkamm überschritten wird, etwa 6 Std. vom Pont Masousa, größtenteils ordentlich markiert.
Information: Office du Tourisme, 64400 Lescun.
Karte: IGN-Karte Pyrénées, carte de randonnées 3, »Béarn«, 1:50000.

44 Die Schluchten der Haute Soule

In die »grünen Pyrenäen«

Tourencharakter: Durchwegs Halbtagsunternehmungen. Ordentliche Wege, der Steig durch die Kakouéta-Schlucht verlangt Trittsicherheit, auf der Hängebrücke über die Gorges d'Olhadubi ist Schwindelfreiheit gefragt.
Reine Gehzeit: 1½ bis 3 Std.
Beste Jahreszeit: Fast das ganze Jahr über möglich, nach starken Regenfällen Steinschlaggefahr in den Gorges de Kakouéta.
Markierung: Auf den Klammwegen gibt es naturgemäß kaum Orientierungsprobleme.

Die *Haute Soule* ist ein grüner Winkel ganz im Westen der Pyrenäen, dem Atlantik schon näher als den großen Bergen. Das Meer bestimmt denn auch weitgehend den Wetterablauf. Und wenn es hier regnet, verwandelt sich die Landschaft in einen dampfenden grünen Garten, alles tropft und trieft, Nebel hängen dick an den steilen, moosüberwachsenen Felsbalmen – fast wie in den Tropen, Nepal-Trekking zur Monsunzeit. Da erstaunt es nicht weiter, daß die Quellbäche des Saison sich tief ins Kalkgestein gruben: die Schluchten der Haute Soule, Holzarté, Olhadubi, Kakouéta, Ehujarré. Die Namen (was für Zungenbrecher!) verraten schon die Nähe des Baskenlandes, doch sind die meisten Häuser im Tal noch nach Art des Béarnais unverputzt, aus grauem Naturstein.

Die Haute Soule ist traditionell ein Weideland. Im Frühjahr werden die Herden – vor allem Schafe – für fünf Monate auf die Alm getrieben, und dann stellen sich auch die Geier ein. Sie ernähren sich fast ausschließlich von Kadavern verendeter Tiere. Die Weiden werden gemeinschaftlich verwaltet, der Pyrenäenkäse, den man direkt in einer Käserei kaufen kann, schmeckt ausgezeichnet.

Nur für Schwindelfreie! Die (solide) Hängebrücke von Holzarté, 160 Meter über den Abgrund gespannt.

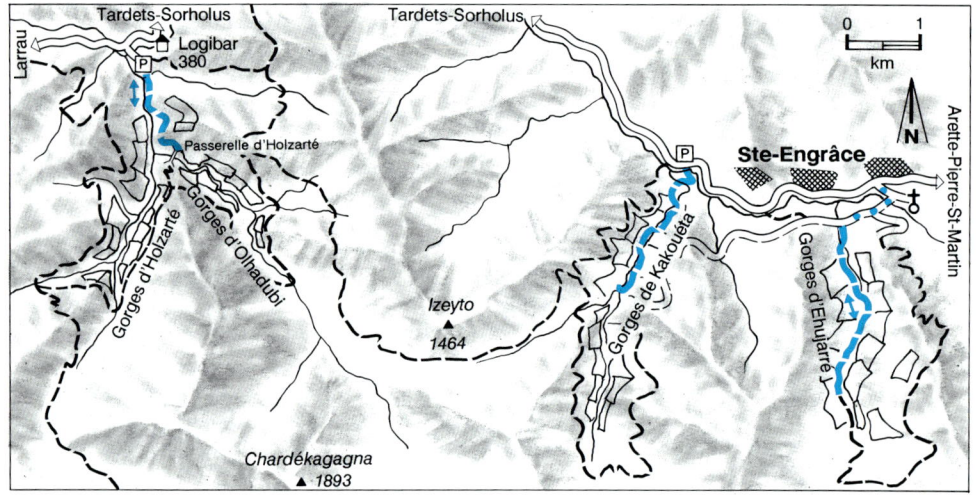

Nicht nur für Naturfreunde, auch für Kunstliebhaber lohnt sich der Abstecher. Die Kirche von *Ste-Engrâce* stammt aus romanischer Zeit; sie bewahrt interessanten Skulpturenschmuck. Auf dem kleinen Friedhof stehen im Gras uralte baskische Grabstelen.
Bei Ste-Engrâce nimmt auch der Weg in die *Gorges d'Ehujarré* seinen Ausgang; weit mehr Besuch verzeichnet aber die *Kakouéta-Schlucht*. Im Hochsommer ist der Parkplatz an der Talstraße oft rappelvoll, der »Besitzer« dieser Sehenswürdigkeit macht gute Kasse. Die Klamm ist auch recht beeindruckend, an der schmalsten Stelle gerade 3 Meter breit, gegen 200 Meter hoch die Felsmauern!
Nicht beklemmende Enge, sondern schwin-

Im kleinen Friedhof von Ste-Engrâce entdeckt man noch alte, für das Baskenland typische runde Grabsteine.

delnde Tiefe erlebt man beim Abstecher zu den *Gorges d'Olhadubi*: die berühmte Hängebrücke überspannt die Klamm in luftiger Höhe, nur wenig oberhalb der Mündung der Holzarté-Schlucht, solide verankert und (fast) überhaupt nicht schwankend...

Der Wegverlauf

Passerelle d'Holzarté, 580 m

Als größte »Schwierigkeit« bei dem Abstecher erweist sich an Wochenenden mitunter die Parkplatzsuche... Am Anstieg kann's einem recht warm werden, trotz des vergleichsweise geringen Höhenunterschiedes, denn in der bewaldeten Klamm regt sich meist kein Lüftchen. Da ist man froh, wenn nach einer knappen Halbstunde die *Gorges d'Holzarté* ins Blickfeld kommen, wenig später die zweite, von Südosten einmündende Schlucht. Und bald entdeckt man auch die Hängebrücke, eine kühne Konstruktion, die den Abgrund überspannt, 160 Meter über dem Grund der *Gorges d'Olhadubi*.

Gorges de Kakouéta, ca. 550 m

Für den Besucher die spektakulärste der vier Schluchten, an der schmalsten Stelle gerade noch wenige Meter breit. Sie kann auf einem kunstvoll angelegten Steig besucht werden; eine spannende 2½-Stunden-Wanderung. Besonders eindrucksvoll ist der »Grand Etroit« mit seinen himmelhoch ragenden, bemoosten Felsen. Im weiteren Verlauf wechselt das Weglein mehrfach die Flußseite; einige kürzere Passagen sind mit Drahtseilen gesichert (vielfach nasser Fels, Vorsicht: Rutschgefahr!). Schließlich kommt links ein prächtiger Wasserfall ins Blickfeld; ein paar hundert Meter weiter endet der Steig bei einer hübschen Grotte.
Eintrittskarten für die Gorges de Kakouéta gibt's im Café unterhalb der Talstraße (Juni bis Oktober).

Gorges d'Ehujarré, ca. 1000 m

Bei der Fahrt von Ste-Engrâce hinauf zur spanischen Grenze hat man kurz Einblick in die Gorges d'Ehujarré: kein enger, tiefer Einschnitt, sondern ein richtiger Canyon mit senkrechten, durch mächtige Terrassen gegliederten Wänden. Ein ordentlicher Weg führt durch die Schlucht hinauf zu den weiten Almböden unter dem Pic Lakhoura (1877 m); eine schöne Wanderung, die man beliebig ausdehnen kann. Und im Gegensatz zu Kakouéta ist man in dieser großartigen Kulisse fast immer allein...

Nützliche Informationen

Ausgangspunkte: *Passerelle d'Holzarté.* Zufahrt über die D 26 Richtung Larrau, bis zur Logibar (380 m) ab Tardets-Sorholus 15 km. Knapp hinter dem kleinen Gasthaus links kurze Zufahrt zu einem Parkplatz (Brücke).
Gorges de Kakouéta: Auf der D 113 nach Ste-Engrâce, ca. 7 km; große Tafeln an der Straße weisen auf die Sehenswürdigkeit hin. Parkplatz.
Gorges d'Ehujarré: Der Weg in diese Schlucht hat seinen Ausgangspunkt noch ein Stück weiter talaufwärts, bei der romanischen Kirche von Ste-Engrâce, 11 km von der D 26.
Anstiegsleistungen: Passerelle d'Holzarté: 200 m. Gorges de Kakouéta: ca. 250 m (hin und zurück, mit Gegensteigungen). Gorges d'Ejuharré: 400 m.
Gehzeiten: Passerelle d'Holzarté insgesamt: 1¼ Std. Aufstieg: ¾ Std., Abstieg: ½ Std. Gorges de Kakouéta: 2½ Std. hin und zurück.
Gorges d'Ehujarré insgesamt: 3 Std. Aufstieg (bis ca. 1000 m): 1¾ Std., Abstieg auf dem gleichen Weg: 1¼ Std.
Verkehrsverbindungen: Regelmäßige Busverbindung nur bis Tardets-Sorholus.
Unterkunft: In Ste-Engrâce zwei Campingplätze und ein Gîte d'Etape.
Weitere Tourenvorschläge: Der Abstecher zur Hängebrücke von Holzarté läßt sich zu einer größeren Rundwanderung über den *Col d'Ardakhotchia* (985 m) erweitern, markiert, etwa 4½ Std. Auch den Abstecher in die Gorges d'Ehujarré kann man zur großen Rundtour machen; Aufstieg bis zu den Almen unterhalb der spanischen Grenze, Rückweg östlich des Canyons nach Ste-Engrâce, 6 bis 7 Std., markiert.
Informationen: Syndicat d'Initiative, 66470 Tardets-Sorholus.
Karte: IGN-Karte Pyrénées, carte de randonnées 2, »Pays Basque est«, 1:50000.

45 Pic d'Orhy und Pic Lakhoura

Grenzgänge

> *Tourencharakter:* Leichte Gipfelbesteigungen, am Pic Lakhoura teilweise weglos. – Halbtagstouren.
> *Reine Gehzeit:* Je etwa 2 Std.
> *Beste Jahreszeit:* Ende Mai bis Ende Oktober.
> *Markierung:* Pic d'Orhy deutlicher Weg, Abschnitt der »Grande Randonnée Pyrénéenne«. Am Pic Lakhoura nur Pfadspuren, keinerlei Markierungen.

Der *Pic d'Anie* (2504 m) ist der letzte (erste?) wirklich große Pyrenäenberg; die Aussicht von seinem Gipfel beweist es. Nach Osten schaut man tief hinein in das Gewirr von Zacken und Graten. Da stehen Pic de Sesques (2606 m) und Soum d'Aas (2427 m) in der ersten Reihe, der Pic du Midi d'Ossau (2884 m) gleich dahinter, jenseits des Aspetals Pic de Ger (2613 m), Pic des Tourettes (2771 m) und Palas (2974 m), hinter dem Balaïtous (3146 m), Grande Fache (3005 m) und – ganz weit weg schon – Vignemale (3298 m) hervorlugen; auf spanischem Boden, nach Süden hin, erheben sich neben vielen »Namenlosen« Pico de Argualas (3046 m), Tendenera (2833 m), Collarada (2886 m) und Bisaurin (2670 m).

Und nach Westen, zum Atlantik hin? Da verliert das Gebirge rasch an Höhe: Wiesengrün statt Felsgrau, keine großen Gipfel, keine tiefen Täler mehr, bewaldete Rücken, da und dort ein kahler Buckel. Nur aus dem Grenzkamm ragen noch ein paar felsige Kuppen heraus, hintereinander gestaffelt und deshalb schroffer wirkend, als sie in Wirklichkeit sind, mit dem *Pic d'Orhy* (2017 m) als letztem »Zweitausender«. Gipfelbesteigungen sind hier fast immer auch Grat- und Grenzwanderungen, mit entsprechender Aussicht natürlich. Und da die Ausgangspunkte auch schon recht hoch liegen, am Port de Larrau wie am Col Errayzeko, ist das (Schau-)Vergnügen klar größer als die aufzuwendende Mühe – gerade richtig für einen (Fast-)Ruhe-

Der Pic d'Orhy (2017 m) gilt als einer der schönsten Aussichtsgipfel im Westen der Pyrenäen.

tag zwischen zwei größeren Unternehmungen.

Man kann die kleine Gipfeltour auch gut mit einer Rundfahrt verbinden, um diese Bergregion etwas kennenzulernen: die hübschen Baskendörfer am Rio Salazar etwa, die schönen Wälder in der Umgebung von Isaba, das offene Weideland im obersten Valle de Belagua und die phantastischen Karstformationen unter dem Pic d'Anie. Am Pierre St-Martin ist ein Höhlensystem von fast 50 Kilometern Länge entdeckt worden; der (aus Sicherheits-

gründen versperrte) Eingang befindet sich knapp unterhalb des gleichnamigen Passes an der französisch-spanischen Grenze (ca. 1730 m).

Der Wegverlauf

Pic d'Orhy/El Ory, 2017 m

Er ist die höchste Erhebung im weiten Umkreis, mit entsprechend großem Panorama, vor allem über das Land der Basken, diesseits und jenseits der französisch-spanischen Grenze. Der Aufstieg beginnt unmittelbar am *Port de Larrau* (1573 m); er folgt im wesentlichen dem Grat- und Grenzrücken, ist teilweise recht steil (bei Nässe rutschig). Felsaufschwünge werden südseitig umgangen.

Pic Lakhoura, 1877 m

Der Ausgangspunkt für die Besteigung des Pic Lakhoura, der *Col Errayzeko* (Collado de Eraiz, 1578 m) ist kurioserweise fast gleich hoch wie der Port de Larrau, der Weg zum Gipfel zwar etwas weiter, dafür weniger steil. Man folgt dem breiten Rücken, der nach einem ersten kurzen Anstieg zum Grat wird, bis an den Fuß des Lakhoura-Vorgipfels. Hier rechts, einer Wegspur folgend, um den Felsaufschwung herum und über einen steilen Hang in die Senke (ca. 1795 m) unter dem Pic Lakhoura und in wenigen Minuten zum höchsten Punkt.

Für den Rückweg bietet sich eine kleine Variante an. Aus dem Sattel zwischen Vor- und Hauptgipfel kann man südseits zu einem kleinen Boden absteigen, wo ein auffallender Felsblock den Beginn eines schmalen Wegleins anzeigt. Es leitet ohne größere Höhenunterschiede, aber mit schöner Sicht über das Belaguatal zurück zum Anstiegsweg.

Nützliche Informationen

Ausgangspunkte: *Port de Larrau* (1573 m), Grenzpaß, auf spanischer Seite besser ausgebaute Straße, in Frankreich teilweise recht schmal und steil, 12 km von Larrau (636 m), 19 km von Ochagavía (770 m), einem typischen Baskendorf, wie das benachbarte Ezcaroz.
Col Errayzeko (1578 m), an der Straße zum (gräßlichen) Wintersportplatz *Arette-Pierre-St-Martin* (1640 m), 41 km von Oloron-Ste-Marie (221 m), 29 km von Isaba (814 m). Kulminationspunkt der Strecke ist der Col de la Pierre St-Martin (1760 m) etwa auf halber Strecke zwischen dem Col Errayzeko und Arette-Pierre-St-Martin.
Anstiegsleistungen: Pic d'Orhy: 450 m, Pic Lakhoura: etwa 400 m (Gegensteigungen inklusive).
Gehzeiten: Pic d'Orhy: insgesamt 2 Std. Port de Larrau – Pic d'Orhy 1¼ Std., Abstieg auf dem gleichen Weg: ¾ Std.
Pic Lakhoura: insgesamt 2 Std. Col Errayzeko – Pic Lakhoura: 1¼ Std., Abstieg: ¾ Std.
Verkehrsverbindungen: Keine Buslinie.
Unterkunft: *Refugio de Belagua* (1428 m) an der Straße zum Col Errayzeko (Collado de Eraiz) ganzjährig bewirtschaftet. – In Larrau, Ochagavía und Isaba gibt es einige kleine Hotels. Um die häßliche Retortenskistation Arette-Pierre-St-Martin macht man im Sommer am besten einen weiten Bogen...
Verpflegung: Unterwegs aus dem Rucksack.
Weitere Tourenvorschläge: Die »*Haute Randonnée Pyrénéenne*« folgt hier dem Haupt- und Grenzkamm, vom Pic d'Orhy bis zum Col de la Pierre St-Martin durchgehend markiert. Dabei werden mehrere kleine Gipfel

Der Kalkstock des Pic d'Anie ist berühmt für seine Klüfte und Grotten. Das Höhlensystem von Pierre St-Martin wurde bis heute auf einer Gesamtlänge von über 46 Kilometern erforscht.

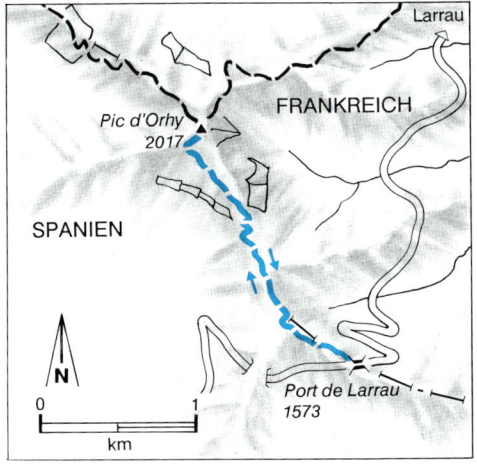

46 Hautza und Butzanzelhay

Wandern im Baskenland

Tourencharakter: Aussichtsreiche Höhenwanderungen an der französisch-spanischen Grenze. Hautza leichtes Tagespensum; Butzanzelhay Halbtagstour.
Reine Gehzeit: 4¼ Std. (Hautza) bzw. 2½ Std. (Butzanzelhay).
Beste Jahreszeit: Frühling bis Winteranfang.
Markierung: Kaum Markierungen, trotzdem keine Orientierungsprobleme.

überschritten, zum Beispiel die *Otchogorrigagna* (1923 m), je 3 bis 4 Std. vom Port de Larrau bzw. vom Refugio Belagua. – Vom Col de la Pierre St-Martin (1760 m) aus besteigt man in 40 Min. leicht den *Pic d'Arlas* (2044 m), einen hübschen Aussichtspunkt vor dem *Pic d'Anie* (2504 m). Letzterer ist hier der Gipfel schlechthin, mit einem markierten Anstieg von der Skistation Arette-Pierre-St-Martin, etwa 3½ Std. Trittsicherheit erforderlich, tolles Panorama!
Informationen: Ein kleines Verkehrsbüro (Syndicat d'Initiative) gibt es in 64570 Arette.
Karten: IGN-Karte Pyrénées, carte de randonnées 2, »Pays Basque est«, 1:50000 (beide Gipfelziele enthalten). – Editorial Alpina, »Roncesvalles«, 1:40000 (Pic d'Orhy). Editorial Alpina, »Ansó/Hecho«, 1:40000 (Pic Lakhoura).

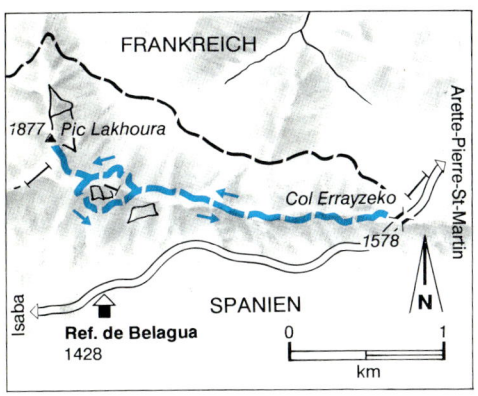

Baskenland: einst permanenter Unruheherd am Rand der Iberischen Halbinsel, Francos Diktatur gegen ETA-Terror. Inzwischen hat sich die politische Situation weitgehend entspannt; Spanien ist demokratisch, die Baskenregion genießt Autonomiestatus, Kultur und Sprache werden gefördert, nicht mehr brutal unterdrückt.

Nicht gebannt ist allerdings jene Gefahr für Euskadi (so nennen die Basken ihr Land), die von kultureller Überfremdung, von Assimilation ausgeht. In ihren größerem Städten sind die Basken bereits eine Minderheit; in Frankreich spricht nur mehr ein Teil der Basken die eigene Sprache, das Euskera. Dennoch sind die Grenzen des Baskenlandes auch für den Fremden, der anreist, problemlos auszumachen: an den Häusern. Weißgekalkt, oft mit Fachwerk in den oberen Etagen, mit Fensterläden, unterscheiden sie sich eindeutig etwa von der Bauweise im Béarn. Nicht zu übersehen sind auch die Baskenmützen, und in jedem noch so kleinen Nest entdeckt man eine große Steinwand, deren Zweck dem Uneingeweihten nicht gleich deutlich wird. Sie dient der *Pelote*, dem Nationalspiel der Basken, das ganz entfernt mit dem Squash vergleichbar ist (habe ich mich jetzt in die Nesseln gesetzt?).

Ungeklärt ist bis heute die Herkunft der Basken, deren Sprache nicht zur großen indogermanischen Sprachgruppe gehört. Theorien gibt es viele, da wird um eine direkte Abstammung vom Cro-Magnon-Menschen spekuliert, von dem in Südfrankreich Überreste entdeckt worden sind, auf sprachliche Übereinstimmungen mit kaukasischen Dialekten hingewiesen. Und die Zukunft im vereinten Europa? Vielleicht wird sich gerade am Beispiel dieses Volkes zeigen, ob die Idee von einem »Europa der Regionen« nur Politikergerede oder Zukunftsvision ist...

Natürlich kann man im Baskenland auch wandern, die Hügellandschaft lädt dazu buchstäblich ein, und zu verhungern braucht man dabei auch nicht. Die baskische Küche darf sich durchaus sehen lassen, wird auch wieder mehr gepflegt (das »Frankreich der Regionen«?), und den spritzigen Rosé der Region sollte man schon einmal probieren...

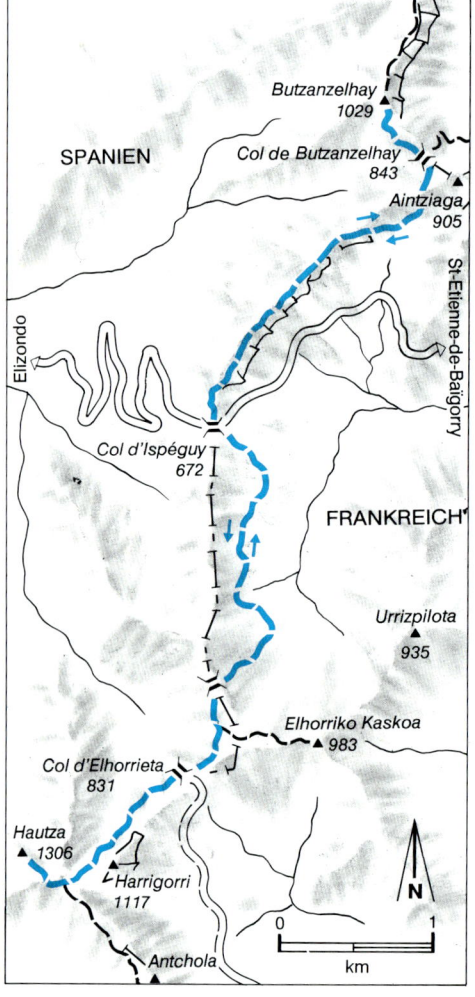

Der Wegverlauf

Hautza, 1306 m

Die Wanderung beginnt am Parkplatz auf der französischen Seite des *Col d'Ispéguy* (672 m). Man steigt ein paar Meter ab zu dem (bereits sichtbaren) Weglein, das die ersten Kammerhebungen südlich vom Paß umgeht und dann zu einem Sattel zwischen Grenzquote 925 und dem breiten, abgeflachten Rücken der *Elhorriko Kaskoa* (983 m) ansteigt. Der Steig verläuft zu zwei Dritteln im Wald, bietet so zwar wenig Aussicht, was man im Sommer (Hitze!) aber leicht verschmerzt. An dem Sattel stößt man auf eine Schäferhütte; meist weiden hier auch ein paar Pferde. Die Elhorriko Kaskoa, zu der man in einer Viertelstunde aufsteigen kann, bietet eine hübsche, überraschend weite Rundschau, die nur im Südwesten durch eine markante Pyramide eingeschränkt wird: die Hautza. Gut zu überblicken ist der weitere Anstieg. Er führt zunächst fast eben in den *Col d'Elhorrieta* (831 m), dann der Grenze entlang aufwärts zu dem auffallenden Felsabbruch von Harrigorri (1117 m). Man passiert eine kleine Senke (1105 m), verläßt dann den zur Antchola (1119 m) weiterführenden Weg zum Südostgrat der Hautza hin. Am Gipfel bietet sich eine herrliche Schau über die Täler und Hügel des Baskenlandes. Im Südosten ist der Pic d'Orhy (2017 m) markanter Blickfang; links hinter ihm ragt der erste »richtige« Pyrenäengipfel auf, der Pic d'Anie (2504 m). Da kann die *Rhune* (900 m) an Höhe natürlich nicht mithalten; sie steht genau nordwestlich in der dritten Reihe, hinter Alcurrunz (933 m) und Atchouria (756 m).

Butzanzelhay, 1029 m

Bei baskischen Bergen ist es mitunter leichter, sie zu besteigen, als ihre Namen auszusprechen (und im Gedächtnis zu behalten)... Das gilt (fast) für den *Butzanzelhay*, die südlichste Erhebung in dem langgestreckten Grat, der bei Bidarry (71 m) ansetzt und im *Pic d'Iparla* (1044 m) seinen höchsten Punkt hat. Der Aufstieg vom *Col d'Ispéguy* (672 m) – ein vielbegangenes Weglein – folgt weitgehend dem markanten Kammrücken, der nach

Hügel statt Hochgipfel: Wandern im Baskenland.

Osten steiler abfällt, leitet dann in den Col de Butzanzelhay (843 m) und zuletzt steil zum Gipfel. Der bietet bei klarer Sicht eine immense Rundschau, vom Atlantik bis zum Pic du Midi de Bigorre (2872 m).

Nützliche Informationen

Ausgangspunkt: Col d'Ispéguy (672 m), Grenzpaß, 9 km vom französischen St-Etienne-de-Baïgorry (162 m), 15 km vom spanischen Elizondo (196 m).
Anstiegsleistungen: Col d'Ispéguy – Hautza: 650 m, Col d'Ispéguy – Butzanzelhay: 420 m (inklusive Gegensteigungen).
Gehzeiten: Insgesamt: 4¼ Std. (Hautza) bzw. 2½ Std. (Butzanzelhay). Col d'Ispéguy – Col d'Elhorrieta: 1¼ Std., Col d'Elhorrieta – Hautza: 1½ Std.
Abstieg auf dem gleichen Weg: 1½ Std. – Col d'Ispéguy – Butzanzelhay: 1½ Std., Abstieg auf dem gleichen Weg: 1 Std.
Verkehrsverbindungen: Buslinie bis St-Etienne-de-Baïgorry.
Unterkunft: Keine.
Verpflegung: Unterwegs aus dem Rucksack.
Weitere Tourenvorschläge: *Monhoa* (1021 m), schöner Aussichtsberg südöstlich von St-Etienne-de-Baïgorry; Rundwanderung von Guermiette aus, 5½ Std., teilweise markiert. – Eine tolle Aussicht bietet der *Baygoura* (897 m), trotz Gipfelsträßchen und Fernmeldeinstallationen ein dankbares Wanderziel, 3 Std. von Bidarry (16 km nördlich von St-Etienne-de-Baïgorry).
Sehenswürdigkeiten: Trotz allsommerlicher Touristeninvasionen ist *St-Jean-Pied-de-Port* (163 m), das malerische Städtchen am uralten Pilgerweg nach Santiago de Compostela, einen Besuch wert; die Kochkunst, die im »Pyrénées« zelebriert wird, fast schon eine Reise. Jenseits der spanischen Grenze liegt *Roncesvalles* (982 m; 31 km von St-Jean), ebenfalls Station am Jakobsweg, berühmt auch durch das Rolandlied. Ganz in der Nähe soll 778 die Nachhut des Heeres Karls des Großen von Basken und Mauren überfallen und niedergemacht worden sein. Einer Reise ins Innere der Erde kommt die Besichtigung der herrlichen Tropfsteinhöhlen von *Isturits und Oxocelhaya* gleich (knapp 20 km westlich von St-Palais; ganz in der Nähe ist das Restaurant »Chez Onésime«, St-Esteben, ein sicherer Tip).
Informationen: Office du Tourisme, 64220 St-Jean-de-Pied-de Port.
Karte: IGN-Karte Pyrénées, carte de randonnées 1, »Pays Basque ouest«, 1:50000.

Berühmte Station am Jakobsweg: das Pilgerhospiz und Kloster von Roncesvalles.

Anhang

Nützliche Hinweise für den Pyrenäen-Wanderer von A bis Z

Anreise
Mehrere Autobahnen führen von Deutschland bzw. von der Schweiz nach Südfrankreich. Die Zufahrten stoßen im Rhonetal zusammen: Saarbrücken – Nancy – Dijon – Lyon, Mulhouse – Besançon – Lyon, Genf – Lyon. Weiterfahrt auf der oft überlasteten Rhonetal-Autobahn (A 7) bis Orange, dann über die A 9 zum Mittelmeer.
Wer in die östlichen Pyrenäen möchte, verläßt die Autobahn bei Perpignan (Zufahrt in die Corbières, an die Côte Vermeille, ins Conflent und in die Cerdagne).
Will man gleich die zentralen Pyrenäen ansteuern, ist die A 61 Richtung Toulouse schnellster Zubringer; über St-Gaudens und Tarbes erreicht man rasch die Täler von Aran, Luchon, Aure und Gavarnie. Via Pau gelangt man am bequemsten in die atlantischen Pyrenäen.
Eine streßfreie Anfahrt, garantiert ohne Staus, bieten die *Autoreisezüge* von Deutschland nach Südfrankreich (Narbonne). Leider sehr teuer; rechtzeitige Voranmeldung unerläßlich!
Natürlich kann man auch mit der Bahn in die Pyrenäen reisen. Gute Bahnverbindungen gehen über Lyon nach Perpignan/Toulouse und Richtung Barcelona. An die Atlantikküste kommt man am schnellsten via Paris; mehrere Städte des Midi haben bereits Anschluß an den superschnellen TGV («Train de grande vitesse»).

Ausrüstung
Für die in diesem Buch vorgeschlagenen Touren genügt in der Regel die normale »alpine« Wanderausrüstung: zweckmäßige Bekleidung, bergtaugliches Schuhwerk, Regenschutz. Da es nur recht wenige bewirtschaftete Hütten gibt, wird man sich normalerweise aus dem Rucksack verpflegen – und da hat jede(r) so sein individuell zusammengestelltes »Bergmenü«. Im Rucksack finden (neben der Trinkflasche) weiter Wäsche zum Wechseln, eine Notapotheke, Taschenmesser, Toilettenpapier, Sonnencreme, eine Taschenlampe und ein Biwaksack (für Notfälle), Landkarte und (natürlich!) dieser Führer Platz.
Wer mit Bergstöcken geht, schont seine Gelenke; auf Schneefeldern, wie man sie im Frühsommer noch mancherorts in den Pyrenäen antrifft, sind diese »Stecken« sehr nützlich.

Berghütten
In den zentralen Pyrenäen bestehen ausreichend Unterkünfte für Bergsteiger. Allerdings sind die im Sommer bewirtschafteten *Refuges* nicht so zahlreich wie in den Ostalpen, während der Hauptreisezeit dafür oft überfüllt. Daneben findet man zahlreiche offene *Cabanes* und *Abris*, in der Regel ohne Einrichtung und mitunter so wenig einladend, daß ein Biwak unter freiem Himmel vorzuziehen ist.

Bergrettung
Die Bergrettung ist im Bereich der zentralen Pyrenäen, vor allem in den Nationalparks und um die Hauptreiseziele, gut organisiert. Unfallmeldungen nehmen alle bewirtschafteten Hütten und die örtlichen Gendarmerieposten entgegen. Schwieriger wird es in den vielen abgelegenen Landstrichen, fern der Touristenzentren. Deshalb ist es gerade in den Pyrenäen doppelt wichtig, Angaben über Tourenziel und Zeitpunkt der Rückkehr am Unterkunftsort zu hinterlassen. Möglichst nicht allein in die Berge gehen!

Camping
Frankreich ist ein klassisches Campingland; kaum ein Ort ohne Zeltplatz. Wildes Zelten wird im Gebirge weitgehend toleriert, unterliegt nur im Nationalpark Beschränkungen. Wer größere Touren plant, tut gut daran, eine leichte Campingausrüstung mitzunehmen.

Informationen
Allgemeine Auskünfte über Frankreich als Urlaubsland erhält man bei den offiziellen Verkehrsbüros in Deutschland, in der Schweiz und in Österreich:

Maison de la France
6000 Frankfurt/M. 1
Westendstraße 47
Tel. 069/7 56 08 30

4000 Düsseldorf 1
Berliner Allee 26
Tel. 0211/8 03 75

8022 Zürich
Bahnhofstraße 16
Postfach 4979
Tel. 01/211 30 85

1201 Genève
2, rue Thalberg
Tel. 022/32 86 10

1033 Wien
Hilton Center
Landstraßer Hauptstraße 2
Tel. 71 57 062

Informationsmaterial über die französischen Pyrenäen liefern:
Maison des Pyrénées
15, rue St-Augustin
75002 Paris
Tel. 42 61 58 18

Comité Régional du Tourisme Midi-Pyrénées
12, rue Salambo
31022 Toulouse Cédex
Tel. 61 47 11 12

Comité Régional du Tourisme Aquitaine
21, rue de Grassi
33000 Bordeaux
Tel. 56 44 48 02

Comité Régional du Tourisme Languedoc-Roussillon
20, rue de la République
34000 Montpellier
Tel. 67 92 67 92

Auskunft über Wandern und Bergsteigen in den französischen Pyrenäen erhält man beim Centre d'Information Montagnes et Sentiers: C.I.M.E.S., B.P. 88, 09200 St-Girons; Tel. 61 66 40 10.

Informationen über Spanien bekommt man von den Fremdenverkehrsämtern in Deutschland, der Schweiz und Österreich:
6000 Franfurt/M. 1
Myliusstraße 14
Tel. 069/72 50 33

4000 Düsseldorf 1
Graf-Adolf-Straße 81
Tel. 0211/37 04 67

8000 München 2
Oberanger 6
Tel. 089/2 60 95 70

8008 Zürich
Seefelder Strasse 19
Tel. 01/252 79 30

1207 Genève
40, boulevard Helvétique
Tel. 022/7 35 95 94

1010 Wien 1
Rotenturmstraße 27
Tel. 0222/63 14 25

Informationsmaterial über die verschiedenen Regionen der spanischen Pyrenäen liefern:

Oficina de Información y Turismo
Gran Via de Les Corts Catalanes 658
Barcelona
Tel. 33 01 74 43

Oficina de Información y Turismo
Calle Duque de Ahumada 3 bajo
Pamplona
Tel. 48 22 07 41

Oficina de Información y Turismo
Torreón de la Zuda
Zaragoza
Tel. 76 23 00 27

Karten, Führer

Das französische *IGN* (Institut Géographique National) gibt topographische Karten im Maßstab 1:50 000 und 1:25 000 heraus. Vor allem letztere zeichnen sich durch große Detailtreue aus; die Serie »Top 25« deckt die touristisch wichtigen Regionen ab; vom Atlantik zum Mittelmeer reichen die »Cartes de randonnées«, 11 Blätter im Maßstab 1:50 000 mit farbigen Wegaufdrucken und vielen touristischen Informationen. Für die in diesem Buch vorgeschlagenen Touren reichen die 50 000er Karten aus. Bei Touren im spanischen Teil der Pyrenäen hält man sich an die Kartenblätter von *Editorial Alpina* (Barcelona), Maßstab 1:25 000 und 1:40 000. Sie sind allerdings bei weitem nicht so genau wie die französischen Karten, Wegeintragungen mit großer Vorsicht zu genießen... Dafür gehört zu jedem Blatt ein kleiner, aber recht informativer Führer (in spanisch).
Zur Übersicht, aber auch für Fahrten im Bereich der Pyrenäen leisten die berühmten Michelin-Karten im Maßstab 1:200 000 sehr gute Dienste; die gesamten Pyrenäen mit Vorland sind in der Karte »Pyrénées–Pirineos« im Maßstab 1:400 000 erfaßt, einer französisch-spanischen Gemeinschaftsproduktion (IGN).

Kriminalität

Leider auch in den Pyrenäen ein Thema. Autobruch wird während der Hauptreisezeit in den Küstengebieten (vor allem Spaniens) bandenmäßig betrieben, doch ist man in den Bergregionen ebenfalls nicht mehr sicher. Uns wurde das Auto, abgestellt auf einer Paßstraße, aufgebrochen. Auf jeden Fall keine Wertsachen und Ausweispapiere zurücklassen. Belebte Plätze sind sicherer.

Lesen: Bücher zum Thema

Reiseführer
Pyrénées Aquitaine, Michelin (französisch)
Pyrénées Roussillon, Michelin (französisch)
André Dominé: Roussillon und die französischen Pyrenäen, Verlag Oase, 1989
Die Französischen Pyrenäen, Scheuble & Baumgartner, 1985
Die Spanischen Pyrenäen, Scheuble & Baumgartner, 1987
Französische Pyrenäen, Polyglott, 1991

Führer für Wanderer und Bergsteiger
Kev Reynolds: Bergwandern in den Pyrenäen, Scheuble & Baumgartner, 1988
Susanne Lipps: »Richtig wandern«: Pyrenäen, DuMont, 1991
Georges Véron: 100 Sommet des Pyrénées, Editions Randonnées Pyrénéennes, 1989
Georges Véron: 100 Randonnées dans les Pyrénées Orientales, Editions Randonnées Pyrénéennes, 1990
Georges Véron: 100 Randonnées en Catalogne, Editions Randonnées Pyrénéennes, 1991
Georges Véron: 100 Randonnées dans les Pyrénées Atlantiques, Editions Randonnées Pyrénéennes, 1991

Natur, Kultur, Literatur
Georges Dupas: Fleurs du Parc National des Pyrénées (2 Bände), Edition Parc National des Pyrénées
Georges Serrus: Land der Katharer, Editions Loubatières
Kurt Tucholsky: Ein Pyrenäenbuch, rororo-Taschenbuch

Nationalparks
Der *Parc National des Pyrénées* wurde 1967 gegründet und ist mit einer Fläche von 457 km² der größte der drei Pyrenäen-Nationalparks; seine Grenzen sind markiert (roter Gemskopf auf weißem Grund). Er liegt zu knapp zwei Dritteln im Département Hautes-Pyrénées, zu einem Drittel innerhalb des Département Pyrénées-Atlantiques und grenzt im Süden an Spanien bzw. den Pyrenäen-Hauptkamm. Das Parkgebiet erstreckt sich von der Vallée d'Aspe im Westen bis zum Hochtal der Aure; östlich schließt das 23 km² große Naturreservat von Néouvielle an. Informationen vor Ort bekommt man bei den »Maisons du parc« (u.a. in Cauterets, Gavarnie, Laruns, St-Lary-Soulan). Innerhalb des Parks gilt Jagdverbot, ist das Sammeln von Pflanzen untersagt, ebenso das Mitführen von Hunden (auch an der Leine!). Camping ist prinzipiell verboten, doch dürfen Wanderer und Bergsteiger ihr Zelt für die Nacht auch im Park aufschlagen.
Detailliertes Informationsmaterial bei: Parc National des Pyrénées, 59, route de Pau, 65000 Tarbes; Tel. 62 93 30 60.
Auf spanischer Seite grenzt der *Parque Nacional de Ordesa y Monte Perdido*, bereits 1918 ins Leben gerufen und vor kurzem auf eine Fläche von 156 km² erweitert, an den französischen Parc National. Sein Kerngebiet ist das etwa 15 Kilometer lange Ordesatal, höchster Punkt der Monte Perdido (3355 m). Informationen: Delegación Provincial de Turismo, Avenida Santo Grial 6, Huesca. Ebenfalls auf spanischem Boden liegt der *Parque Nacional de Aigüestortes y del Lago de Sant Maurici*, rund 100 km² groß, aber durch mancherlei Eingriffe (Kraftwerksbauten, Straßen, Skigebiete) in seiner Funktion als Naturschutzzone stark beeinträchtigt.

Pässe
Für den Pyrenäenreisenden sind die Paßstraßen und Tunnels von einiger Bedeutung. Berühmt geworden, vor allem durch das Radrennen »Tour de France«, ist die Pässekette Aubisque (1709 m) – Tourmalet (2115 m) – Aspin (1489 m) – Peyresourde (1569 m). Sie verbindet die wichtigsten Nordtäler der zentralen und westlichen Pyrenäen: Ossau, Gavarnie, Aure, Luchon. Im Osten der Pyrenäen führt der Col du Puymorens (1918 m; Straßentunnel in Bau) über den Hauptkamm, vom Ariège in die Cerdagne, ein Abzweig über den Port d'Envalira (2408 m) nach Andorra. Ganz auf spanischem Boden liegt der Port de la Bonaigua (2072 m), der das Vall d'Aran mit dem Tal der Noguera Pallaresa verbindet. Der uralte Übergang hat allerdings nach dem Bau des Straßentunnels von Viella stark an Verkehrsbedeutung verloren. Einen bequemen Wechsel von Nord nach Süd (oder umgekehrt) im Bereich der Hochpyrenäen ermöglicht der Bielsa-Tunnel. Wichtige Paßübergänge im Westen des Gebirges sind der Pourtalet (1794 m) und der Somport (1632 m). Die geplante Straßenverbindung zwischen Gavarnie und Ordesa ist bis heute nicht zustande gekommen; zur Zeit endet die französische Straße noch oben am Port de Bouchaó (2272 m). Bleibt zu hoffen, daß sich daran nichts ändert, auch wenn die Zufahrt zum Ordesa-Nationalpark von Frankreich her recht umständlich ist (via Bielsa-Tunnel oder Col du Pourtalet). Geplant war früher ja auch ein Straßentunnel zwischen Benasque und Bagnères-de-Luchon, doch ist dieses Projekt längst ad acta gelegt – die Natur dankt!

Reisezeit
Schulferien sind in Frankreich im Juli und August, und was dann an Wochenenden beispielsweise im Rhonetal los ist, kann man alljährlich in der Zeitung lesen. Deshalb: Wer seinen Urlaub in der Hauptreisezeit nehmen muß, sollte Hin- und Rückfahrt unbedingt auf Werktage legen. Günstiger ist die Zeit von Mitte Mai bis Ende Juni, doch da liegt in den Hochpyrenäen oft noch viel Schnee, sind große Gipfeltouren erst teilweise möglich. Die kann man im September nachholen: wenig Verkehr auf den Straßen, keine Unterkunftsprobleme und meist sicheres Wetter. Auch die (Tal-)Hitze der Hochsommermonate ist dann vorbei.

Wege
Wer an ostalpine Verhältnisse gewöhnt ist – üppige Farbmarkierungen samt Wegnummern

überall – muß sich umstellen. Die Pyrenäenwege sind vielfach kaum oder gar nicht bezeichnet; im Hochgebirge geben oft nur ein paar Steinmännchen die Richtung an. Man muß also (wieder) lernen, das Gelände zu »lesen«, mit der Landkarte vergleichen: Augen auf!

Weitwanderwege

Durchgehend rot-weiß markiert sind dagegen die »*Sentiers de Grande Randonnée*«, Fernwanderwege, die sich in Frankreich großer Beliebtheit erfreuen. Für den Pyrenäenwanderer von Bedeutung ist vor allem die *GR 10*, die – nördlich des Hauptkamms verlaufend – vom Atlantik zum Mittelmeer führt.

Ausgangspunkt ist Hendaye an der Côte Basque, wichtigste Wegstationen an der Sechs- bis Acht-Wochen-Tour sind: La Rhune (900 m), Ainhoa, St-Jean-Pied-de-Port, Larrau, Lescun, Refuge d'Ayous (1980 m), Gabas, Arrens-Marsous, Cauterets, Lac de Gaube, Hourquette d'Ossoue (2734 m), Gavarnie, Luz-St-Sauveur, Néouvielle (Col de Madaméte, 2509 m), St-Lary-Soulan, Loudenvielle, Pas de Couret (2131 m), Lac d'Oô, Bagnères-de-Luchon, Pic de Bacanère (2193 m), Melles, Refuge de l'Etang d'Araing (1930 m), Porte de la Core (1395 m), Couflens, Alues-les-Bains, Port de Saleix (1794 m), Gestiès, Mérens-les-Vals, Porteille de la Grave (2426 m), Mont-Louis, Coll del Pal (2294 m), Canigou (Chalet des Cortalets, 2150 m), Arles-sur-Tech, Col du Perthus (271 m), Pic Neulos (1256 m). Der Fernwanderweg GR 10 endet schließlich in Banyuls-sur-Mer an der Côte Vermeille.

Wesentlich höhere Anforderungen stellt die »*Haute Randonnée Pyrénéenne*«, die man zutreffender als *Haute Route* bezeichnen würde: teilweise weglos, über weite Strecken unmarkiert, folgt sie dem Pyrenäen-Hauptkamm. Einige Bergerfahrung und eine tadellose Kondition sind hier unerläßlich; mit 45 Tagesetappen muß man für die Strecke Hendaye – Banyuls-sur-Mer rechnen. Natürlich sind Teilbegehungen möglich; weiter gibt es auch verschiedene Varianten, die sich mit der Hauptroute zu Rundtouren verbinden lassen.

Markante Stationen an der HRP: La Rhune (900 m), Butzanzelhay (1029 m), Pic d'Orhy (2017 m), Pic d'Anie (2504 m), Refuge de Pombie (2031 m), Port du Lavedan (2615 m), Col de la Fache (2664 m), Refuge Wallon (1865 m), Refuge de Bayssellance (2651 m), Refuge des Sarradets (2587 m), Cirque de Gavarnie, Hourquette d'Alans (2430 m), Refuge de Barroude (2377 m), Pic de Lia (2762 m), Col des Gourgs Blancs (2877 m), Refuge du Portillon (2571 m), Col de Litérole (2983 m), Refugio de la Renclusa (2140 m), Coll de Mulleres (2928 m), Hospital de Viella (1616 m), Port de Rius (2315 m), Refugi de la Restanca (2010 m), Port de Caldes (2570 m), Vall d'Aran, Port de Salau (2087 m), Port de Marterat (2217 m), Port de l'Artigue (2481 m), Andorra (Collada de Juclar, 2442 m), Pic Carlit (2921 m), Pic d'Eyne (2786 m), Canigou (Pic del Roc Nègre, 2714 m), Roc de Frausa (1450 m), Pic Sailfort (981 m).

Sowohl zur GR 10 als auch zur HRP sind Topo-Guides erhältlich (in französisch).

Wetter

Es gibt in den Pyrenäen zwar nur wenige Gletscher, doch wird der alpengewohnte Bergwanderer hier gelegentlich ganz schön aufs Glatteis geführt: vom Wetter. Natürlich ist es insgesamt beständiger, Regentage sind weniger häufig. Im Ostteil wird das Klima vom Mittelmeer bestimmt: sonnig, trocken, aber oft diesig (also kaum Fernsicht). Im Westen ist das Wetter wechselhafter, bedingt durch die Nähe des Atlantiks (Biskaya), klare Tage mit phantastischer Fernsicht nach dem Regen dafür häufiger.

Berüchtigt sind die stürmischen Winde, etwa der Tramontagne, ein Nordwester, der Spitzengeschwindigkeiten von weit über 100 km/h erreicht. Südliche Winde bedeuten auf der »trockenen« spanischen Seite der Pyrenäen in der Regel Schlechtwetter, Gewitter am Nachmittag, auch bei klarem Himmel frühmorgens. Überhaupt vollziehen sich Wetterstürze (typisch für Gebirge) oft in rasantem Tempo, können sie in den Hochpyrenäen auch im Sommer Schnee bringen. Die großen Temperaturunterschiede in der Atmosphäre entladen sich mitunter in veritablen Unwettern; wer je auf der Südseite der Pyrenäen in ein ausgewachsenes Sommergewitter geraten ist, wird die aktuelle Wetterentwicklung im Gebirge mit großem Respekt verfolgen.

Rechtzeitig umkehren, heißt im Falle eines sich ankündigenden Schlechtwetters die einzige sinnvolle Devise.

Register

Die Ziffern verweisen
auf die Textseiten.

Agazou, Gorges de l' 49
Agly 37
Aigües Tortes 8, 16, 75, 82, 85
Aigüestortes, Parque Nacional de 75, 80f.
Alans, Hourquette d' 116
Alet-les-Bains 42
Amitges, Agulles d' 75–81
Amitges, Refugi de 76, 79, 81
Andorra 15, 60
Aneto 8, 14, 17, 93
Aneu, Esterri d' 68
Anglais, Cascade des 31
Angles, Les 49
Anie, Pic d' 10, 171, 174, 178, 181
Añisclo, Cañon de 141–144
Añisclo, Collado de 113, 143
Ansabère, Cabanes d' 172
Ansabère, Pic d' 171–174
Ansignan 37
Aragón 14
Aran, Vall d' 10, 16, 71, 82
Ariège 10, 15, 64
Arlas, Pic d' 181
Armeña, Circo de 104
Armeros, Tuc dels 75
Arques, Col de les 26
Arties 82, 83
Artiga, Pla de l' 96
Artiga, Refugi de l' 96
Artiga de Lin, Valle de l' 96
Artigue, Serre de l' 57 f.
Aspe, Vallée d' 19, 166
Aspin, Col d' 17
Aspres 25
Atlantische Pyrenäen 8
Aubert, Hourquette d' 98
Aubert, Lac d' 98
Aubisque, Col d' 19
Aude, Gorges de l' 49
Aule, Cabane d' 159
Aule, Pic d' 161
Aule, Lac d' 159
Aure, Vallée d' 17, 102
Ayous, Lacs d' 156
Ayous, Pic d' 157
Ayous, Refuge d' 156

Bachimaña, Embalse de 163
Bachimaña alto, Embalse de 164
Bagergue 72
Bagnères-de-Luchon 17, 90
Balaïtous 18, 149, 151
Balcón de Pineta 109–113

Baños de Panticosa 19, 161, 163
Banyuls 23
Barbet, Crête du 36
Barderol, Col d'en 23
Barranco de la Garganta 144
Barris, Brecque de 100
Baskenland 8, 20, 181
Bastan, Lacs de 101
Batcrabère, Lacs de 148 bis 151
Batère 36
Batoua, Pic de 103
Baygoura 184
Bayssellance, Refuge 132, 146
Béarn 8, 14, 151
Béarn, Musée 151
Bédeilhac, Grotte de 66
Belagua, Refugio de 180
Belloc 28 f.
Belloc, Ermitage de 54–56
Belpuig 27
Benasque 17, 98
Benasque, Valle de 98
Bernatoire, Col de la 131
Bernatoire, Pic de la 129–132
Bersau, Lac 156
Bielsa, Vallée de 17
Bigorre 18
Bious-Artigues, Lac de 154, 157, 160
Biros, Vallée du 72
Bisaurin 167
Blanc, Roc 46–49
Bonaigua, Port de la 75 f.
Boucharo, Port de 120, 127
Bouillouses, Lac des 49, 50
Boulevard des Pyrénées 151 f.
Boums du Port 94
Bramatuero, Ibones de 164
Brèche de Roland 17, 119–123, 125
Bugarach 43
Bugarach, Pech de 40–43

Cadí, Serra del 58
Cady, Gorges de 31–34
Caldes de Boí 89
Campan, Refuge de 101
Campbieil, Pic de 101–103
Canalettes, Grottes des 31
Canfranc 166
Canigou, Pic du 15, 35–37
Capcir 15, 49
Cap de Long, Hourquette de 102
Cap de Long, Lac de 102
Cap de Port, Estany de 83
Carlit, Désert du 50
Carlit, Pic 49–52
Carriata, Circo de 138
Cascade, Col de la 126
Casque 129
Casteil 32, 33
Carcassonne 15

Cavallers, Embassament de 85 f.
Cazenoves 25
Céciré, Pic de 90–92
Cerbi 67
Cerdagne 14 f., 54
Chalabre 42
Cilindro 126
Cirère, Col de la 36
Collioure 21, 23
Colomers, Refugi de 84
Coma Pedrosa, Pico de la 63
Comminges 17
Conflent 15, 28
Corneilla-de-Conflent 34
Cortalets, Chalet des 35 f.
Cortalets, Ras des 36
Cotatuero, Circo de 136, 140
Côte Vermeille 10, 15, 21
Cotiella 104 f., 109
Courquaou 151
Cubières-sur-Cinoble 40
Curiós, Coll 68

Diable, Etang du 49
Dorres 55
Duilhac-sous-Peyrepertuse 40

Ehujarré, Gorges d' 177
Elhorrieta, Col d' 182
Elhorriko Kaskoa 182
Elne 23
Encantats 78
Enfer, Cascade d' 92
Envalira, Port d' 61
Err 57
Errayzeko, Col 179
Err-Puigmal 56
Escalette, Pas de l' 96
Espagne, Pont d' 144
Espingo, Refuge d' 91
Espot 16, 80
Espot, Portarró d' 81, 89
Espot, Vall d' 78
Espuguettes, Refuge des 116
Escuaín 143
Escuaín, Gargantas de 141–144
Estanes, Ibón de 169
Estany, Pico de l' 63
Estaubé, Cirque d' 115
Evol 44
Eyne, Gorges d' 58

Faja de las Flores 138–140
Faja de Pelay 132–136
Fanlo 144
Fenouillèdes 42
Foix 15, 64
Fontargent, Crestes de 60–63
Font-Romeu 15, 54
Formiguères 49
Fort Liberia 28–31
Four solaire 54
Freser, Gorges del 58

Gabedaille, Pic 170
Galamus, Gorges de 37, 39
Garrotxes, Vallée des 44
Gaube, Lac de 146, 148
Gavarnie 17, 117

Gavarnie, Cirque de 114, 117–119, 123
Gaziès, Pic 161
Gerber, Coll 80
Gerber, Estany 76
Gerber, Vall 76
Glorianes 27
Gloriettes, Lac des 115
Goa, Tour de 33
Gola, Estany de la 67
Goriz, Refugio 129, 135
Gósol 60
Gourgs, Pla des 44
Gradas de Soaso 135
Grau de Maury 40
Gresolet, Mirador de 59
Grosse, Pique 42
Guara, Sierra de 18, 144
Güellacrestada, Port de 83
Güells de Joeu 94
Guilhelm, Col d'en 40

Haute Soule 20, 174
Helado de Pineta, Lago 110
Holzarté, Gorges d' 177
Holzarté, Passerelle d' 177
Hospice de France 94
Hounts-Secs, Hourquette des 91

Ibón, Collado del 105
Ibones Azules 161–164
Ille-sur-Têt 24 f.
Incles, Port d' 63
Incles, Vall d' 62
Infierno, Picos del 163 f.
Iou, Col de l' 156
Ispéguy, Col d' 182
Isturits et Oxocelhaya, Grottes 184

Jaca 19, 162, 169
Jau, Col de 44
Joclar, Etang de 63
Joffre, Pic 35
Jou, Col de 33
Jouell, Col de 55
Juclar, Collada de 63
Juclar, Estanys de 60–63
Jurançon 153

Kakouéta, Gorges de 177
Katalonien 13 f.

Labouiche, Rivière 66
Lakhoura, Pic 177–181
Lamary, Pont 172
Lanoux, Etang de 51
Larrau, Port de 179
Larribet, Refuge de 150
Laurenti, Etang de 46
Laurenti, Forsthaus 46, 48
Lescar 153
Lescun 19, 171
Limoux 42
Linas, Col du 42
Llanos de Lallarí 113
Llat, Estany 72, 75
Llat, Etang 52
Llavorsi 70
Llivia 55
Llong, Estany 89
Lombrives, Grotte de 65
Llong, Etang 52

189

Lourdes 18
Lourdes, Cabane de 131
Lustou, Pic de 103

Madamète, Col de 101
Madeloc, Tour 23
Madres 44–46
Maladeta 95
Marboré, Pic du
Marcadau, Port du 164
Marcadau, Vallée du 148
Mariailles 37
Mas d'Azil, Grotte du 66
Massane, Tour de la 21–23
Mataro, Refugi 76
Mauberme, Coll de 74
Mauberme, Tuc de 71–75
Maury 40
Micoulaou, Lacs de 150
Midi de Bigorre, Pic du 18
Midi d'Ossau, Pic du 10, 18, 154
Migouélou, Refuge de 151
Mirador de Calcilarruego 135
Monastero, Estany de 81
Monein 153
Monges, Estany de 83, 87
Monhoa 184
Montardo, Coll de 83
Montardo d'Aran 82–84
Montauban, Cascade de 92
Mont-Louis 55
Montoliu, Llac de 72
Mont Roig, Refugi 70
Montségur 39, 66
Montségur, Château de 14, 66
Moudang, Vallée du 103
Mounjoye, Pas de la 96
Munia, Lagos de la 113

Nègre, Gorg 45
Nègre, Roc 35, 45
Néouvielle, Massif du 17, 98
Néouvielle, Pic de 98–101
Neriolo, Pic 89
Niaux 65
Niaux, Grotte de 65
Nohèdes, Refuge de 44f.
Noir, Col 149
Núria 56, 58
Nyiri, Barranco del 70

Olette 44
Olhadubi, Gorges d' 177
Olibon, Circo de 166–170
Oloron-Ste-Marie 169
Oô, Lac d' 91f.
Ordesapark 18, 133
Ordesa, Valle de 18, 136, 138
Orédon, Lac d' 102
Orgues d'Ille-sur-Têt 24f.
Orhy, Pic d' 178–181
Ossau, Vallée d' 19
Ossoue, Lac d' 131

Ostpyrenäen 8
Otchogorrigagna 181
Oule, Lac de l' 98, 100
Oulettes de Gaube, Refuge des 144–148

Pailla, Plateau de 119
Palomère, Col 27
Pau 151–154
Pau, Château de 151, 153
Pays de Luchon, Musée du 92
Pedraforca 58–60
Pedraforca, Canal de 59
Péguère, Pic de 148
Pelada, Pic de la 44
Peña de la Una 103–109
Perdido, Monte 8, 124–129, 136
Péric, Pic 52
Petit Astazou 113
Petit Vignemale 132
Petragème, Col 172
Peyrepertuse, Château 37–40
Peyresourde, Col de 17
Peyre-St-Martin, Port de la 150
Picada, Puerto de la 96
Pierre St-Martin 10, 178
Piméné, 114–116
Piméné, Col du 116
Pincela, Tuc de la 75
Pineta, Valle de 110
Plan, Ibón de 105
Pombie, Refuge de 157
Port, Col du 66
Port-Bielh, Lac de 98, 101
Portillon, Lac du 92
Portus, Col de 45
Port-Vendres 23
Posets 8, 17, 96
Pourtalet, Col du 19, 157
Pourteil, Col de 40
Prades 31
Puigmal d'Err 56–58
Puilaurens, Château de 42
Puivert 42
Punta Alta 85
Pyrenäenhöhlen 10
Pyrénéa Sports, Refuge 157, 161

Quéribus, Château 37–40
Quérigut 49

Ratera, Port de la 79
Rebenty, Gorges du 42
Renclusa, Refugio de la 98
Rennes-le-Château 42
Restanca, Estany de la 83
Restanca, Refugi de la 83
Revilla 144
Rhune, La 20, 182
Ribereta, Circo de la 105
Ribereta, Collado de la 105
Rimbaut 22f.
Rioumajou, Vallée de 103
Ripareta 143
Rius, Pont de 83
Roc Nègre, Pic del 36

Rodon, Puig 23
Roig, Mont 67–70
Roland, Brèche de 17, 119–123, 125
Roncesvalles 20, 184
Roque Rouge 27
Roquette, Planal de la 26
Roussillon 8, 14f.
Ruch de France, Mont 68

Saboredo, Estany Major de 80
Saboredo, Tuc de 78
Sailfort, Pic 23
Saint-Bertrand-de-Comminges 17, 92
Sainte-Anne, Chapelle 25–27
Saint-Etienne, Chapelle 28–31
Saint-Jean-Pied-de-Port 20, 184
Saint-Lary-Soulan 17, 100f.
Saint-Martin-du-Canigou 31–34
Saint-Michel-de-Cuxa 31
Saint-Paul-de-Fenouillet 39
Salardú 83
Saldes 59
San Juan de la Peña 169
Sansa, Col de 44
Sant Beado 67
Sant Maurici, Estany de 75, 80
Sant Nicolau, Valle de 89
San Urbano 143
Saravillo 105
Sarradets, Refuge des 123
Sartari, Planell de 67
Sauvegarde, Pic de 93–98
Sègre, Gorges du 58
Serrabona 25f.
Solarons, Collado de 140
Somport, Col du 166
Soubirans, Lac de 51
Soum d'Aas 157–161
Soum de Pombie, Col de 156
Subenuix, Pic de 81
Superbagnères 17, 90
Suzon, Col de 157

Taillon 119–124
Tartera, Estany 68, 70
Torla 136, 140
Tort de Rius, Estany 83
Tozal del Mallo 135, 139f.
Travessani, Estany 87
Tredos 83
Trinité, Chapelle de la 27
Trois Rois, Table des 174
Trou de Toro 94, 98
Troumouse, Cirque de 115f.
Tumeneja, Estany de 87
Tuquerouye, Refuge 110
Turon Garié 159

Urets, Port d' 72, 74
Ussat-les-Bains 65

Valbonne, Abbaye 22
Valleé du Lys 90–92
Valmanya, Porteille de 36
Vénasque, Port de 93–98
Vénasque, Refuge de 94
Ventosa y Calvell, Refugi 85–89
Vernet-les-Bains 31f.
Vert, Lac 92
Viella 17, 83
Vignemale 14, 18, 144, 146
Villefranche-de-Conflent 28
Vive, Etang de 51

Wallon, Refuge 148

Zentralpyrenäen 8

Bildnachweis

Alle Aufnahmen stammen vom Autor des Buches. Mit Ausnahme der Bilder auf den Seiten 64 und 65, die freundlicherweise das Comité Départemental du Tourisme d'Ariège-Pyrénées zur Verfügung stellte.

Die Tourenkärtchen und die Übersichtskarte zeichnete der Autor.

Wanderführer von Bruckmann

Henning Böhme
Wanderungen auf Mallorca

Helmut Dumler
Wanderungen am Gardasee
40 Touren zwischen Monte Baldo und Adamello, Trient und Verona.
Mit Tips für Surfer und Mountainbiker.

Helmut Dumler
Wanderungen in der Eifel
40 Touren mit den Mosel-Höhenwegen und einem Verzeichnis der Hauptwanderwege des Eifelvereins.

Helmut Dumler
Wanderungen in der Toskana
Städte – Inseln – Berge

Gert Hirner
Wanderungen auf dem Peloponnes

Gert Hirner/Jakob Murböck
Wanderungen auf Kreta
40 Touren zu den schönsten Zielen

Gert Hirner
Wanderungen auf Korsika
Mit GR 20 und Tra Mare e Monti

Maria und Bernd Riffler
Wanderungen in der Provence

Sonderband
Die schönsten Wanderungen am Mittelmeer
33 Touren auf Kreta, dem Peloponnes, Korsika, in der Toskana, in Ligurien und auf Mallorca.
Tourentexte von Gert Hirner und Jakob Murböck, Helmut Dumler, Martin Locher und Holger Wolandt, Henning Böhme.

Martin Locher/Holger Wolandt
Wanderungen in Ligurien

Bruckmann

Bergsteiger

Monat für Monat die Berge aktiv erleben

Der »Bergsteiger« bietet Ihnen Monat für Monat auf über 100 Seiten

- fundierte Beiträge und Meinungen aus der Praxis bekannter Bergautoren und Bergführer
- Wissenswertes aus den Bereichen Sicherheit am Berg, Umwelt und Natur, Expeditionen und Erstbegehungen
- das Bergsteiger-Journal mit »Insider«-Info über neueste Entwicklungen, Tips und Tricks, Produkte, Reisen und Bücher
- den farbigen Sonderteil »Bergwanderer«
- zahlreiche Tourenvorschläge zum Sammeln
- das Bergsteiger-Quiz mit tollen Preisen

»Der Bergsteiger ist auf gutem Pfad. Er liefert viele Informationen, hat fundierte, interessante Schwerpunktthemen, bringt alpine Geschichte, die Bergwanderer wie Kletterer gleichermaßen anspricht.«
Süddeutsche Zeitung
Fordern Sie noch heute Ihr kostenloses Probeheft beim Verlag an.